명대 왜구의 연구

윤 성 익

景仁文化社

책머리에

인간은 만남을 통해 하나의 삶을 이루어간다. 사회적 동물인 인간에게 만남은 불가결한 것이기도 하다.

학부 졸업논문을 준비하면서 우연히 왜구를 만난 것이 15년전이었다. 이때만 하더라도 내가 왜구에 대해 알고 있는 것은 별로 없었고 계속 왜구를 공부하게 될지에 대해서도 알지 못했다. 아는 것이 없으면 그만큼 용감하다는 말처럼 아는 것이 별로 없던 나는 대학원에 진학해 왜구, 그것도 한반도와 관계가 적은 명대의 왜구문제를 나의 연구테마로 삼았다.

내가 명대 왜구를 연구 테마로 삼았던 것은 두 가지 이유에서였다. 첫째는 일본과 중국사이의 문제에 대해 제3자로서 자유롭고 혹은 객관적으로 접근할 수 있을 것이라는 것이었고 둘째는 한국에 아직 연구자가 거의 없었다는 점이었다. 이 두 가지의 이유는 공부를 처음 시작할 때만 하더라도 의욕을 크게 불어넣어 주었지만 오히려 점차 벽이 되어 갔다.

처음 내가 일본사를 지망했던 것과 연구 주제의 특성상 일본의 연구 경향과 그 결과물에 많이 의존할 수밖에 없었다. 마침 이 무렵 일본에서는 종래의 민족·국가적 역사관에 대한 비판과 이를 탈피한 역사관이 제기되었고 왜구는 그 소재로 이용되고 있었다.

　이런 것은 내게 매우 신선하게 다가왔으며 일본의 왜구관은 내게 큰 영향을 주었다. 한국에서는 '중국의 왜구'에 대해 거의 연구가 이루어지지 않았었고 중국사의 영역에서 다루어지는 관련 내용도 일본의 것을 차용한 것이 대부분이었다. 이런 현상은 나에게 일본에서 이루어지는 연구의 대부분을 큰 비판없이 받아들이도록 했다.

　또한 일본의 연구결과물 등을 통해 중국의 연구경향에 접근하다보니 중국에서도 왜구에 대한 연구가 일본의 그것과 비슷하다고 생각하게 되었다. 특히 80년대 이후 왜구에 대해 긍정적인 시각을 지닌 중국 연구자들의 결과물들은 일본의 것들과 매우 유사했다. 왜구는 일본인 해적이 아닌 중국인 주체, 중국인 중심의 활동이라는 것은, 『명사』를 비롯한 많은 사료적 증거와 함께 일본과 중국에서 모두 인정하는 것이라고 생각하게 되었다. 그리고 이런 생각 속에서 또 다시 용감하게 석사논문을 써나갔다.

　그런데 논문을 작성해가는 과정에서 한 원로교수님께서 '왜구는 중국인 주체, 중국인 중심의 활동'이라는 부분에 대해 강한 의문을 제기하며 "도대체 이것은 누가 한 말이냐?"고 물으신 적이 있다. 이에 대해 내가 간단히 설명하자 "그건 일본 사람들이 하는 소리겠지?"라고 또 다시 반문하셨다. 이때만 하더라도 이런 질문에 대해 나는 별다른 생각을 하지 않았다. 그저 종래 한국인이 일반적으로 가지고 있는 왜구관, 즉 왜구는 일본 해적이라는 뿌리깊은 관념에 의한 불신이라고만 생각했다.

　그러면서 원로교수님의 '일본에서의 주장이지?'라는 질문 속에서 내가 지지하고 있던 탈민족·탈국가적 역사관이 비판하는 대상을 발견하기도 했다. 일본 역사교과서의 왜구 관련 내용 가운데 다민족적 집단이라는 서술에 대해 한국에서 비판하는 것처럼 '그건 일본 사람들이니까 하는 소리겠지'라는 암묵적인 생각이 전해오는 듯했다. 이런 심각한 문제(?)에 대해 더욱 노력해 깨쳐나가야겠다는 다짐까지도 했었다.

그렇지만 왜구에 대한 내 생각, 더 정확하게는 왜구를 보는 시각에 대한 내 생각은 또 다른 우연한 만남을 통해 완전히 바뀌어 버렸다. 한국에 온 중국인 교수 부부와 대화를 나눌 기회가 있었다. 이들은 역사 전공자는 아니었지만 자연히 서로의 전공과 공부 내용에 대한 이야기도 나누게 되었다. 나는 당시 '왜구의 본질'에 대해 공부중이었는데 자연히 '왜구는 중국인 주체, 중국인 중심의 활동'이라는 것도 말하게 되었다. 그런데 이 이야기를 들은 그 부부는 표정을 바꾸며(특히 부인 쪽이 더 그랬다) 자신들은 그런 이야기를 처음 듣는다며 불쾌해하기까지 했다. 그리고 그것은 일본인들의 주장일 뿐이라고도 했다.

솔직히 처음 이런 반응을 접했을 때 나는 크게 개의치 않았다. 하지만 얼마 지나지 않아 이런 반응이 일본에서 주장하는 고려·조선인 왜구론을 접한 한국인과 크게 다르지 않다는 데 생각이 미쳤다. 그래서 그때까지만 하더라도 그다지 신경 쓰지 않았던 중국의 중·고등학교의 교과서를 찾아보았다. 교과서를 보고 나서야 그 중국인 부부의 반응을 충분히 이해할 수 있었다. 나는 그동안 엄청난 착각을 하고 있었던 것이다.

제3자로서의 객관적 접근이라는 것은 애초에 불가능한 것이었는지도 모른다. 당시 내가 믿고 있던 올바른 접근법이라는 것도 결국은 내착각이었을 뿐이었는지도 모른다는 생각이 들었다. 나는 일본 연구자들의 태도에 대한 한국에서의 부정적 태도는 근거 없는 선입관이라고만 생각했었다. 그러나 이런 내 생각 자체도 이미 '오염'된 것이었다.

일단 오염을 자각하게 되자 이전까지 믿고 있던 것들도 의심하지 않을 수 없었다. 너무나 당연시되던 『명사』의 "眞倭는 3할, 從倭가 7할"이라는 문구조차도 다시 새겨보아야 했다. 왜구에 대한 논지를 펴면서 기본전제로 삼았던 것들조차도 문제가 될 수 있었다. 너무나도 당연한 것이 당연하지 않게 된 것이다.

사실 그 이전 당연하게 생각했던 "왜구는 일본인이 아니다"라는 것은 한국인에게는 전혀 당연하지 않게 받아들여질 문제이다. 한일 양국에서 여전히 문제가 되고 있는 '역사교과서 문제' 속에는 왜구항목도 포함되어있다. 다른 부분은 모르겠지만 적어도 왜구에 대한 문제는 일본에서 받아들이는 당연한 사실이 한국에서의 당연한 사실과 너무 차이가 난다는 데에서 기인한다. 고려·조선인 왜구론은 아무래도 문제가 많은 것이 사실이지만 한국에서는 '중국인 왜구'라는 서술에 대해서도 문제를 삼는다. 이런 서술은 그들(일본인)의 잘못을 전가하기 위한 것이라는 이유에서이며 과거 원로교수님께서 의심을 품었던 것과 마찬가지의 이유에서이다.

나는 이런 무조건적인 비판은 잘못이라고 생각한다. 왜구는 그동안 그 본질과는 상관없이 각 국가와 민족의 입장에 따라 해석되고 이용되어왔다. 그리고 그 입장은 크게 가해자(일본)와 피해자(한국·중국)라는 의식하에 서 있었다. 가해자와 피해자라는 구도자체도 후에 만들어진 것이었는지 모르지만 왜구가 활동했던 시기부터 현재에 이르기까지 이런 입장은 좀처럼 바뀌지 않고 있다.

이데올로기가 붕괴한 이후의 세계나 21세기의 세계에 대해 조망하며 국가·민족 개념이 약화될 것이라는 전망들이 있었다. 이것은 유럽이나 아세안 등 국가간 통합이 가속화되던 현상에 바탕을 둔 것이기도 했다. 그렇지만 그런 전망들과는 반대로 동아시아에서는 국가·민족을 바탕으로 한 내셔널리즘이 더욱 힘을 발휘하는 듯하다. 일본의 교과서 문제를 둘러싼 마찰이나 중국의 동북공정은 이와 같은 내셔널리즘의 발로라고 할 수 있다.

이런 현실은 왜구를 국가나 민족의 영역을 뛰어넘어 활동한 대표적 존재로 파악하려는 시점을 평가함에 국가·민족적 개념으로 접근하는 것을 허락하고 있다. 그리고 이런 기본적 입장의 차이는 양자간의 절충이나 공통 인식을 어렵게 만든다. 예를 들어 한일 양국의 연구자들이 10년에 걸쳐 완성했다고 하는 한일역사공통교재라는 곳에서조차 이런 모습을 확인할 수 있다.

그런데 내셔널리즘은 한국이나 중국에서만 유효한 것이 아니다. 역사교과서 문제를 통해 한국이나 중국, 심지어 일본 내부에서조차 나오는 비판의 주요한 것은 바로 일본 내셔널리즘의 재흥이다. 내셔널리즘은 항상 같은 모습으로 나타나는 것은 아니다. 한국·중국에 비해 그 내셔널리즘의 역사와 경험이 긴 일본에서는 동북공정이나 중화민족의 주장과 같이 국가권력이 전면에 나서서 표면적으로 내세우는 시대가 이미 오래전에 지나갔다고 할 수 있다. 그러나 중국의 경우와 같이 국가권력이 나서서 주변 국가나 민족들과 직접적인 갈등을 빚는 이런 폭력적 모습이 나타나지 않는다고 해서 일본에서 내셔널리즘의 작용과 영향이 없다고는 할 수 없을 것이다.

역사는 현재에 기반한다. 내 자신도 노력했지만 객관적인 시각이라는 것은 인간인 한 완벽할 수 없다. 이런 점에서 일본의 연구성향과 그 결과물에 대한 비판 역시 이루어져야 한다. 한국과 중국에서의 종래 전통적인 왜구관에 문제가 있다면 비교적 최근에 형성된 일본에서의 왜구관 역시 문제가 있을 수 있다.

나는 한국과 중국의 전통적인 왜구관에 문제가 있다고 생각한다. 그리고 한편으로 일본에서 현재 통용되고 있는 왜구관 역시 문제점이 있다고 생각한다. 그것도 어떤 세세한 부분에 대한 것이 아니라 왜구의 정의나 구성, 성격과 같은 가장 기본적인 사실에 대한 설명에 문제가 있다고 생각한다. 일본과 중국의 너무도 다른 '왜구의 정의'를 두고 한국인이라는 제3자의 입장에서 어느 한쪽을 택할 수도 있겠지만 그것은 바람직한 태도가 아니다. 일본과 중국과는 별도로 한국 자체 내에서의 정의, 설명이 필요한 것이 아닐까? 양국의 입장에서 자유로운 만큼 중국 대륙으로의 왜구에 대해 그 실체에 더욱 가깝게 다가갈 수 있지 않을까?

내가 밝히려고 했던 것은 바로 이 문제이다. 왜구는 그동안 각국의 입장에 따라 정의되고 설명되어왔다. 그 결과 같은 존재이면서도 각국에 따라 너무나도 다른 것이 되어버렸다. 단적으로 말해 '중국인 상인'과 '일본인 해적'이라는 말 속에서 과연 공통점을 추출할 수 있을까?

본서의 토대가 된 나의 박사학위논문 『명대 왜구의 구성과 성격』(2002)은 제목에서와 같이 왜구의 구성 문제에서 출발해 그 활동성격을 밝히는 것을 목적으로 했다. 여기서 내가 주로 문제의 대상으로 삼은 전제는 '일본에서의 일반적 왜구관'에 관한 것이었다. '일본에서의 일반적 왜구관'이란 앞서도 말했지만 중국과 한국에서의 전통적인 왜구관과는 상당한 차이를 지닌다. 한국에서의 당연한 사실을 당연하지 않게 여겨야하는 부분도 있다. 예를 들면 나는 본문에서 '왜구는 일본인 혹은 일본과 관련성을 지닌 집단을 지칭한다'고 주장하는데 전통적인 왜구관을 따른다면 이것은 너무나도 당연해 굳이 논의할 가치도 없을지 모른다.

그러나 이런 나의 주장은 '왜구는 일본과는 별다른 관계가 없는 중국인 상인'이라는 전제에 대한 반론이라는 점을 기억해주었으면 한다. 또한 무조건적으로 일본에서의 논의에 대한 것을 모두 부정하는 것은 아니라는 것도 이해해주었으면 한다. 내가 밝히고자 하는 것은 어디까지나 오랜 세월동안 끼어온 필터들을 제거하고 왜구의 본질에 접근하고자 하는 것이다.

물론 왜구의 본질규명이라는 큰 주제를 본서가 충분히 만족시킬 수 있다고는 생각하지 않는다. 왜구의 가장 큰 특성이라면 다양성을 꼽을 수 있다. 나는 그런 왜구의 다양한 모습 가운데 극히 일부분만을 밝혔을 뿐이다. 또한 일본과 중국의 연구에서 벗어난 독자의 왜구상, 왜구관을 정립하고자 했지만 양국의 연구성과를 의지할 수밖에 없는 만큼 한계성을 인정하지 않을 수 없다. 앞으로 나의 논지를 더욱 발전시키기 위해서는 더 많은 사료의 발굴이 필요하지만 현재로서는 그것도 용이하지 않은 상황이다. 본서가 연구의 끝이 아닌 연구의 시작이라는 점에서 이런 한계점도 너그러이 용서해주었으면 한다.

왜구는 400여년동안의 활동기간동안 많이 변화했고 그 왜구에 대한 인식 역시 지금까지 많이 변화해왔다. 왜구를 공부해온 15년동안 나 역시 그 생각에 많은 변화가 있었다. 그것은 많은 소중한 만남들 덕이기도 했다. 직접적인 가르침을 받지는 못했지만 책으로 접했던 일본과 중국의 많은 선생님들, 대학에서의 은사님들과 선배님들은 모두 소중한 가르침을 주셨다. 특히 시대와 지역에는 차이가 나지만 같은 왜구를 연구하시는 이영 교수님은 평소 많은 도움을 주셨다. 이 기회를 빌어 감사의 인사를 드리고자 한다.

무엇보다 이렇게 좋은 기회를 만나게 해주신 손승철 교수님께 감사

x

드린다. 손 교수님과의 만남이 없었다면 이런 소중한 기회를 쉽게 얻지 못했을 것이다. 여러 선생님들의 훌륭한 저작들에 초대해주신 손 교수님과 경인문화사의 한정희 사장님께 거듭 감사의 인사를 전한다. 아울러 원고를 손봐주시느라 수고하신 편집팀의 한정주님께 감사드린다.

마지막으로 전혀 다른 분야의 원고를 몇 번이나 읽어주고 수정해준 아내 김송이에게 고마움을 전한다.

2007년 9월
윤 성 익

목 차

■ 책머리에 3

서 론 ·· 1

제1장 海賊발생의 주 요인과 특징 ······························· 19
제1절 明代이전 중국에서의 海賊과 倭寇 ······················ 19
1. '海賊'과 '倭寇'의 의미 ······································· 19
2. '倭寇'와 '海賊'의 구분 ······································· 27
제2절 明代이전 중국 海賊의 존재형태와 활동 ··········· 33
1. 初期 中國 海賊의 발생과 그 모습 ··················· 33
2. 海上貿易 발전기의 海賊 ································· 39
제3절 倭寇의 출현 ··· 46
1. 元代 倭寇의 발생 ··· 46
2. 元代 倭寇의 활동 ··· 49

제2장 倭寇 조직의 특성과 주도세력 ······················· 61
제1절 倭寇 조직의 구성원 ······································· 61
1. 明初 倭寇의 조직적 특성 ································· 62
2. 嘉靖時期 倭寇의 구성원 ································· 68
3. 주도 세력과 주체 ··· 82
제2절 假倭발생의 구조와 문제점 ····························· 91
1. 假倭論 再考 ··· 91
2. 眞倭와 假倭의 역할 ······································· 96
3. 嘉靖時期를 전후한 倭寇 구성원의 유사성 ········· 99

제3절 倭寇와 鄕紳과의 관계 ······································· 101
  1. 海禁정책과 향신의 입장 ······························· 101
  2. 倭寇와 鄕紳의 관계와 변천 ··························· 108

제3장 嘉靖時期 倭寇 활동의 증폭 요인과
      활동의 양상 ··· 119

제1절 倭寇 활동의 팽창요인 ································· 119
  1. 明의 대외정책과 明・日의 勘合貿易체제 ············ 119
  2. 勘合貿易체제 붕괴이후 明・日의 貿易관계 ········· 131
  3. 日本 거류 中國 商人의 활동과 倭寇 성격의 변화 ········· 137

제2절 嘉靖時期 倭寇의 침구활동과 성격 ··············· 141
  1. 嘉靖時期 약탈규모의 확대와 피해 정도 ··········· 141
  2. 嘉靖時期 倭寇의 무력적 성격 증대 ··············· 150
  3. 嘉靖時期 倭寇 활동으로 인한
     동남연안 지역의 혼란과 파괴 ····················· 158

제3절 倭寇 성격의 변천 ······································· 167
  1. 嘉靖時期 이전의 半商半盜的 모습과 변화 ········· 167
  2. 嘉靖時期 이후 倭寇 활동의 변화 ················· 173
  3. 倭寇 활동에 대한 반응 ····························· 180

결 론 ··· 189

참고문헌 ··· 197
부록 1 '後期倭寇'로서의 乙卯倭變 ······················· 215
부록 2 ··· 243

서 론

倭寇는 한국, 중국, 일본을 비롯하여 동남아시아의 일부 지역에까지 이르는 동아시아 지역 전체를 무대로 삼아 활동했다. 동아시아 각국의 역사에 적지 않은 영향을 준 倭寇는 각국의 自國史만으로는 해결될 수 없는 문제인 동시에, 自國史의 입장에서 해결해야만 하는 개별사적인 면이 공존한다. 그리고 전통적으로 취급되어온 종래의 교류사라는 측면 또한 동시에 지니고 있는, 역사상 특이한 존재라고 할 수 있다.

1980년대 이후 日本에서는 동아시아 지역을 하나의 圈域으로 파악하여 이 지역의 역사를 동아시아사로 상정하고 그 구체적인 내용을 위한 연구도 활발히 진행되고 있다.[1] 이런 경향은 우리나라 및 중국에도 수용되어 역사 연구의 대상을 한국, 중국, 일본과 같은 개별 단위가 아닌 동아시아 전체로 확대하고 각국의 역사와 문화를 비교·연구하는 시도와 연구들이 진행되고 있으며 그 관련성으로 인하여 이런 시각의 연구들은 關係史 혹은 交流史의 분야에서 적극적으로 받아들여지고 활용되고 있다. 특히 일본 중세 교류사 분야에서는 종래의 國家나 民族이라는 개념에 문제를 제기하고 바다를 '海域'이라는 새로운 지역으로 설정하고, 국가나 민족의 영역을 넘어 바다를 무대로 활동하며 교

---

1) 하세봉, 「80년대 이후 일본학계의 "아시아 교역권"에 대한 논의-학문적 맥락과 논리를 중심으로-」 『中國現代史研究』 2, 1996 참조.

류해온 사람들에 대해 주목하게 되었다.[2] 그리고 倭寇는 이런 대표적인 예 가운데 하나로서 새로이 주목 받게 되었다.

　그런데 倭寇는 오랫동안 동아시아 3국에서 각각 가해자와 피해자라는 인식하에 상반된 평가를 받아왔다. 또한 그 결과 자국사의 상황에 따라 개별적으로 연구가 진행되어 같은 존재임에도 불구하고 결과적으로는 그 본래 모습이 그대로 전해질 수 없는 상황이 계속되어 왔다.[3] 이런 점이 현재에까지 영향을 주고 있음은 물론이다.

　중국에서 倭寇 연구의 시작은 倭寇가 활동하고 있던 明代부터라고 할 수 있다. 그러나 최근까지도 왜구 문제에 대한 논쟁은 계속되고 있고 기초적 과제인 활동성격 및 평가문제도 확실하게 결론 내려지지 않은 상태라고 할 수 있다.

　근대적 학문이 정립되기 이전에 이루어진 왜구와 관련된 연구는 주로 침략활동에 대한 沿海지역의 피해와 그에 대한 대책, 防衛 문제 등이 중심이었다. 또한 외교를 통한 해결모색을 위해 부차적으로 일본에 대한 관심이 늘어나서 일본에 대한 연구도 상대적으로 많아졌고, 출판문화의 급격한 발전과 더불어 倭寇나 日本관계 서적이 상당수 출간되었다.[4] 그리고 이런 영향으로 비로소 16세기 이후에 접어들어 일본의 자세한 사정이 중국에 알려지게 되었다.

　이런 연구 경향은 清代에까지 이어졌지만 시기가 지나면서 점차 왜구에 대한 관심은 퇴조했다. 그러나 清末·民國初에 일본의 제국주의

---

2) 村井章介, 「中世日本列島の地域空間と國家」『アジアのなかの中世日本』, 校倉書房, 1988 참조.

3) 尹誠翊, 「21세기 동아시아 국민국가 속에서의 倭寇像」『明清史硏究』23, 2005 참조.

4) 吳玉年, 「明代倭寇史籍誌目」『明史論叢之六 明代邊防』, 學生書局, 1968, 231~252쪽 참조.

적 침략에 대한 경종과 반성으로 왜구의 침략에 대한 전반적인 역사가 연구되기 시작했다.[5] 학자들은 과거 왜구의 활동을 일본의 중국침략과 밀접한 연관이 있다고 파악하고 특히 明의 倭寇討伐을 '禦倭戰爭' 또는 '御倭討伐'이라는 과거의 표현을 빌려 높은 평가를 내렸다. 특히 倭寇에 참가했던 중국인을 '漢奸'으로 취급하였는데, 이 점은 당시 倭寇를 어떻게 보았으며, 이후 어떻게 倭寇에 대한 인식이 변해 가는지에 대한 중요한 단서라고 할 수 있다. 이 시기 대표적인 연구서로는 陳懋恒의 『明代倭寇考略』(哈佛燕京社, 1934)을 들 수 있는데, 여기서는 기본적으로 倭寇의 주체를 '日本의 海盜'라고 보고 발생의 근본 원인을 일본의 내부 사정에 두고 있다.

倭寇에 대한 이런 연구경향은 1949년, 中華人民共和國 성립 이후에도 계속되어 明朝의 왜구진압을 '외부로부터의 침략에 반대하는 전쟁'이라고 규정하고, 中·日간의 정치·사회·경제 등 각 분야와 관련지으며 왜구의 여러 문제에 대해 더욱 구체적인 연구를 진척시켰다. 50년대의 대표저작인 李光璧의 『明代御倭戰爭』(上海人民出版社, 1956)은 倭寇의 활동시기를 洪武時期(14세기 후반), 永樂~正德時期(1403~1521), 嘉靖時期(1522~1566)로 三分하였으며 그 가운데 특히 嘉靖時期에 대해서는 통치계층이 부패하고 海防이 解弛해지면서 일부 漢奸地主·豪商·勢家 등이 왜구와 결탁해 침략활동을 더욱 부채질하여 中國의 사회경제적 발전에 막대한 손실을 주었다고 평가했다. 이와 같은 평가는 1980년대 이후의 연구와도 연결되는 부분이 많지만 근본적인 발생 원인을 일본에 한정하는 등 종래 연구의 틀을 크게 벗어나고 있지는 못했다. 그 이후에도 倭寇연구는 활동으로 인한 피해와 그 진압과정

---

5) 이 시기 중요한 연구자 및 연구저작으로는 陳懋恒, 『明代倭寇考略』; 吳重翰, 『明代倭寇犯華史略』; 王婆楞, 『明代征倭文獻考』 등이 있다.

이 주된 테마였고, 1980년대까지 그런 연구방향은 지속되었다.

그런데 1980년 이후 '자본주의 맹아론'이 중국 역사학계에서 중요한 주제로 부각되면서, 이것이 倭寇문제로까지 파급되어 왜구연구는 새로운 전기를 맞이하게 되었다. 嘉靖時期를 경계로 倭寇를 前期와 後期로 나누고[6] 嘉靖時期의 倭寇(嘉靖倭寇)와 그 이전의 왜구는 본질적으로 다른 것이라고 인식하게 되었다. 즉, 嘉靖倭寇는 종래 생각해오던 外患이 아니라 국내문제로 파악하고 계급투쟁·자본주의 맹아라는 역사관을 기초로 嘉靖倭寇를 明代 사회경제적 발전문제의 한 주제로 끌어들였다.

그 가운데 가장 눈에 띄는 점은 倭寇가 中國人들의 활동이라는 점이 새롭게 주목받기 시작했다는 것이다. 이전까지 中國에서는 대체로 倭寇는 외부에서의 침입으로 인식되었고 그에 대한 방어 및 퇴치는 정당한 행위로 인식되어 왔다. 이에 반해 日本에서는 상대적으로 비교적 일찍부터 倭寇 활동이 일본인들만의 활동이 아닌 상당수 中國人들이 포함되어 있었다는 주장이 있었으며, 특히 1960년대 이후 後期倭寇 문제에서 이런 주장은 거의 정설처럼 굳어져 갔다. 日本측의 이러한 연구경향은 자본주의 맹아론에 대한 연구를 진척시키는 과정에서 中國에 받아들여졌다고 생각되며 이로 인해 종래의 '抗倭戰爭'이나 '御倭討伐'이라는 관심이 퇴조하고, 倭寇 활동의 사무역 발전·자본축적

---

6) 통상적으로 前期倭寇·後期倭寇라는 명칭이 쓰이고 있으며, 특히 後期倭寇는 중국에서 嘉靖倭寇라는 용어를 사용하고 있다. 그렇지만 嘉靖時期 이후에도 왜구활동이 계속되고 있는 점 등을 볼 때 後期倭寇=嘉靖倭寇라고 규정짓는 것은 문제가 많다. 또한 후술하겠지만, 일본에서는 前期·後期라는 구분 방법 자체에도 문제가 있다고 지적되고 있다(田中健夫,「「前期倭寇」「後期倭寇」という呼び方について」『對外關係と文化交流』, 思文閣出版, 1982).

이라는 측면으로 관심이 집중되기 시작했다.[7]

이 과정에서 嘉靖時期 倭寇는 두 가지의 상반된 평가를 받게 되었는데 이런 상반된 평가는 지금까지도 주요한 논쟁거리로 남아있다. 우선 종래와 달리 긍정적인 측면을 강조하는 사람들은 倭寇의 私貿易을 통한 교역으로 인해 얻어진 막대한 이윤으로 말미암아 明代에 어느 정도의 자본축적이 이루어졌고, 또한 동남아시아 지역에까지 미치는 이들의 상업 활동이 '近代的'이었다고 평가하고 있다. 나아가 전반적으로 이 '戰爭'은 明朝 封建政府에 타격을 가하고 지주계급으로부터 일종의 양보를 이끌어내어 자본주의 맹아에 유리한 조건을 만들었다고 주장하고 있다.[8]

그런데 이와는 다르게 倭寇의 파괴활동이 실제로는 대단한 피해를 주었다는 점에 주목하며 정반대의 평가를 내리는 측도 있다. 즉, 倭寇의 中國 沿岸에서의 활동은 연안지역에 엄청난 피해를 주었을 뿐만 아니라 그 방어 및 방지를 위해 사용한 비용과 그 피해복구자금 또한

---

7) 李小林 · 李晟文 主編, 『明史硏究略覽』, 天津教育出版社, 1988, 205〜206쪽. 이 문제에 대해서는 주로 嘉靖倭寇를 중심으로 연구를 진척시키고 있다. 그렇지만 어떤 통일적인 의견은 아직 제출되고 있지 않으며 그 해결해야 할 과제와 문제점도 상당히 많다(伊藤公夫, 「中國歷史學界における嘉靖倭寇史硏究の動向と問題點」『史學』 53-4, 1984). 또한, '抗倭英雄'이라는 표현도 여전히 널리 사용되고 있는데 적어도 일반인에게 있어 왜구에 대한 인식은 예전과 크게 달라진 것 같지 않으며, 역사교육에서도 이런 경향이 계속되고 있다(尹誠翊, 2005 참조).
8) 이런 경향의 대표 학자로는 林仁川 · 陳抗生 · 唐力行 등을 들 수 있다. 林仁川은 「明代私人海上貿易商人与 "倭寇"」(『中國史硏究』, 1980.4, 104〜106쪽)에서 倭寇를 反海禁鬪爭으로 규정한 후, 비록 이 운동이 明朝 봉건정부의 무장진압으로 실패하였지만, 海禁 이완을 이끌어내어 결국 동남연해안의 경제적 발전을 이루는 데 긍정적인 작용을 하였다고 주장하고 있다.

막대하여 中國에게는 전체적으로 엄청난 자금과 인명의 손실을 초래하여 오히려 자본축적을 이루지 못하게 했다는 것이다. 그리고 한편으로는 독자적인 행동을 하려던 중소상인, 즉 倭寇들은 철저히 탄압을 받아 결국 이들의 활동은 실패로 끝나서 사무역과 이를 통한 이윤은 대자본가에 한정되었고 이는 중국의 근대화에 오히려 역작용을 하였다는 것이다.9)

한편, 前期倭寇에 대해서는 보통 일본 해외무역상인의 선도자로서 무사집단의 특성을 지닌 海賊을 중추로 연해의 빈민들이 기본이 된 집단으로 규정하고 있다. 또한 그 발생 원인에 대해서는 주로 日本의 국내적 상황을 요인으로 들면서 침략전쟁의 성격이 아닌 민간인 해적의 약탈행위이며 상인과 해적의 양면을 지니고 있다고 설명하는 것이 일반적이다.10) 중국에서의 이와 같은 前期倭寇에 대한 인식은 日本에서의 일반적인 설명과 거의 차이가 없어 보인다.

이처럼 현재까지도 중국학계에서는 倭寇문제에 대한 논쟁이 계속되고 있다. 그렇지만 보통 전기와 후기로 대별되는 양 시기의 왜구에 대한 기본적 사실, 특히 본고에서 주로 관심을 가지고 서술해갈 분야 및 문제에 대해 중국측의 입장을 정리한다면 대체적으로 다음과 같다고 할 수 있다.

---

9) 이와 관련된 대표적인 학자들로는 王守稼, 郝毓楠, 陳學文, 李金明 등이 있다. 왜구활동이 중국의 社會經濟的 발전에 막대한 손실을 주었다는 견해는 80년대 이전까지의 대체적인 견해로 이전의 시각을 이어 받은 것이라고 할 수 있다.

10) 中國에서 前期倭寇에 대한 관심은 嘉靖時期 倭寇에 비하면 상당히 적은 편이다. 또한 前期倭寇 문제도 주로 倭寇 禁壓을 위한 日本과의 외교교섭 및 海防과의 연관관계에 대해 주로 이루어지고 있어 倭寇의 本質이라는 문제에 대한 더욱 본격적인 연구가 요청된다고 하겠다.

〈표 1〉 중국의 前期・後期 倭寇에 대한 기본 논의

항 목	前期倭寇(14~5세기倭寇)	後期倭寇(16세기倭寇・嘉靖倭寇)
발생원인의 근본처	일본	중국
왜구 구성 및 주체	일본의 연해 빈민 및 浪人	다수의 중국인과 소수의 일본인으로 구성 중국 연해의 중소상인이 주체
활동의 성격	1차적 욕구해소를 위한 약탈	사무역(밀무역)・자유무역을 위한 투쟁

　한편, 中國과 韓國에서 자신들은 倭寇 활동의 피해자라고 인식하며 주로 부정적인 면을 중심으로 그 연구를 시작하고 진행한 데 반하여 일본에서는 이와는 사뭇 다른 입장인 日本人의 海外進出이나 海上活動이라는 측면에서 비교적 이른 시기부터 연구가 시작되었다. 일본의 倭寇研究史는 일본에서 근대적 학문이 성립될 무렵까지 거슬러 올라가는데, 이는 제국주의적 대외발전을 위한 일종의 이론적 준비였다고도 할 수 있다.

　일본의 역사학계에서는 1945년을 전후로 연구경향이 크게 대비되는 경우가 많은데, 倭寇에 대한 연구도 역시 1945년을 분기로 크게 나뉜다 하겠다. 이른바 戰前의 경우는 倭寇 활동을 일본의 대외 혹은 해외 활동으로 보는[11] 한편, 왜구에 대한 종래의 좋지 않은 이미지를 완화하고 해소하려는 데 중점[12]을 두고 다루어졌다.

---

11) 日本歷史地理學會, 『日本海上史論』, 三省堂, 1911 ; 後藤秀穗, 「倭寇の說明する我が國民性の一角」『史學雜誌』 26-1, 1915 ; 同, 「海國民としての倭寇」『歷史と地理』 4-1, 1919 ; 西村眞次, 『日本海外發展史』, 東京堂, 1932 ; 竹越與三郎, 『倭寇記』, 白揚社, 東京, 1938 ; 登丸福壽・茂木秀一郎, 『倭寇研究』, 中央公論社, 1942 등 참조.

12) 일본에서는 제2차 세계대전 기간 중 倭寇의 부정적 이미지 때문에 '倭寇'라는 문자를 교과서에서 말살하려는 움직임도 있었다(宮崎市定, 『日出づる國と暮るる處』, 星野書店, 1943, 74쪽). 한편, '倭寇'라는 말 자체에 대해서는 日本에서도 부정적인 이미지가 적지 않았던 듯하다. 특히 '倭'라는

이런 경향은 1945년 이후, 즉 戰後에도 어느 정도 지속되었는데, 특히 倭寇의 이미지 개선 작업은 계속되었다. 처음에는 '倭寇의 溫情'과 같은 과거의 잔혹함에 비견되는 면[13]을 밝히는 등 종래의 인식 탈피라는 점에 중점이 두어졌지만, 그런 가운데 倭寇의 구성원 가운데 중국인이 다수 포함되어 있었다는 실증적 연구가 거듭되면서 倭寇 연구에 큰 전환을 맞게 되었다. 이런 주장은 1945년 이전에도 간혹 있었으나 본격적으로 제기된 것은 1960년대 이후이다. 石原道博, 田中健夫 등 일본의 저명한 중세 對外關係史家들이 後期倭寇의 구성원 가운데 다수가 중국인이었음을 밝혔고, 이로 인해 후기왜구의 활동주체와 발생원인 및 그 배경, 활동성격 등의 문제가 새롭게 논의되고 재정립되었다.

특히 前後 日本 中世對外關係史의 최고 권위자라고 할 수 있는 田中健夫는 이 문제에서 더 나아가 前期倭寇와 後期倭寇에 대해 두 시기 倭寇는 그 발생원인·활동지역·구성원 및 주체, 활동의 내용 및 성격이 완전히 다른 별개의 것이라고 하고, 前期倭寇와 後期倭寇의 명칭을 각각 '14·5世紀 倭寇'와 '16世紀 倭寇'라고 명명할 것을 제의하기도 했다.[14]

日本에서 倭寇의 연구는 그동안 상당한 연구 성과를 축적해왔으며,

말이 '日本'을 비하하는 명칭이라는 인식하에 '倭'자를 꺼려 사료에는 나타나지 않는 '和寇'라는 용어를 사용한 경우[賴山陽(1780~1832)의 『書後幷題跋』]도 있었다.

13) 石原道博, 「倭寇の溫情について」 『日本歷史』 166, 1962.

14) 田中健夫, 「「前期倭寇」「後期倭寇」という呼び方について」 『日本歷史』 404, 1982 및 『對外關係と文化交流』, 思文閣出版, 1982, 所收. 田中健夫에 의해 제의된 '14·5세기 왜구' 및 '16세기 왜구' 명칭은 일본 역사학계에서의 그의 권위와 영향력에 의해 폭넓게 받아들여지고 있다. 그러나 일본의 모든 학자들이 이런 호칭을 사용하는 것은 아니며, 특히 중국과 우리나라에서는 이 호칭법이 본격적으로 도입되지는 않고 있다.

기본적 사실관계는 이미 밝혀졌다고 평가[15]되기도 한다. 그러나 아직까지도 가장 기본적인 문제라고 할 수 있는 倭寇의 발생 원인이라든지 성격문제에 대해서는 아직 확정적인 정론이라고 할 수 있는 것이 없다. 그 가장 큰 이유로는 史料의 부족을 들 수 있다. 倭寇와 관련된 사료자체가 부족한 것은 아니지만, 그 대부분이 행위의 주체가 아닌 피해자 내지는 관찰자의 입장에서 기록된 사료밖에 존재하지 않는다.

그렇지만 사료에 기록된 양이 적다고 해서 海上에서 이루어진 활동이 기록에 남아있는 것처럼 미미했다고 할 수만은 없다. 역사서의 기술이 주로 권력자의 측면에서 이루어진 점을 생각해보면, 단순히 그들의 해상에 대한 관심이 상대적으로 적었다고 인정할 수 있을 뿐이지 남아있는 기록 자체만으로 해상에서의 활동이 적었다는 근거가 될 수는 없다.

中國은 광대한 '육상영역' 뿐 아니라 그에 비례한 넓은 '해상영역'을 지니고 있다. 비록 전근대시기 中國은 권력자의 입장에서 陸上이 관심의 중심이 되었다고는 해도 광대한 대륙에서 水運과 海運은 경제적 효율상 불가피한 존재였고, 제한적이지만 이런 분야에 대한 관심으로 비교적 기록이 많이 남아있는 편이며 이와 관련해서 필연적으로 이를 위협하는 집단인 海賊에 대한 관심 또한 적지 않았다. 이런 관심은 해상 교통의 발달과 더불어 중앙 권력이 바다로까지 확대되어가는 과정에서 증폭해간다. 이는 중국의 역사가 진행되어감에 따라서 점차 바다와 그 바다를 근거로 살아가는 사람들, 즉 '海民'에 대한 구속과 규제가 강화되어 가는 과정과 일치한다고 할 수 있다. 그리고 이는 반드시 중국에만 해당되는 것이 아니라 한반도와 일본 열도에서도 그러한 과정은 동일하게 나타난다고 할 수 있다.

---

15) 日本歷史學會編, 『日本史硏究の新視點』, 吉川弘文館, 1986, 119쪽.

사료의 문제상 倭寇의 실체를 정확히 파악하는 데 어려움이 따를 수
밖에 없으며, 현재에 이르기까지도 여러 異見이 제출되고 있는 것이
사실이다. 그렇지만 이런 이견들도 큰 토대 자체를 바꾸는 것이 아니
라 단지 개별 상황에 대해 제기되고 있을 뿐이다. 따라서 일본에서 前
期와 後期倭寇에 대해서는 일반적으로 <표 2>와 같은 田中健夫의
설명에서 크게 벗어나지 못하고 있다.

〈표 2〉일본의 前期·後期 倭寇에 대한 기본 논의

항 목	14~5世紀 倭寇(前期倭寇)	16世紀 倭寇(後期倭寇)
활동지역	주로 한반도, 요동과 산동반도 중심	절강·복건·광동
활동주체	일본인	중국인
발생원인	일본 및 고려의 국내문제	중국국내의 생산증대와 해금의 폐해
활동성격	쌀과 사람을 대상으로 한 약탈	밀무역 강행

한편, 한국에서의 倭寇관련 연구는 현실적인 측면에서 주로 한반도
관련 倭寇 문제에 집중되어 있으며, 中國 방면의 倭寇에 대한 연구는
매우 적을 뿐 아니라 논의 자체도 거의 이루어지지 않고 있다.[16]

倭寇에 관한 중국과 일본에서의 연구경향을 살펴보면 倭寇活動의
성격 및 내용에 대해서 양측 모두 어느 정도의 공통된 의견을 보이고
있다. 倭寇를 前期와 後期로 나누어 설명하고 있는 倭寇活動 연구에
대한 양측의 공통된 인식과 특성 등을 정리하면 다음과 같다.

---

16) 국내의 주요 논저는 다음과 같다.
　　崔韶子,「元末 倭寇와 元·日關係」『梨大史苑』26, 1992 ; 李載貞,
「嘉靖 後期 福建 沿海地域의 倭寇·海寇와 地域支配構造」『조선대전
통문화연구』4, 1996 ; 李載貞,『16~17세기 福建의 寇變에 관한 연구 :
지역지배구조와 관련하여』, 고려대 박사학위논문, 1997 ; 尹誠翊,『16세
기 倭寇에 대한 연구』, 경희대 석사학위논문, 1997 ; 尹誠翊,「元代 倭寇
에 대한 考察」『東洋學研究』5, 1999 ; 尹誠翊,「明代 倭寇論에 대한 재
고찰」『明淸史研究』14, 2001.

〈표 3〉 中國・日本에서의 倭寇 시기 구분 및 각각의 특징에 대한 논의

항 목	前期(14~5세기) 倭寇	後期(16세기) 倭寇
활동의 성격	1차적 욕구 해소를 위한 약탈	밀무역(사무역) 강행
대상 및 방법	쌀(米)과 사람(人)의 약탈	일본의 銀과 중국의 각종 산물을 교역
비고	일본의 연해 및 도서의 빈민과 浪人, 海民	해금정책에 대한 반발・해제를 위한 투쟁 중소상인들의 독립투쟁 倭寇의 暴行은 부분적인 것, 과장된 것

위와 같이 後期(16세기) 倭寇를 前期(14~5세기)와 구분하는 가장 큰 특징은 前期 倭寇의 활동 목적이 곡식과 사람의 '약탈'에 있었던 것에 비해 後期 倭寇의 활동 목적이 '밀무역'의 강행에 있었다는 점이다. 그런데 日本과 中國 모두 倭寇의 긍정적인 면을 부각시키려고 한 때문인지 後期 倭寇(16世紀 倭寇, 嘉靖倭寇)의 약탈 행위는 상대적으로 가려져 너무 축소된 느낌마저 든다. 실제로 後期 倭寇가 벌인 폭력적 침구활동은 그 이전보다 더욱 대규모적으로 이루어졌고, 파괴적이었으며 광범위한 것이었다. 또한 後期 倭寇는 처음부터 이런 조건[17]을 잘 충족하고 있었다.

嘉靖時期 倭寇의 규모는 몇십명이 행동하는 경우도 다수 보이지만 선박 수백척[18]에 무리가 수천,[19] 심지어 1만[20]에 이르는 경우도 보이

---

17) 嘉靖26年(1547), 朝鮮의 上奏에 의하면, 日本과 中國을 왕래하던 倭寇(福建人 및 日本人)들은 무기, 화물을 휴대하고 있었으며, 中國의 火砲까지 장비하는 경우가 있었다는 것을 알 수 있다(『明史』 卷320, 「朝鮮傳」, 嘉靖26년 正月條 및 明『世宗實錄』, 嘉靖26년, 3月乙卯條). 이렇듯 당시 倭寇의 무장은 商人의 단계를 넘어서는 것이었다.

18) 明『世宗實錄』卷396, 嘉靖32年, 閏3月, "海賊汪直, 糾漳廣群盜, 勾集各島倭夷, 大擧入寇. 連艦百餘艘, 蔽海而致南, 自臺・寧嘉・湖以及蘇・松, 至于淮北, 濱海數千里, 同時告警".

19) 明『世宗實錄』卷415, 嘉靖33年, 10月, "倭寇三千餘人, 由金山突至西海口, 登岸分掠".

明『世宗實錄』卷422, 嘉靖34年, 5月, "柘林倭, 合新倭四千餘人, 突犯

며,[21] 넓은 지역에서 장기간에 걸쳐 펼치는 약탈행위[22]도 여러 차례
나타난다. 이런 倭寇의 폭력적 침구행위는 분명 後期 倭寇의 가장 큰
특징 가운데 하나다. 그런데 왜 활동 특징과 목적의 가장 중요한 요인
을 사무역 강행으로 파악한 것일까? 이것은 단순히 그 구성원의 문제
에서만 기인한 것이 아니다.

먼저 제기할 수 있는 문제는 嘉靖時期에 日本人 상인 및 이들과 교
역하던 사람, 즉 넓은 의미의 상인들이 존재했다는 것이다. 또한 침구활
동을 벌이던 倭寇 집단의 경우, 이들은 이런 행위로 얻어진 물건[23]으로

嘉興".

20) 『廣東通志』(萬曆30年刊本) 卷6, 「藩省志」6, 事紀5, 嘉靖43年甲子春正月
條. "自壬子以來, 倭奴爲患. 漳州無賴引內犯, 至癸亥, 屯住潮州海濱, 不
復開洋, 衆號一萬. 甲子春, 新倭萬餘繼至, 殺掠之慘, 遠近震駭. 桂芳蒞鎭
甫二旬, 卽躬董師, 東向調兵六萬討之, 斬首四千一百, 遁者遇颶風, 覆溺
殆盡".

21) 물론 이들이 모두 바다를 건너 항해해온 眞倭라고는 보기 힘들 것이다.
그러나 王直집단의 경우 王直이 거처하던 日本 九州의 平戶에는 2,000여
인의 수하를 두고 있었고 200인 이상이 승선 가능한 큰 배를 가지고 있
었다고 한다. 왜구의 선단이 통상 몇십척으로 구성되었다는 것을 감안하
면 이런 대규모 집단이 중국과 일본을 왕래했을 가능성도 무시할 수 없다.

22) 明『世宗實錄』卷396, 嘉靖32年, 7月, "倭自閏三月中登岸, 至六月中始旋
留內地, 凡三月 若太倉·海鹽·嘉定諸州縣, 金山·靑山·錢倉諸衛所,
皆被焚掠, 上海縣昌國衛, 南匯·吳淞江 … 諸所, 皆爲所攻陷, 崇明·華
亭 … 餘姚等縣鄕鎭, 焚蕩畧盡".

23) 『籌海圖編』卷2, 「倭好」에는 倭가 좋아하는 물품 즉, 당시 수요가 많던
무역품을 소개하고 있다. 여기에서는 絲, 絲綿, 布, 綿紬, 錦繡, 紅線, 水
銀, 針, 鐵鍊, 鐵鍋, 磁器, 古文錢, 古名畫, 古名字, 古書, 藥材, 氈毯, 馬
皆氈, 粉, 小食蘿, 漆器, 醋 등을 들고 있으며 또한 각각의 물건에 대한
간단한 설명을 하고 있다. 이 가운데 絲, 水銀은 中國에 비해 일본에서
가격이 10배가 된다고 설명하고 있으며, 그 외의 물건 가격에 대해서는
銀을 단위로 비교적 상세히 설명하고 있다. 한편 이곳에 기록되어 있지는
않지만 鐵과 硝石도 倭寇의 중요한 수요품이었다. 日本에서 鐵砲가 생산

日本에서 상업행위를 하여 큰 이윤을 얻었다.[24] 이런 비교우위를 통해
이윤을 취득하는 행위는 기본적으로 사무역자들과 같은 것이었다.

그리고 倭寇 집단 중 가장 대표적 인물인 王直이 互市를 조건으로
明朝에 투항했던 점은 倭寇의 목적이 私貿易을 관철시키려는 것이었
다는 주장을 잘 뒷받침해주는 것이다. 또 그 이전 王直이 私貿易 허용
을 조건으로 다른 倭寇 집단이나 海寇의 두목을 잡아서 조정에 헌상
했던 일련의 행동 또한 이와 관계있는 것이다.[25]

그렇지만 王直 이외의 倭寇 집단에서 이런 면을 찾는 것은 쉽지 않
다. 따라서 王直집단이 가지고 있던 이러한 특성을 倭寇 전체의 특성
으로 보는 것은 타당치 않다. 이들이 後期 倭寇를 대표하는 가장 큰
집단이었고 많은 영향력을 가지고 있었던 것은 사실이지만, 王直이 胡
宗憲의 회유에 끌려 明朝에 투항하고 결국 처형된 것은 嘉靖 38年
(1559)인데, 그 이후에도 倭寇의 침구행위는 계속 되었다.

이렇게 계속된 침구행위를 교역만으로 설명할 수는 없으며, 또한 적

되게 되었지만 日本의 鐵은 단단하지 않아서 福建이나 暹羅에서 鐵을 수
입했다고 한다. 또 火藥의 원료인 硝石은 일본에서는 산출되지 않는 것으
로 이 역시 외국에서 수입해야만 했다.

24) 嘉靖時期의 기사는 아니지만 중국의 상인들은 해외무역을 통해 얻어지는
이윤이 呂宋(필리핀) 貿易 즉 동남아시아 지역방향의 무역보다 日本貿易
의 쪽이 훨씬 크다고 인식하고 있었다(明『神宗實錄』, 萬曆38年 8月, "近
奸民以販日本之利倍於呂宋").

25) 王直은 倭人을 끌어들여 錢塘에 침구한 盧七・沈九 등을 토벌한 뒤, 浙江
海島副使 丁湛에게 私市 허락의 조건으로 이들을 헌상했다. 또 嘉靖 30년
에는 瀝港의 海寇 두목 陳思盼를 붙잡아 헌상하고 그 船團의 재화를 빼앗
았다. 王直의 이런 행동은 물론 사무역 허가를 추구하기 위한 행동으로 생
각될 수도 있지만 그보다는 자신들의 적대세력 제거를 통해 해상에서의
패권 장악이라는 측면이 더 강했던 듯싶다. 또 이런 과정에서 다른 세력의
조직원을 자신의 수하로 흡수하여 그 세력을 신장시켜 나갔던 것이다.

어도 明의 입장에서 이것은 이미 사무역이라는 범위를 벗어난 행위였다. 그러나 日本의 입장에서는 이러한 약탈을 통해 얻어진 물건이 일본 시장에서 중요한 교역물품으로 거래되었던 것이 분명하기 때문에 일본 해외무역의 한 형태라고도 볼 수 있는 것이다.

그리고 무역을 허가하면 상인이 되고 무역을 금지하면 해적(許貿易則爲商, 禁則爲寇)이라는 同一兩面의 성격26)을 갖는 집단의 경우 이런 구분은 불필요할지도 모른다. 또 倭寇를 沿海 中小商人團이 鄕紳이나 豪商에서 벗어나 독립하려고 한 과정27)에서 발생한 것으로 규정한다면 倭寇活動을 사무역 활동의 일환이라고 설명하는 것도 틀리지는 않을 것이다. 그러나 이런 경우에도 약탈이라는 倭寇의 특성은 부정할 수 없다.

약탈로 얻어진 물품은 日本이나 동남아시아, 그리고 서양 상인들과의 교역에서 중요한 교역품으로 사용되었다. 약탈은 교역보다 효과적으로 많은 물품을 손쉽게 얻을 수 있는 방편이었다. 교역에는 그 대가가 필요했지만 약탈은 그러한 것이 필요 없었기 때문이다. 또 약탈은

---

26) 柴田卓郎,「倭寇と元明」『歷史敎育』8-9, 1960.
27) 林仁川은「明代私人海上貿易商人与 "倭寇"」(『中國史硏究』, 1980.4)에서 이 과정을 설명하고 있다. 그 대강을 살펴보면 다음과 같다.
    "海禁이 느슨해진 것을 기화로 沿海 빈민·무뢰배가 중소상인단으로 편입, 鄕紳이나 豪商의 비호 하에 밀무역에 종사하고 있었다. 이런 밀무역은 鄕紳의 비호와 현지 관헌에의 증여와 이를 통한 묵인 하에 이루어졌다. 중소상인단은 점차 착취에 반발 鄕紳으로부터의 독립을 꾀하였고, 그 결과 倭寇化(寇賊化)하였다".(101쪽)
    그러나 그는 같은 논문에서 倭寇의 성분은 매우 복잡하다고 하고, 그 주요 성분에, 海島로 流亡한 浪人, 九州·四國 해상의 商人 등도 포함시키고 있다. 따라서 중소상인단이 倭寇化한 과정의 선후는 실제로 상당히 불분명하다. 이런 과정은 커다란 범위의 倭寇를 山寇-海寇-倭寇로 세분할 경우 중소상인단이 海寇化하는 과정에 더 가깝다고 할 것이다.

합법적인 교역을 통해 얻을 수 없는 물품도 손에 넣을 수 있다는 장점
이 있었다.

倭寇 활동이 증폭되었던 시기는 일반적으로 '銀'을 매개로 한 교역
이 日本과 中國사이에서 이루어졌다. 그러나 은을 수출하는 측인 日本
에서 필요로 하는 물건 가운데에는 평화적 교역만으로는 얻어질 수 없
는 것이 있었다. 王直이나 徐海 등 日本에 근거를 두었던 倭寇 집단은
日本의 戰國大名과 깊은 관계를 맺고 있었다. 日本人을 대신하여 明
에서 필요한 물품을 일본으로 공급했던 倭寇는 戰國大名들의 기대에
부응하는 활동을 해야만 했다. 일본의 戰國時代가 종반으로 치달을수
록 군사에 관련된 물품은 더더욱 필요해졌다. 해외 무역의 담당자들은
그것을 일본으로 공급하는 주요 창구였으나 군사적 목적의 鐵, 硝
石,[28] 綿布[29] 등은 점차 수요 증대와 함께 정상적 교역을 통해서만은
간단히 구할 수 없었다.

또한 14~5세기 倭寇의 가장 큰 약탈 대상물 가운데 하나가 '사람'
이었는데, 여전히 16세기에도 이 '사람'은 필요한 것이었고[30] 고가의
'상품'이었다. 이렇듯 교역만으로는 충분히 필요한 물품을 얻을 수 없

---

28) 硝石·硫黃·銅·鐵 등은 隆慶元年(1567) 부분적으로 海禁이 해제된 이
    후도 海外로의 유출은 금지되었다(佐久間重南, 『日明關係史の硏究』, 吉
    川弘文館, 1992, 37쪽).

29) 제한적이나마 무역이 허용되었던 朝鮮의 경우 丹木·후추를 綿布와 교역
    하고 있었다. 그 결과 國庫에는 100년분의 후추와 丹木이 비축되게 되었
    지만 慶尙道의 면포는 거의 바닥을 드러내게 될 정도였다(朝鮮『明宗實
    錄』, 明宗6年 10月戊寅條).

30) 『國朝獻徵錄』 卷120, 「四夷」, 日本條.
    嘉靖35年, 11月, 朝鮮으로부터 倭寇에게 被虜된 사람들이 송환되어 왔
    는데(明『世宗實錄』 卷441, 嘉靖35年, 11月庚午朔), 이런 被虜人은 14~5
    세기의 경우와 같이 日本에서 부족한 노동력을 위해 거래되거나, 강제로
    倭寇團에 편입되었다(田中健夫, 1984, 162쪽).

던 것이 16세기중반 이후의 상황이었고, 충분한 자본을 가지고 있지 못했던 倭寇들에게 약탈은 가장 유효한 물건의 취득방법이었다.

이와 관련하여 鄕紳層과 이들이 운영하고 있던 상인들의 문제도 생각해볼 필요가 있다. 鄕紳層이 직접 운영하던 商人집단이 겉으로 나타나는 것도 아니었기 때문에, 대부분의 학자들이 일반적으로 이들 향신층이 倭寇와 깊은 관계를 맺고 있었다고 인정하지만 이 역시 명확히 규명될 수 있는 성질의 것이 아니다. 물론 연안의 향신들이 官과 결탁하고 중소상인들을 결집하여 해외로의 私貿易 내지 密貿易 행위를 하고 있었음은 여러 정황으로 볼 때 인정된다. 그러나 嘉靖時期 大倭寇의 원인이라고 일컬어지는 중소상인들의 독립항쟁 시기 이후라면 상황은 달라진다고 할 수 있다.

즉, 倭寇들이 향신과 밀접한 관련을 가지고 있었다고 해서 그것이 항구적인 것은 될 수 없었는데, 특히 交易보다 掠奪을 행하던 무리와 지역사회를 지배하던 향신은 긍정적 관계가 될 수 없었다. 향신에게는 약탈로 인한 사회 혼란과 파괴활동이 전혀 득이 되지 않았기 때문이다. 따라서 倭寇의 특성이 交易보다 약탈이라는 면이 두드러지는 때로 접어들면, 향신과 倭寇의 관계는 부정적인 것이 될 수밖에 없다.

倭寇의 폭력적 약탈 활동은 향신의 착취와 지배에서 벗어나려 한 中小商人層의 독립운동이라는 관점이나, 密貿易에 대한 明朝 또는 官憲의 간섭에 대항하는 수단이라는 관점으로 보든지 간에 後期倭寇가 지닌 두드러진 특징이었다. 그리고 이것이 官憲과 향신층이 서로 협조하여 倭寇를 토벌하는 계기가 되었던 것이다.

위와 같은 점에서 현재 일본과 중국에서의 일방적인 倭寇觀, 특히 그 구성과 활동 성격에 대한 종합적인 재검토가 필요하다. 본고는 현재까지의 연구 성과와 방향에 대해 倭寇의 본질이라는 면에 대한 再

考를 그 목적으로 삼는다. 이를 위해 倭寇의 주체와 구성원, 활동 성격에 대하여 사료검증과 그동안 별로 주목받지 못한 사실 등을 토대로 종래 설명의 문제를 지적하고 보완하고자 한다.

이를 위해 제1장에서는 우선 倭寇연구의 기초적인 사실에 대해 정리하고자 한다. 우선 '倭寇'라는 의미란 무엇인가에 대해 그 연원과 말의 의미를 고찰해보고 문제가 되는 '海寇'와의 차이에 대해 밝히겠다. 아울러 倭寇와 海寇가 동일하다는 인식하에서는 결국 倭寇의 본질을 밝힐 수 없다는 것과 이와 아울러 중국에서 어떻게 倭寇가 처음 등장하는지에 대해서도 서술하겠다.

이런 기초적인 사실을 바탕으로 제2장부터는 본격적인 明代 倭寇에 대한 문제를 고찰하겠다. 우선 가장 기초적인 倭寇의 구성원 문제와 주체 문제에 대해 설명하겠다. 왜구의 구성원 가운데 중국인이 다수가 포함되어 있다는 것은 부정할 수 없는 사실이나 분명 그 안에는 日本人도 참여하고 있다. 倭寇는 중국인이 일본인을 끌어들였던 형식을 취했던 중국인과 일본인의 연합집단적 성격을 가지고 있다. 주체의 문제도 이와 관련되어 있다. 海域이라는 영역을 설정하고 이 지역을 근본적으로 민족이나 국가의 한계를 뛰어넘는 자유로운 장으로 설명하면서 중국인 주체나 일본인 주체라고 주장하는 것은 모순된다.

이와 더불어 倭寇와 鄕紳의 관계에 대해 논하고자 한다. 鄕紳과 倭寇는 그간 鄕紳層이 倭寇와 밀접한 관계가 있는 밀무역을 활발히 행했다는 점 때문에 왜구와도 직접적으로 밀접한 관계에 있었다고만 주로 얘기되어 왔다. 따라서 鄕紳의 해외 무역에 대해 설명하고 그 뒤 鄕紳과 倭寇와의 관계에 대해 고찰하겠다. 倭寇에 대한 종래의 설명 가운데 '중소상인층의 독립 투쟁'이라는 것은 이미 그 시작부터 이런 양자의 관계가 부정적인 관계임을 반증한다. 그러나 일반적으로 향신층은 倭寇의 뒤를 봐주는 일종의 후원자나 자본가의 역할을 하는 것으로 설명되고 있다. 필자는 이에 대해 倭寇 활동이 향신층의 이익에 반하며 倭寇 활동으로 인해 향신들이 피해를 보고 있는 점 등을 들어 양측의 관계가 반드시 긍정적인 관계가 아니었음을 밝히고자 한다.

제3장에서는 嘉靖時期 倭寇 활동의 성격에 대해 고찰하겠다. 倭寇에 대한 설명 가운데 '상인'이라고 해석하는 데 대한 한계를 그들의 침구활동에서 찾고자 한다. 침구활동에 의한 피해 정도를 통해 상인집단 내지는 단순한 1차적 욕구를 위해 참여한 중국 내지의 빈민들의 행위로써는 설명이 되지 않는 침구 실태와 종래의 주장으로는 설명할 수 없는 모습들에 대한 문제점 등을 지적하기로 하겠다. 아울러 이 과정을 통해 倭寇 집단이때로는 전투 집단, 또 때로는 반란 집단의 성격을 가지고 있는 경우에 대해서도 서술하겠다. 그리고 이와 같은 倭寇가 어떻게 변화하는지에 대해서도 살펴보겠다.

제1장 海賊발생의 주 요인과 특징

제1절 明代이전 중국에서의 海賊과 倭寇

1. '海賊'과 '倭寇'의 의미

海賊이란 말의 가장 일반적인 語義는 '바다에서 활동하는 도적'이라는 것이다.[1] 중국어에는 이외에도 '海寇', '海盜'라는 용어 등이 있는데,[2] 중국에서는 우리가 흔히 '海賊'이라고 부르는 개념에 대해서는

---

1) 이희승 편저, 『國語大辭典』(民衆書林, 2001)에서의 海賊에 관한 정의는 '해상을 橫行하며 다른 선박 또는 연안의 취락을 습격하여 재물을 강탈하는 도둑'이라고 하고 있으며, 백과사전에는 '해상에서 배를 습격하여 재화를 강탈하는 도둑'이라 하고 부기하여 '오늘날의 국제법상으로는 公海上에서 국가 또는 정치단체의 명령 내지 위임에 의하지 않고 私的 목적을 위해 선박에 대한 약탈과 폭행을 자행하여 해상 항행을 위험하게 하는 자를 海賊이라 하고, 그 약탈과 폭행을 해적 행위로 규정짓고 있다'고 하고 있다(斗山東亞百科事典硏究所 編, 『두산세계대백과사전』, 斗山東亞, 1996).

2) 諸橋轍次의 『大漢和辭典』에는 해적을 '船舶을 습격하여 劫奪하거나 또는 沿海地에 도적질하는 것'이라고 하고, 별도로 海寇의 항에서는 '무리를 이루어 橫行하는 海賊'이라고 정의하고 있다. 그리고 '海上의 盜賊.

'海盜'라는 표현을 더 널리 사용하는 것으로 보인다.3) 이러한 용어들이 함축하고 있는 의미는 모두 海上 내지는 해안가에서 비합법적인 도적 행위를 행하는 사람을 지칭하고 있다.

그러나 '비합법적'이라는 의미는 그 기준이 어디에 있는가에 따라 범위나 내용이 달라지기 때문에 불명확한 것이 될 수 있다. 더군다나 海賊집단에 속한 사람들의 입장에서는 말할 나위도 없다. '盜賊'이라는 의미가 일반적으로 부정적인 이미지인 것처럼 '海賊' 역시 현대인에게는 긍정적인 측면보다는 부정적인 면이 많다고 할 수 있다.

그런데, 이런 현재의 부정적 인식 또한 반드시 고정적이라고는 할 수 없다. '海賊'에는 두 개의 상반된 모습이 있다. 한 가지는 현재 대부분의 사람들이 알고 있는 海上의 평화를 위협하며 이런 이유로 公的 權力으로부터 금압의 대상이 되는 집단의 모습이다. 그리고 또 한 가지

海賊' 또는 '倭寇'는 海盜라고 하고 있다. 한편 『中文大辭典』에서는 해적을 '海上의 盜賊'으로, '國家 또는 交戰집단에서 허가를 받지 않고 함선에 탑승하여 의도적으로 다른 선박이나 다른 선박의 사람 또는 화물을 강탈하는 사람'을 海盜라고 정의하고, 이 '海盜·海賊'을 海寇라 하고 있다. 중국의 『漢語大詞典』에서는 해적을 '海洋 위 혹은 沿海地帶에 출몰하는 盜賊'으로, 海盜를 '海上 혹은 海岸에서 財物을 약탈하고 비합법적인 폭력 활동을 행하는 人間'이라고 하고 '海寇'는 이 '海盜'와 같은 것으로 규정하고 있다. 그 외에 海盜와 통하는 말로 '海鬼', '水賊' 등도 들고 있는데, 水賊의 경우는 바다보다 더 넓은 의미의 水域에서 활동하는 도적들을 포함하는 것으로 범위가 더 넓다.

3) 사료상에 나타나는 海寇와 海賊, 海盜의 비율을 25史를 통해 살펴보면, 海盜가 97회, 海賊이 117회, 海寇가 154회였다[臺灣 中央研究院計算中心의 25史 검색 결과(http://www.sinica.edu.tw)]. 이 가운데 海寇의 횟수가 제일 많기는 하지만 海盜가 『三國志』에 海賊은 『後漢書』에 처음 등장하는 것에 비해, '海寇'의 경우는 성어로 등장하는 것이 『宋史』 이후로 한 단어로 사용된 것은 다른 두 단어에 비해 상대적으로 늦은 시기다. 또한 海寇의 등장 비율도 明代에 집중(56회)되어 있다.

는 航行하는 선박을 外賊으로부터 보호하며 海上의 평화유지에 공헌하는 집단으로서의 모습이다.[4] 두 번째 모습은 현재의 海賊에 대한 일반적 인식으로는 다소 이해가 힘든 모습이지만 과거 海賊을 '海賊集團'으로 불렀던 것으로 보아 이러한 모습이 존재했다는 것은 사실이다.[5]

특히 일본사, 그것도 中世 日本史에서 '海賊'이라는 집단은 이런 두 가지 특질을 분명히 보여주고 있다. 그리고 이러한 점에서 海賊의 의미는 첫째, 피해자 또는 제3자가 가해자를 지칭하는 경우. 둘째, 권력자가 자신에게 따르지 않는 존재를 지칭하는 경우. 셋째, 海賊 스스로가 자신을 과시하게 위하여 호칭하는 경우 등[6]으로 확대된다.[7] 이는 '倭寇'라는 집단의 특성 및 성격 규명에서도 하나의 단서로서 유의해야 할 점이기도 하다.

한편, '倭寇'라는 의미는 漢字의 의미로만 따지면 '일본인(=倭)[8] 도적(=寇)[9]'을 의미한다. 사전적인 정의 역시 이와 비슷하여 '옛날 우리

---

4) 櫻井英治, 「山賊・海賊と關の起源」 『日本中世の經濟構造』, 岩波書店, 1996, 275쪽.

5) 前揭書, 276~282쪽.

6) 金谷匡人, 「海賊とは何にか」 『海賊たちの中世』, 吉川弘文館, 1998, 1쪽.

7) 한편 田中健夫는 日本의 中世 海賊을 구성하는 역사적 범주로 ① 海上에서의 盜賊的 行爲 일반 ② 海賊衆으로 불리우는 沿岸・島嶼를 근거지로 한 武士團(水軍) ③ 倭寇의 세 가지를 지적하고 있다(田中健夫, 「中世海賊史研究の動向」 『中世海外交涉史の研究』, 東京大學出版會, 1959).

8) '倭'라는 글자는 일반적으로 日本에 대한 他稱으로 사용되어 왔다. 中國의 正史에는 『舊唐書』 「東夷傳」에 '倭國'과 '日本國'의 두 조가 성립되어 日本이라는 명칭이 나타나게 되는데, 그 이전에는 日本을 倭라고 지칭하고 있다(和田 淸・石原道博 編譯, 『舊唐書・宋史・元史日本傳』, 岩波文庫 5658-5659, 1956, 13~14쪽).

9) '寇'는 자전에서 찾아보면, 怨讐・敵이라는 뜻 이외에 「群行功劫」이라는 의미(『書經』 「虞書」 舜典, "帝曰, 陶, 蠻夷猾夏, 寇賊姦宄", 「周書」 康誥, "凡民自得罪, 寇攘姦宄, 殺越人于貨" 등), 혹은 국외의 兵亂이라는

나라 근해에서 약탈을 일삼던 日本 海賊'으로 되어 있다.[10] 이런 倭寇
에 대한 개념은 한국에서의 가장 일반적인 개념이라고 할 수 있다.

한편, 中國語 사전에도 이와 비슷하게 설명되어 있는데,[11] 이런 것
으로 보아 중국에서의 일반적 개념도 우리와 크게 다르지 않다는 것을
알 수 있다. 그렇지만 이런 일반적 개념이 반드시 역사적 사실을 올바
르게 전하고 있는 것은 아니다. 역사적 사실과 그 해석은 시대상에 영
향을 받으며 변화한다. '倭寇'라는 용어의 사용에서도 이런 문제점이
발견된다.

'倭寇'에 대한 인식 및 호칭법은 海賊·海寇라는 용어처럼 그런 행
위의 피해자에게서 이루어진 것이다. 倭寇는 엄밀히 말하면 日本人 盜
賊이라는 의미겠지만, 지리적인 여건상 자연히 日本人 海賊으로 인식
되었다. 그렇지만 무조건 日本人 海賊을 倭寇라고 한 것은 아니었다.
우리나라에서 倭寇 문제를 거론할 때 우선 제기되는 시기는 三國 및
統一新羅時代이다. '倭寇'라는 단어가 사료상 처음 등장하는 것도 이
시기다. 즉 高句麗 廣開土大王碑 碑文 제2단 廣開土王 14년 甲辰

의미도 있다.

10) 이희승 편저, 『國語大辭典』, 民衆書林, 2001.
   한편, 中村榮孝는 『日鮮關係史の硏究』上(吉川弘文館, 1965, 13쪽)에서
   "倭寇란 13세기에서 16세기에 걸쳐 中國 및 朝鮮의 연안에서 활동한 해
   적집단을 총괄해서 일컬은 것"이라고 정의하고 있는데, 우리나라 대부분
   의 연구자가 이런 개념을 따르고 있다. 이와 같은 정의는 『アジア歷史事
   典』9, 平凡社, 1962, 403쪽 ; 『世界歷史事典』20, 平凡社, 238쪽 ; 『國史
   大事典』上, 韓國出版社, 1982, 969쪽 등과 같이 사전류에서도 채택하고
   있는데, 이 가운데 다만 『國史大事典』은 倭寇가 신라초부터 존재했다고
   기재하고 있다.
11) 예를 들면 『古今漢語實用詞典』[四川人民出版社, 1995(5쇄)]의 倭寇항에
   는 "14世紀부터 16世紀까지 누차 中國沿海와 朝鮮을 약탈한 日本海賊"
   이라고 되어 있다.

(404)조에 '倭寇潰敗, 斬殺無數'라는 문장이 바로 그것이다. 그러나 같은 단어가 사용되었다고 그 개념까지 반드시 동일한 것은 아니다.

중국에서는 元末明初 이래 사용된 倭寇라는 용어가 20세기에 접어들어서도 여전히 일본의 대륙침략행위에 대한 일본의 卑稱으로 사용되고 있다.[12] 그런데 여기서 같은 倭寇라는 용어라도 엄연히 전혀 다른 성격 내지는 대상을 지칭하고 있음을 분명히 해야한다. 倭寇에 관한 최소한의 공통된 특징을 규정하고 그 본질을 알기 위해서는 먼저 그 범위를 명확히 할 필요가 있다. 현재와 같은 일반적이고 막연한 倭寇 개념은 이런 문제해결을 어렵게 한다. 따라서 이를 위해서 사료를 더욱 명확히 살피고 당시 상황을 분명히 인식할 필요가 있다.

이를 위해 먼저 '倭寇'라는 용어가 언제부터 하나의 고유명사로 사용되었는지 살펴볼 필요가 있다. 위에서 언급했듯이 廣開土大王碑에 이미 '倭寇'라는 용어가 나타난다. 이를 근거로 이미 5세기 전후에 '倭寇'라는 용어가 '倭人의 侵寇' 내지는 '倭의 侵寇集團'을 뜻하는 고유 개념으로 사용되었고 이것이 高麗末에 역사 용어로 정착되었을 것[13]이라는 주장도 있지만 이런 주장에는 여러 면에서 문제가 있다.

우선 가장 큰 문제는 廣開土大王碑의 문구 한 소절을 제외하고는 高麗末까지 '倭寇'라는 용어가 사료에서 발견되지 않는다는 점이다.[14]

---

12) 石原道博, 『倭寇』, 吉川弘文館, 1964, 320쪽.
　　예를 들면 『中華民國史事日誌』, 1937年(民國 26) 7月조의 "蔣委員長電宋哲元, 倭寇不重信義, 勿受其欺"나 "蔣委員長發表告抗戰全軍將士書, … 只有抗戰到底, 必須擧國一致, 不惜犧牲, 與倭寇死拼, 復興民族", 8月조의 "蔣委員長再發告抗戰將士書, 以持久戰, 消耗戰制倭寇之速戰速決".
13) 최병옥, 「서론 1. 倭寇의 어의」 『倭寇討伐史』, 국방군사연구소, 1993, 2쪽.
14) 『三國史記』에서는 주로, 倭・倭人・倭國・倭兵 등을 주어로 侵寇사실을 기록하고 있을 뿐(申瀅植, 「統一新羅의 對日關係」 『講座 韓日關係史』, 玄音社, 1994, 121~139쪽) 倭寇라는 단어가 등장하지는 않는다.

이는 '倭寇'라는 단어가 高麗中期 이전에는 하나의 역사 용어로 사용되었을 가능성이 희박함을 보여주는 것이다. 또한 그 성격 문제에서도 이들을 麗末鮮初와 같은 집단이라고 할 수 있는지 의문이다. 廣開土大王碑에 나타난 倭寇는 高麗末과 같은 약탈을 위한 도적집단의 성격과는 거리가 먼 존재였다.

　'倭寇'라는 말은 본래 "일본인(倭)이 …를 도적질하다(寇)"라는 형식으로 사용되다가 그대로 굳어서 하나의 단어로 사용되었다고 인정되고 있다. 廣開土大王碑를 제외한다면, '倭寇'에 관한 기사가 처음 나타나는 것은 『高麗史』高宗 10年(1223) 5月條의 '倭寇金州'15)라는 문장에서다. 그러나 여기에서의 倭寇는 아직 하나의 단어로 사용된 것은 아니다. 하나의 단어로서 사용된 '倭寇'가 처음 나타난 것은 忠烈王 4년(1278) 쿠빌라이가 高麗에 주둔한 元軍의 철수를 지시할 때 忠烈王과의 倭寇 대책과 관련한 대화 속에서 찾을 수 있다.16) 이를 근거로 中村榮孝는 이 시기에 倭寇라는 말이 한 단어로 되었을 것이라고 주장했다. 그런데 田中健夫는 高麗 忠定王 2년(1350) 2월 '倭寇之興始此'17)라는 기사와 忠定王代에서부터 倭寇의 출현이 조직적이고 계속성을 보인다는 근거로 忠定王 2년 이후 '倭寇'라는 말이 한 단어로 사용되었고, 이때부터 '倭寇'라는 관념도 명확해졌다고 주장하고 있다.18) 종합적으로 생각해볼 때, 倭寇라는 말이 만들어진 것은 高麗末 日本人

---

15) 『高麗史』卷22, 「世家」22, 高宗10年, 5月甲子條.
16) 『高麗史』卷28, 「世家」28, 忠烈王, 戊寅4年, "王曰, 小邦亦請依上國法點戶 又請留合浦鎭戍軍 以備倭寇. 帝曰, 何必留之其能無害於汝民乎 汝可自用汝國人鎭戍**倭寇**不足畏也 若點戶則可自爲之. 又曰, 天漸寒馬將瘦及野草未枯可還去".
17) 『高麗史』卷37, 「世家」37, 忠定王, 庚寅2年, 2月條.
18) 田中健夫, 『倭寇－海の歷史－』, 教育史歷史新書, 1982, 15쪽.

의 海賊的 집단에 대한 총칭으로 사용하기 시작한 것[19]이라는 주장이 가장 타당하다고 생각한다.

한편, 중국 역사서의 기록에 倭寇라는 단어가 나타나는 것은『明史』「成祖本紀」永樂 3年(1405)에서 비롯된다.[20] 그러나, 그 이전에도 '倭賊'·'倭人' 등의 표기가 나타난다는 점[21]과 앞서 언급했듯이 쿠빌라이와 忠烈王이 倭寇 대비책에 대해 논의한 적이 있다는 것, 그리고 이후에도 '倭'·'賊'·'寇' 등을 이용하여 '倭寇'라는 말을 대신하는 등 倭寇에 대해 상당히 많은 다른 표기법이 사용되고 있다는 것[22] 등으로 추정해볼 때, 永樂帝 이전 시기에 倭寇라는 말이 中國 내에서 사용되었을 가능성도 충분히 있다.

위와 같은 사실에서 倭寇라는 말이 高麗에서 먼저 단어화되어 사용되었다는 것을 알 수 있다. 史料上으로는 高麗에서 '倭寇'라고 成語化된 후 약 100년이 지나서야 中國에서도 사용되고 있는데, 高麗에서 사용되던 말이 中國측으로 전해져서 사용되었다고 설명하는 것이 자연스러울지 모른다. 그러나 元代의 高麗 및 日本에 대한 상황을 묘사한 元代 및 明初의 기록에 倭寇라는 단어가 보이지 않으며, 中國의 사료에 '倭寇'라는 글자가 나타나기까지의 과정과 순서, 즉 '주어+술어'의 방식으로 사용되다가 한 단어로 사용되는 과정이『高麗史』를 비롯한 우리나

---

19) 國史編纂委員會 편,『한국사』20, 동위원회, 1994, 391쪽 ; 中村榮孝,『日鮮關係史の硏究』上, 吉川弘文館, 1965, 13쪽.

20) 石原道博, 前揭書, 70쪽.
    『明史』卷322,「外國」3,「日本傳」, "十五年 倭寇松門·金鄕·平陽, 有捕倭寇十人至京者, 廷臣請正法".

21) '倭寇…'의 표기, 즉 寇가 동사로 쓰인 표기법은 洪武6年(1373)에 이미 나타나고 있고, 永樂23年條에도 '倭寇象山'이라고 하여, 寇字를 동사로 쓰는 표기방법을 사용하고 있다.

22) 石原道博, 前揭書, 71~75쪽. 그 중, 海寇라는 용어가 가장 많이 쓰였다.

라 사료에서의 그것과 아주 흡사하기 때문에 양 지역이 각각의 상황변
화에 맞추어 별도로 형성된 것이라고 추측하는 것도 무리는 아니다.

　그러면 이렇게 형성된 '倭寇'라는 것은 과연 무엇을 의미했을까? 물
론 이것은 말 뜻대로 日本에서 온 海賊을 의미한다. 그러나 이 문제
또한 그렇게 간단하지는 않다. 우선 海賊이라는 개념은 앞서 살펴본
대로 단순히 약탈집단만을 의미하지 않기 때문이다. 전근대 동아시아
세계의 공통적 특징 가운데 한 가지가 對外關係 내지는 對外貿易에
대해 국가권력이 취하는 태도인데 실제 적용여부의 여하에 관계없이
이념적으로는 이를 國家의 통제하에 두고 있었다.

　즉 對外貿易은 엄격히 국가관리 하의 公貿易만이 허가되었을 뿐이
고 개인의 사사로운 무역 내지 상행위는 허용되지 않았다. 이른바 朝
貢貿易體制라고 불리는 이 제도가 확립된 것은 明代였지만 그 이전
시기에도 명목상으로는 그러했다. 따라서 이러한 정부의 정책에 거역
하는 무리들은 권력자나 국가권력의 입장에서는 海賊과 다를 바 없었
으며 실제로 海賊으로 취급받았다.23) 예를 들어 日本이 明의 朝貢貿
易체제에 편입된 이후 明朝는 日本의 朝貢에 대한 내용을 규정하였는
데, 그 규정을 벗어날 경우에는 '海賊(寇)'으로 취급했다.24)

　이와 같이 海賊에는 일반적인 의미와 가장 가까운 약탈 행위를 하는
무리들 뿐 아니라, 불법으로 상행위를 하는 사람들까지 포함되는 것이
다. 특히 바다라는 영역은 중앙권력의 힘이 미치기 어렵고 정확한 파

---

23) 조선에서도 국가의 통제를 벗어난 도서지역의 사람들을 "해적"이라고 지
　　칭하는 경우가 적지 않았다(高橋公明, 「海域世界の交流と境界人」『周緣
　　から見た中世日本』, 講談社, 2001, 351~355쪽 참조).
24) 『閩書』(崇禎刊配補鈔本) 卷246, 「島夷志」, 永樂4年, "上嘉其勤誠, 遣使齎
　　璽書褒諭, 并頒勘合百道, 定以十年一貢, 船止二隻, 人止二百. 違例, 則以
　　寇論".

악이 힘들다는 점을 생각해봤을 때 순수한 海賊과 商人을 구분하기는 거의 불가능하다. 商人들도 귀중한 화물의 보호를 위해 武裝하는 것이 상식이기 때문에 이들이 불법으로 상행위를 하다가 적발되는 경우 권력자의 측에서는 양자를 구별할 수 없었다.[25] 이러한 점들 때문에 ‘倭寇라는 존재는 구체적으로 무엇이다’라고 한 마디로 정의하기 어려운 것이다. 그리고 이것은 倭寇라고 지칭된 무리가 그들 스스로를 ‘倭寇’라고 한 기록을 아직까지 찾을 수 없기 때문에 더욱 그렇기도 하다.

2. ‘倭寇’와 ‘海寇’의 구분

田中健夫는 ‘왜구는 정의내릴 수 없는 존재다’[26]라고 정의한 바 있다. 이와 같은 정의 아닌 정의가 내려지는 이유는 倭寇의 모습이 너무나 다양하게 나타나기 때문이다. 역시 일본의 대외관계사 연구가인 中村榮孝도 倭寇에 대해 일찍이 ‘半商半盜’ 집단이라는 정의를 내리기도 했지만 中村榮孝는 倭寇에 관해본격적으로 연구한 것은 아니었고, 무엇보다도 현재 보편적으로 받아들여지고 있는 중국인 주도의 행위라는 인식은 갖고 있지 않았다.

또한 海商은 기본적으로 무장을 해야만 한다는 사실에 입각했을 때 ‘半商半盜’적 특성을 倭寇에 국한시키는 것은 문제가 있다.[27] 田中健

---

25) 有光友學, 「中世後期のおける貿易商人の動向」; 村井章介, 「建武・室町政權と東アジア」『講座 日本歷史 4-中世 2-』, 東京大學出版會, 1985, 26쪽.
26) 田中健夫, 「倭寇と東アジア通交圈」『日本の社회사』 1, 岩波書店, 1987, 140쪽.
27) 한편, 村井章介는 「建武・室町政權と東アジア」『講座 日本歷史 4』, 東京大學出版會, 1984에서 倭寇와 상인은 명확히 구별될 수 없다(有光友學, 「中世後期における貿易商人の動向」)는 점을 들어 ‘倭人商人’이라는 표현을 제시하고 있다.

夫의 말처럼 倭寇를 정의내리기가 어려운 것은 사실이지만 그렇다고 그대로 모호한 상태로 남겨둘 수는 없다. 가능한 왜구라는 실체에 접근해 파악할 필요가 있다.

明代 倭寇 문제를 해결하는 과정에서 혼란을 가져오는 요인 중에 일차적인 것은 용어의 문제이다. 倭寇를 지칭하는 다른 용어 가운데 제일 많이 사용된 것으로 '海寇'가 지적된다.[28] 『明史』에서 이 '왜구'와 '해구'의 사용빈도를 조사해봤더니 왜구가 60회, 해구가 57회 사용되고 있었다. 海寇도 단어의 의미상으로는 해적을 의미한다. 倭寇도 넓은 의미로는 해적에 포함되기 때문에 海寇에 포함된다고 할 수 있다. 그런데 현재 倭寇 연구자의 대부분은 이 海寇와 倭寇를 동일한 범주의, 결국은 같은 것으로 취급하고 있다. 倭寇와 海寇가 동일한 명칭으로 사용되었고 양자를 분리할 수 없다는 것이 중국과 일본 학자들의 공통된 생각인 것 같다. 그러나 明代人들이 海寇와 倭寇를 왜 같은 것으로 생각하게 되었는지에 대한 설명은 명확하지 않다.

石原道博은 正史에서 海賊을 모두 '倭' 혹은 '倭寇'라고 썼다고 지적하고 이는 모두 '賊'이라는 의미라고 주장했다.[29] 그러나 어떤 이유에서 해적을 '倭'라고 표기했는지에 대한 설명은 부족하다. 특히 石原道博은 前期倭寇와 後期倭寇의 구분 없이 倭寇에 관한 논지를 전개했는데, 前期倭寇의 경우도 똑같이 적용될 수 있는지 의문이다.

한편 田中健夫는 倭寇의 뜻이 확산된 이유에 대한 논리적 설명을 시도하고 있다. 그에 의하면 元末明初 倭寇의 침구활동으로 말미암아 明朝 및 일반인들에게 倭寇 내지는 倭라는 명칭이 각인되었으며 明이 海防政策을 강행하고 沿海民들이 바다로 나가는 것을 모두 금지하면

---

28) 石原道博, 前揭書, 68~71쪽.
29) 石原道博, 前揭書, 91쪽.

서, 바다에 나가서 활동하는 사람을 모두 海賊, 즉 海寇로 취급하게 되
었다. 이후 嘉靖時期에 沿海의 海賊들이 倭寇와 결탁하여 대규모로
活動을 벌이자 이들의 구분이 어려워졌는데 明初 倭寇에 대한 인식이
그대로 전해져서 이러한 바다에서의 활동이 모두 倭寇活動이라고 생
각되어졌고 이후 海寇는 倭寇와 동일한 의미처럼 사용되었다는 것이
다. 이와 같은 설명은 타당한 면도 있으나 논리적으로 추측한 것일 뿐
어떠한 증거도 없다. 그리고 明初에 사용된 '海寇'라는 말은 倭寇와
별다른 관계없이 사용되고 있다.[30]

한편 中國의 林仁川은 前期倭寇는 日本人으로 이루어진 海賊, 즉
眞倭로 파악하고 嘉靖倭寇는 中國人 중심의 私貿易集團이라고 하면
서, 이들 中國人 '假倭', 특히 王直집단이 '倭寇'라고 지칭된 이유 중
하나를 그들이 스스로를 호칭할 때 말한 '我'를 '倭'로 착각한 때문이
라고 설명하고 있다.[31] 또한 그 외 대부분의 중국인 학자들도 嘉靖時期
의 倭寇를 사무역 집단으로 파악하고 심지어 倭寇라는 명칭자체를 사
용하지 않는 경우[32]도 있다. 결국 倭寇와 海寇는 동일하다는 것이다.

물론 명확히 海寇와 倭寇는 같은 것이라고 서술해놓은 사료는 없다.
이렇게 인식하게 된 원인은 倭寇 구성인의 문제에 있다고 생각된다.

---

30) 『明史』, 「本紀」 중 洪武 시기의 아래 두 기사에 나오는 해구는 왜구와는
　　관계가 없는 보통의 해적으로 생각된다.
　　　八月 甲午, 是月, 高州海寇亂, 通判王名善死之(『明史』 卷2, 「本紀」2,
　　洪武4年).
　　　十一月 庚戌, 趙庸討廣州海寇, 大破之(『明史』 卷2, 「本紀」2, 洪武14年).
31) 林仁川, 『明末淸初私人海上貿易』, 華東師範大學出版社, 1987, 57쪽.
32) 李金明의 경우는 後期 '海寇'라는 표현을 사용하고 있다(李金明, 「內容提
　　要」 『明代海外貿易史』, 中國社會科學出版社, 1990). 佐久間重男의 경우
　　도 倭寇라는 명칭 대신 '嘉靖海寇'라는 명칭을 사용하고 있다(佐久間重
　　男, 『日明關係史の硏究』, 吉川弘文館, 1992, 258쪽).

倭寇를 구성한 사람들 중 상당수가 중국인이었다는 것과 倭寇가 침구할 때 거의 예외 없이 海寇라고 불리는 중국인들이 이들을 끌어들이고 있기 때문이다. 또한 王直·徐海 등 대표적인 倭寇 집단의 지도자들이 중국인이었다는 것도 海寇와 倭寇를 구별하지 못하게 된 원인 가운데 하나였다.

그렇지만, 이들을 구별해놓은 경우도 있다. 즉 山寇·海寇·倭寇를 구분하고 倭寇가 海上으로부터 오면 海寇가 이를 맞이하여 인도하고, 내륙으로 침입하여 약탈행위를 할 때 山寇가 이들을 호위한다고 이들 간의 관계를 구체적으로 설명한 경우33)가 있는데 다음을 보자.

> 潮陽의 林大春이 말하기를, "지금 영해의 근심으로는 山寇·海寇·倭寇가 있다. 山寇는 사납고 빨라 禍가 되는 것이 빠르고, 倭寇는 慘烈하여 禍를 이루는 것이 잘 나타난다. 海寇는 끈덕지고 굳세며, 郡國에 침투하여 禍를 이루는 것이 음험하며 해독이 된다. 이 세 세력은 서로 의지하여 禍가 상호간에 원인을 이루고 있다. 그 倭寇가 海上으로부터 오면, 海寇가 嚮導하여, 모여서 주둔하고 노략질을 하는데, 山寇가 앞잡이(爪牙)가 된다".34)

위에서는 분명히 倭寇와 海寇가 분리되어 있으며 그 각각의 차이에 대해서도 말하고 있다. 海寇와 倭寇를 같은 것이라고 주장하는 사람들은 결국 山寇·海寇·倭寇를 총합한 것이 넓은 뜻으로 倭寇라고 불리게 되었다는 것인데, 이런 경우 그들의 설명은 합당치 않게 된다. 또한

---

33) 田中健夫, 1984, 166쪽 및 佐久間重南, 「中國嶺南地域の海寇と月港二十四將の反亂」『青山史學』 5, 1977, 1~3쪽.

34)『潮州府志』(乾隆27年刊·光緒19年重刊本) 卷38, 「征撫」, 潮州倭寇, "潮陽林大春曰, 今領海之患, 曰山寇·海寇·倭寇. 山寇剽急爲禍速, 倭寇慘烈爲禍顯, 海寇則纏綿固護, 浸淫乎郡國, 爲禍隱而毒也. 是三者勢相倚而禍相因, 彼倭寇之從海上來也, 實海寇爲之嚮導, 其屯聚而野掠也, 山寇爲之爪牙 … 倭寇非果盡屬日本, 大抵多漳泉流賊, 挾殘倭以爲酋首, 遂因其名, 號以鼓舞. 徒衆所至, 破鄕寨, 盡收其少壯者而髡之, 久之與倭無異".

후술하겠지만, 嘉靖時期 倭寇의 침구사실을 다룬 기록을 살펴보면 中國人이 倭人을 끌어들여 침구했다는 것이 많이 보이는데, 이것은 당시 사람들이 倭寇와 海寇를 구분하고 있다는 것을 말해준다.

또한 茅坤은 『海寇後編』에서 徐海의 활동에 대해 徐海가 倭人을 모아 침구해왔다고 기록하고 있다.[35] 이 경우 倭人까지 포함된 집단을 책의 제목 그대로 海寇라고 인식하고 있었다고 생각할 수도 있으나 그 것보다는 徐海와 같은 中國人 海寇가 이 책의 주요 관심대상이었으며, 그와 같은 시점에서 海寇라는 표현을 사용한 것이다. 역시 萬表의 『海寇義』도 倭變을 주요 대상으로 한 것이지만, 그 내용을 살펴보면 中國人 海寇들이 倭人을 끌어들여 침구했다고 하고 있다.

이러한 점은 洪若皐의 『海寇記』에서 좀더 명확히 알 수 있다. 『海寇記』는 鄭成功 집단의 이야기가 주가 되고 있는데, 이들에 앞서 明代 王直·徐海 등 海寇의 일을 서술하고 있다. 鄭芝龍·鄭成功을 이들과 같은 연속선상에서 '海寇'로 보고 있지만, 이들을 王直 등과 같은 부류의 집단으로는 보고 있지 않다.[36] 그리고 鄭成功을 海寇로는 보았지만 倭寇로는 보고 있지 않다.[37]

史料에서 倭寇와 海寇 및 기타 寇賊이 어떻게 구분되고 있는지, 몇

---

35) 茅坤, 『海寇後編』(『叢書集成續編』 23, 史部, 上海書店), "嘉靖35年, 徐海之擁諸倭奴而寇也".

36) 田中健夫는 倭寇 어의의 다양성을 들며 밀무역에 종사했던 포르투갈인, 스페인인 등도 倭寇라고 칭했으며 鄭成功 집단 등도 倭寇라고 불렀다고 하고 있지만 사료상에 포르투갈인·스페인인에 대해 '倭'라는 명칭이 사용된 예가 있는 것은 아니다. 다만 이들도 '海寇'의 하나로 인식되고 있었을 뿐이다. 이런 생각은 海寇와 倭寇가 같은 것이라는 전제하에서만 가능한 것이다.

37) 또한 무엇보다 淸代에 같은 지역에서 발생하는 海賊(즉 海寇)을 倭寇라고 부르거나 그렇게 인식하지는 않는다.

가지 실례를 들어 설명하면 우선 동일한 史料의 같은 항목에서 양자를 별개로 기록하고 있는 경우를 지적할 수 있다. 예를 들어 崇禎 14年 (1641)刊『長樂縣志』의「存往志」災祥의 嘉靖 39年(1560)條에는 4月 의 倭夷와 6月의 漳南海賊을 구분하고 있으며,[38] 嘉靖 36年(1557)刊 『潮州府志』의「地理志」柘林澳항에는 諸倭와 海寇를,[39] 그리고『興 化府志』「官師志」武烈에는 流賊과 倭奴를 구분하고 있다.[40]

또한 萬曆 3年(1575)刊『海澄縣志』의「九都港口二城記略」에 나타 난 倭寇 이후의 海寇 및 海賊에 대한 표현을 보면 海寇를 바로 倭寇 와 동일시하지 않았다는 것을 알 수 있다. 여기에서는 '丁卯 鄭賊入 寇', '天啓 2年 紅夷', '7年 5月 海寇猖獗', '崇禎元年 李芝奇 叛亂', '5年 2月, 巨寇 劉香' 및 '香寇'라는 등의 표현을 사용하고 있다.

결론적으로 말하면 明 및 淸代의 사람들은 中國人 海寇 외에 따로 倭寇 내지는 倭人과 관련된 집단을 분리하고 있다. 즉 海寇가 倭寇를 끌어들여 침구하거나, 이에 준하는 행동을 한 전체적인 상황을 '海寇' 라고는 보았어도 倭寇를 완전히 海寇와 동일시 한 것은 아니다. 즉 본 항의 처음에서 말한 것과 같이 海寇는 倭寇를 포함하는 더 큰 범위로 두었던 것이며, 바다에서 활동하는 모든 사람들이 모두 이 海寇에 들 어가는 것이다.

이것은 뒤에 서술할 倭寇의 구성원 및 주체라는 문제와도 연관되어 있으며, 이 문제가 해결됨으로써 더욱 명확해질 것이다.

---

38) 『長樂縣志』[崇禎辛巳(14年)刊本] 卷9,「存往志」, 災祥, 嘉靖39年, 庚申4 月, "倭夷寇北鄉 … 6月 初4日, 漳南海賊劫沚頭".
39) 『潮州府志』(嘉靖36年刊本) 卷1,「地理志」, 柘林澳, "暹羅諸倭, 及海寇常 泊巨舟爲患. 今調撥潮·碣二衛軍士更番哨守, 益以寡夫, 以指揮一員領之".
40) 『興化府志』(萬曆3年刊本) 卷4,「官師志」, 武烈, 林本著, "嘉靖癸未, 流寇 申大總突至 … 辛酉 與倭奴刀戰于南郊, 死之".

제2절 明代이전 중국 海賊의 존재형태와 활동

1. 初期 中國 海賊의 발생과 그 모습

中國 역사상 처음으로 기록에 나타나는 海賊은 東漢 安帝 때의 張伯路이다. 永初 3年(기원전 109) 秋7月 海賊 張伯路 등이 3,000여 인을 이끌고 沿海의 9郡을 약탈하고 지방관을 살해했다. 이에 대해 東漢 朝廷은 侍御史 龐雄을 파견하여 州郡의 병사를 이끌고 張伯路를 토벌하게 했다.[1] 이에 張伯路 등은 항복을 구하는 척하다가 다시 집결하여, 다음해 正月 勃海·平原 일대의 匪賊 劉文河·周文光 등 300여 인을 규합했다. 그리고 이들과 함께 使者를 가장하고 厭次로 가서 그곳을 공격해 長吏를 살해하였다. 그 뒤에는 또 高唐으로 轉戰하며 官所를 불태우고 감옥에 있던 죄수들을 석방시켰다.[2]

張伯路는 처음 활동할 당시에는 將軍을 자칭하고 있었다. 그런데 天子가 착용하는 五梁의 冠을 쓰고 天子를 나타내는 印綬를 佩用하였으며, 그 외의 頭目들은 전원 將軍으로 칭하고 張伯路에게 朝謁하는 데까지 이르렀다. 海賊 張伯路의 집단은 하나의 국가를 칭할 정도까지 강대하게 되었던 것이다. 東漢 朝廷은 다시 御史中丞인 王宗을 파견하여 靑州 刺史인 法雄을 이끌고 張伯路 등을 토벌하게 하였다. 이때 張

---

[1] 『後漢書』 卷5, 「本紀」 5, 孝安帝, 永初3年, 秋7月, "海賊張伯路等寇略緣海九郡, 遣侍御史龐雄督州郡兵討破之".

[2] 上同, "海賊張伯路復與勃海. 平原劇賊劉文河·周文光等攻厭次, 殺縣令, 遣御史中丞王宗督靑州刺史法雄討破之".

伯路는 토벌을 피해 海上으로 도망쳤다. 다음해 閏4月, 張伯路는 다시 東萊를 공격했지만 실패하고 결국은 敗死했다.[3]

이후 약 20년이 흘러 永建 7年(陽嘉元年, 132), 會稽의 海賊 曾於 등 1,000여 인이 피해를 입히고 있는데, 이해 2月에는 海賊 曾旌 등이 會稽를 공격해 句章·鄞·鄮 3縣의 縣長을 살해하고 會稽의 東部都尉를 공격했다.[4]

東漢末 또는 三國時代初에도 몇몇 해적에 대한 기록이 남아있는데, 우선 『三國志』「魏志」卷7「陳登傳」의 裴松之 注에서 인용하고 있는 『先賢行狀』에 海賊 薛州에 대한 기사가 있다. 薛州는 配下 萬餘戶를 이끌고 陳登에게 귀순했는데, 薛州는 長江 河口에서 東中國海를 활동의 무대로 했던 海賊으로 추정된다. 귀순한 수가 만여 호에 이르는 것으로 보았을 때, 그 세력이 상당했음을 짐작할 수 있다.[5]

---

3) 『後漢書』卷5,「列傳」28,「法雄傳」, 永初3年, "海賊張伯路等三千餘人, 冠赤幘, 服絳衣, 自稱將軍, 寇濱海九郡, 殺二千石令長. 初, 遣侍御史龐雄督州郡兵擊之, 伯路等乞降, 尋復屯聚. 明年, 伯路復與平原劉文河等三百餘人稱,「使者」. 攻厭次城, 殺長吏, 轉入高唐, 燒官寺, 出繫囚, 渠帥皆稱,「將軍」, 共朝謁伯路. 伯路冠五梁冠, 佩印綬, 黨浸盛. 乃遣御史中丞王宗持節發·冀諸郡兵, 合數萬人, 乃徵雄爲靑州刺史, 與王宗幷力討之. 連戰破賊, 斬首溺死者數百人, 餘皆奔走, 收器械財物甚. 會赦詔到, 賊猶以軍甲未解, 不敢歸降. 於是王宗召刺史太守共議, 皆以爲當遂擊之… 賊復驚恐, 遁走遼東, 止海島上. 五年春, 乏食, 復抄東萊間, 雄率郡兵擊破之, 賊逃還遼東, 遼東人李久等共斬平之, 於是州界淸靜".

4) 『後漢書』卷6,「本紀」6, 陽嘉元年 2月, "海賊曾旌等寇會稽, 殺句·鄞·鄮三縣長, 攻會稽東部都尉. 詔緣海縣各屯兵戍".
   『後漢書』卷11,「天文志」, 順23, "後一年, 會稽海賊曾於等千餘人燒句章, 殺長吏, 又殺鄞·鄮長, 取官兵, 拘殺吏民, 攻東部都尉；揚州六郡逆賊章何等稱將軍, 犯四十九縣, 大攻略吏民".

5) 『三國志』卷7,「魏書」7, 呂布·陳登, "先賢行狀曰, … 海賊薛州之群萬有餘戶, 束手歸命. 未及期年, 功化以就, 百姓畏而愛之. 登曰, 此可用矣".

그리고 曹操는 建安 11年(206) 秋8月에 동쪽 지방으로 원정하여 海賊 管乘을 공격한다. 管乘의 근거지는 山東반도의 膠州灣이었다고 추정되는데, 이때 曹操가 파견한 部將 樂進·李典에 의해 管乘은 패배해 海上의 섬으로 도망갔다.6) 또한 비슷한 시기에 海賊 郭祖의 존재도 보이는데, 郭祖는 현재의 黃河下流 부근에 해당하는 樂安·濟南의 경계 부근을 근거로 했던, 발해만에서 활동하던 해적이었다.7)

한편 남쪽에서는 吳를 건국한 孫權의 부친인 孫堅이 17세가 되었던 때(173年경으로 추정), 海賊과 만난 일화가 남아있다. 孫堅이 그의 부친과 吳郡의 富春에서 錢唐으로 향하던 도중, 匏里에서 海賊 胡玉이 왕래하는 商人들의 재물을 약탈하고, 해안으로 상륙하여 분배하고 있던 곳을 지나가게 되었다. 이 때문에 孫堅 일행이 탄 배가 더 이상 갈 수 없게 되었고 다른 배들 또한 그 곳을 지나지 못하고 정체하게 되었다.8) 이 사실은 『三國志』「吳志」의 冒頭에 남아있는데, 이 이야기로부터 海賊 胡玉은 杭州灣에서 富春江에 걸친 수역을 활동의 근거지로 하면서 상인들로부터 그 화물을 약탈했었던 사실을 알 수 있다. 또한 배들이 정체하고 있던 사실로 미루어 보아 이들은 海賊의 또 다른 주요 수입원인 私的 통과세를 징수했었는지도 모른다. 이런 통과세는 海

---

6) 『三國志』卷1,「魏書」1, 武帝操, 秋8月, "公東征海賊管承, 至淳于, 遣樂進·李典擊破之, 承走入海島. 割東海之襄賁·郯·戚以益琅邪, 省昌慮郡".

7) 『三國志』卷12,「魏書」12, 何夔, "海賊郭祖寇暴樂安·濟南界, 州郡苦之. 太祖以夔前在長廣有威信, 拜樂安太守. 到官數月, 諸城悉平".

8) 『三國志』卷46,「吳書」1, 孫堅, "孫堅字文臺, 吳郡富春人, 蓋孫武之後也. 少爲縣吏. 年十七, 與父共載船至錢唐, 會海賊胡玉等從匏里上掠取賈人財物, 方於岸上分之, 行旅皆住, 船不敢進. 堅謂父曰, '此賊可擊, 請討之'. 父曰, '非爾所圖也' 堅行操刀上岸, 以手東西指麾, 若分部人兵以羅遮賊狀. 賊望見, 以爲官兵捕之, 卽委財物散走".

賊의 존립근거 가운데 하나이며, 海賊 발생의 한 요인으로도 지적되고
있다.[9]

嘉禾 4年(235)에는 陸地에 근거를 둔 도적과 해적이 같이 발생했
고,[10] 그 뒤인 永安 7年(264) 秋7月에는 海賊이 현재의 浙江省 杭州
灣 북쪽 연안에 위치했던 海鹽을 습격하고 司鹽校尉 駱秀를 살해했
다.[11] 司鹽校尉는 소금 생산지에서 소금 생산을 담당하는 6品에 해당
하는 관리인데, 지방관으로서는 높은 지위인 司鹽校尉를 살해할 정도
였다면 이 역시 꽤 강대한 해적이었다고 할 수 있다. 또한 235년의 해
적과 육지에 근거를 둔 도적과의 연계 활동도 유의해야 할 점이다.

이상과 같은 海賊들은 대개 그 지역민들에 의해 지휘, 구성되고 활
동했던 것으로 생각되는데, 세월이 조금 흘러 5胡 16國 시기에는 이와
는 다른 양상의 海賊이 등장한다. 16國의 하나인 後趙의 건국자인 石
勒이 咸和 8年(333)에 사망한 이후 石勒의 둘째 아들인 石弘이 그 뒤
를 계승하는데, 다음해 石勒의 조카인 石虎가 石弘을 폐한 뒤 자립해
天王을 칭했다.[12] 石虎는 靑州에서 1,000척의 배를 건조시키고 山東
반도 연해에서 약탈 행위를 했으며, 또한 石虎의 아들인 石季龍도 靑
州에서 수백척의 배를 건조해 연해 諸縣을 약탈하고 살육행위를 벌였
다.[13] 이에 대해 東晋 조정은 蔡謨에게 토벌을 명했는데,[14] 이 사건을

9) 櫻井英治, 「山賊・海賊と關の起源」 『日本中世の経濟構造』, 岩波書店,
   1996, 275~280쪽.
10) 『三國志』 卷60, 「吳書」15, 呂岱, 嘉禾4年, "廬陵賊李桓・路合・會稽東
    冶賊隨・南海賊羅厲等一時並起".
11) 『三國志』 卷48, 「吳書」3, 孫休, 赤烏7年, 秋7月, "海賊破海鹽, 殺司鹽校
    尉駱秀. 使中書郎劉川發兵廬陵. 豫章民張節等爲亂".
12) 『晋書』 卷7, 「本紀」7, 「顯宗本紀」.
13) 『晋書』 卷106, 「載記」6, 「石季龍傳」上.
14) 『晋書』 卷77, 「列傳」47, 「蔡謨傳」.

국가 간의 전쟁으로 볼 수도 있겠지만 『晋書』에 기록된 바에 의하면 이는 海賊行爲로 밖에 생각할 수 없다.

한편, 東晋 말기에는 海賊 행위를 넘은 海上을 근거로 한 反亂이 발생했다. 이른바 孫恩·盧循의 亂이 그것이다. 孫恩의 집안은 山東에서 대대로 五斗米敎를 신봉하고 있었는데 孫恩(?~402)의 숙부인 孫泰는 비술을 지녔다는 錢唐의 杜子恭에게 師事하여 그 비술을 전수받았다고 한다. 당시 會稽에 있던 東晋의 황족 司馬元顯은 그 비술을 얻기 위해 孫泰를 찾았지만, 司馬元顯의 전횡을 보고 東晋의 몰락을 예감한 孫泰는 오히려 建安 2年(398) 民衆을 선동하여 반란을 일으켰고 이 반란에는 江南의 여러 계층 사람들이 호응했다.

그러나 반란은 곧 진압되고 孫泰도 죽었는데, 孫恩이 100여 인의 잔존 세력을 이끌고 海上으로 도피하였다. 얼마 후 會稽 지역에서 司馬元顯의 횡포가 점차 더하여 民衆의 불만이 커져가고 있음을 간파한 孫恩은 이듬해인 建安 3年(399) 海上으로부터 上虞를 공격해 縣令을 죽였고, 會稽를 습격하여 內史 王凝之를 살해했다. 이때 孫恩의 세력은 수만에까지 이르렀다. 이에 會稽·吳郡·吳興·義興·臨海·永嘉·東陽新安 등 8郡도 봉기, 長吏를 살해하고 孫恩에 호응했다. 불과 10일 정도 사이에 그 세력은 10만을 넘었다고 한다.[15]

반란군이 會稽를 제압하자 孫恩은 征東將軍을 칭하고 그 配下를 '長生人'으로 불렀다. 朝廷에서 대군을 파견하여 반란군을 토벌하려 했지만 그때마다 孫恩은 바다로 피하여 숨었기 때문에 평정할 수 없었다. 토벌군이 물러나면 孫恩은 재차 상륙하여 東晋의 조정을 괴롭혔다. 한때 그 세력은 수도 建康을 압박하기도 했지만, 孫恩은 建興 元年(402) 臨海를 공격하다가 太守 辛景之에게 패배하고 그 와중에 죽

---

15) 『晋書』 卷100, 「列傳」70, 「孫恩傳」.

는데, 그 뒤를 이어 반란군을 이끈 것이 盧循(?~411)이다.

盧循은 司空從事中朗 盧諶의 증손으로 孫恩의 여동생을 처로 맞았던 관계로 孫恩이 반란을 일으켰을 때 通謀한 사람 가운데 하나였다. 孫恩은 때때로 광포한 행동을 했다는데, 盧循이 이를 진정시키곤 했다고 전해지며 孫恩이 죽은 후에 盧循이 사람들에 의해 옹립되어 반란군을 이끌게 되었다. 元興 2年(403) 東陽을 공격하고 계속해서 永嘉 (현재의 浙江省 溫州 부근)를 공격하다가 후에 宋의 武帝가 되는 劉裕에게 공격받아 패배하여 海路를 이용, 廣州로 물러났다.[16]

廣州는 이미 그 이전에도 海賊에 의해 함락[17]된 적이 있었을 정도로 중앙의 통제에서 벗어나 있던 만큼, 廣州에 도착한 盧循은 刺史인 吳隱之를 몰아내고 스스로 平南將軍을 칭했다. 그럼에도 불구하고 내분이 한창이던 東晉왕조는 더 이상 토벌군을 파견할 여력이 없어 盧循을 그대로 廣州刺史로 임명했다. 義熙年間(405~18), 盧循은 姉夫인 徐道覆의 말에 따라 劉裕가 慕容超 토벌에 향한 틈을 노려 南康・盧陵・予章 등을 함락하고 健康으로 향했지만 劉裕가 귀환하여 이를 격파했다. 盧循은 廣東으로 퇴각한 뒤 다시 交州에 이르렀는데 交州刺史 杜慧度에 의해 패배해 자살했고, 참수된 그의 머리는 수도로 보내졌다.[18]

한편 『太平實宇記』 卷102, 「江南東道」14, 泉州의 풍속에서 ‘泉郎’에 대해 설명하고 있는데, 이 ‘泉郎’은 州의 夷戶로 遊艇子라고도 불리우며 이는 곧 盧循 집단의 후예들이라고 적고 있다. 이 무리는 劉裕에 의해 盧循이 멸망한 뒤에 山海에 散居하여 그때까지도 번영하였다고 하는데, ‘遊艇子’라고 불리는 것에서 바다에서 살아가는 海民의 모

---

16) 『晋書』 卷100, 「列傳」70, 「盧循傳」.

17) 『晉書』 卷10, 「帝紀」10, “南海賊徐道期陷廣州, 始興相劉謙之討平之”.

18) 『晉書』 卷10, 「帝紀」10, 德宗9年, 夏四月條 및 『宋書』 卷2, 「本紀」2, 武帝中.

습을 유추할 수 있다.

孫恩·盧循 집단의 경우 반란 집단적인 성격을 지닌다고 하겠지만, 그 존재 모습을 살펴보면 중앙권력의 토벌 또는 탄압을 피해 海上에 거점을 두는 점에서는 후대의 海寇집단과 상당히 유사한 모습이라고 할 수 있다.

2. 海上貿易 발전기의 海賊

唐代 '海賊' 관련 사건은 玄宗 開元 20年(732) 9월에 勃海의 武王 (재위 719~737)이 將軍 張文休에게 海賊을 거느리고 登州를 공격하게 한 것이 처음이다. 이때 登州 刺史인 韋俊이 살해당하는 등의 피해를 입자, 玄宗은 右領軍 將軍 葛福順에 명하여 이를 토벌토록 하였다.[19] 登州는 현재의 山東半島 중부의 최북단인 蓬萊市 부근으로 張文休가 이끈 海賊은 渤海灣을 중심으로 활동한 집단으로 추정된다. 동아시아 지역에서 新羅의 삼국통일과 발해의 성립 이전부터 활발하게 해상을 통한 교통이 발달했음은 많이 알려진 사실이며 이 지역에서의 교역 발전에 의해 해적행위 역시 다발하게 되었다는 것은 추측 가능한 일이다.

이와 비슷한 시기 東南해안에서는 吳令光 집단의 활동이 있었다. 吳令光은 天寶 2年(743) 12월에 永嘉郡으로의 약탈을 시작으로 다음해인 天寶 3年 2月부터 4月까지 현재의 浙江省 寧波와 溫州 부근에서 약탈행위를 벌였다.[20] 그런데 기록마다 조금씩 그 시기에 차이가

---

19) 『舊唐書』 卷199, 「列傳」149下, 「北狄列傳」, 渤海靺鞨, 玄宗開元20年, "武藝遣其將張文休 率海賊攻登州刺史韋俊. 詔遣門藝往幽州徵兵以討之".

20) 『新唐書』 卷5, 「本紀」5, 天寶2年, 12月壬午, "海賊吳令光寇永嘉郡" 및

있기는 하지만 사료상에 나타난 것만으로는 吳令光이 최초로 永嘉郡에 침구한 뒤부터 평정될 때까지 이 지역이 무정부상태에 빠져 있었을 가능성도 배제할 수 없다. 한 지역에 침입하여 약탈한 뒤, 교두보를 구축했을 경우 그 곳에 거점을 두고 주위로 약탈행위를 전개하는 모습은 明代 海寇 및 倭寇에게서도 자주 나타나는 모습으로 吳令光의 경우에서도 이런 모습을 엿볼 수 있다.

　더욱 확실한 海賊 행위에 관한 사실은 長慶 元年(821) 3月, 平盧 節度使 薛平이 上奏하여 海賊이 新羅人을 납치해 연해의 諸郡縣에서 매매하는 것을 금지하게끔 요청한 것으로 알 수 있다.[21] 薛平은 新羅가 唐에 朝貢하고 있는 만큼 內地와 다를 바 없으며, 이런 신라인에 대한 인신매매 행위로 인해 中國 沿海民들도 海賊에 의한 납치 위험을 느끼고 있다고 말하고 있다.[22] 또한 이런 사실은 張保皐(?~846)가 新羅에 돌아온 뒤에 新羅王에게 올린 보고[23]에서도 잘 나타난다. 즉 당시 海賊은 이미 활동범위를 中國 연해만이 아닌 한반도까지도 확대하고 있었음을 알 수 있다.[24]

　　天寶3年, 2月丁丑條.『資治通鑑』卷215, 天寶3年, 2月,『舊唐書』卷9,「本紀」9, 天寶3年 夏4月, "南海太守劉巨鱗擊破海賊吳令光, 永嘉郡平".

21)『舊唐書』卷16,「本紀」16 및 卷124,「薛平傳」, 平盧薛平奏, "海賊掠賣新羅人口於緣海郡縣, 請嚴加禁絶".

22)『唐會要』卷86,「奴婢」.

23)『三國史記』卷44,「列傳」4,「張保皐傳」, "後, 保皐還國, 謁大王曰, '遍中國, 以吾人爲奴婢, 願得鎭淸海, 使賊不得掠人西去'".

24) 한편 薛平의 상주에 대해 長慶3年(823) 正月에 穆宗은 新羅人을 奴婢로 매매하는 것을 금하는 칙서를 발했고, 이미 中國에 거주하고 있던 자들에 대해서도 즉시 석방, 귀국조치를 취하고 있다(『舊唐書』卷16). 그러나 張保皐 관련 기사를 참조할 때 이런 新羅人에 대한 약탈 행위가 근절되었다고는 보기 힘들다.

　　또한 新羅人 뿐만이 아닌 내지인을 대상으로 한 약탈 행위 또한 기록에 한편 주지의 사실과 같이 唐代는 海外貿易이 번성한 시기였다. 실크로드를 통한 서역과의 교역 외에 廣州를 중심으로 한 海上貿易이 크게 발달했다. 이런 해외무역의 발전은 이 지역에서 海賊 활동을 촉진시키는 한 요인으로도 작용했다. 『唐大和上東征傳』에는 海南島 동남부 万安州의 首領 馮若芳에 대한 기술이 있는데, 그는 唐으로 향하는 페르시아 지방의 선박을 약탈하여, 화물을 빼앗고 탑승원은 노예로 삼아 거대한 부를 누리고 있었다.[25] 약탈의 대상이었던 선박이 廣州로 향하던 배였음은 쉽게 알 수 있다. 당시 廣州의 모습에 대해 『唐大和上東征傳』에서는 인도・페르시아 및 동남아시아 지역의 선박 등이 왕래하여 많은 물산들이 쌓여있으며 서・남아시아인 등이 거주하고 있다고 묘사하고 있는데[26] 馮若芳은 廣州에 왕래하는 무역선들을 약탈하던 海賊 집단의 두목이었던 것이다.

나타나는데(『舊唐書』卷193, 「列傳」143, 「列女傳」, "鄒待徵妻薄氏, 待徵, 大曆中爲常州江陰縣尉, 其妻爲海賊所掠. 薄氏守節, 出待徵官告於懷中, 託村人, 使謂待徵曰, '義不受辱'. 乃投江而死"), 이렇게 사람을 대상으로 한 약탈 행위는 海賊의 일반적인 활동 내용의 하나라고 할 수 있다.

25) 眞人元開 著, 汪向榮 校注, 『唐大和上東征傳』, 中華書局, 2000, 68쪽. "州大首領馮若芳請住其家, 三日供養. 若芳每年常劫取波斯舶二三艘, 取物爲己貨, 掠人爲奴婢. 其奴婢居處, 南北三日行, 東西五日行, 村村相次, 總是若芳奴婢之處也. 若芳會客, 常用乳頭香爲燈燭, 一燒一百餘斤. 其宅後, 蘇芳木露積如山 ; 其餘財物, 亦稱此焉".

26) 前揭書, 73쪽. "端州太守迎引送至廣州… 江中有婆羅門・波斯・崑崙等舶, 不知其數. 並載香藥・珍寶, 積載如山. 其舶深六・七丈. 師子國・大石國・骨唐國・白蠻・赤蠻等往來居, 種類極多. 主城三重, 都督執六蠹, 一蠹一軍, 威嚴不異天子".

위에서 婆羅門은 인도 일대의 지방, 崑崙은 말레이 반도・인도네시아 등 동남아시아 국가들, 師子國은 스리랑카, 大石國은 곧 大食國으로 사라센 제국을 의미한다. 骨唐國・白蠻・赤蠻의 해당지역은 현재로서는 알 수 없다.

5代 10國 시기를 지나 宋代에 이르면 이러한 中國의 해상무역은 더한층 발전한다. 南海貿易의 확대와 더불어 한반도·일본을 포함하는 동아시아 지역에서의 해상무역도 크게 발달했다. 宋 太宗代에는 長江 유역에서 江賊의 활동이 현저해지는데, 宋朝에서는 이에 內殿崇班 楊允恭을 파견하여 江南지역의 水運을 감시하게 했다. 楊允恭은 江賊 100여 인을 잡아 모두 효수하는 등 토벌활동을 벌였는데, 곧이어 通州부근에서 海賊이 활동하자 楊允恭은 부상을 당하면서도 이를 격파했다.27)

5代 시기의 혼란을 수습하려는 宋에게는 연해지역의 안정을 위해 海賊들의 통제와 회유는 필수적인 것이었다.28) 仁宗 慶曆 元年(1042)에는 錄通泰等州都巡檢·東頭供奉官 趙兼遜이 역시 長江 북변의 江蘇省 연해에서 활동하던 海賊을 평정했다.29) 그리고 4年 뒤인 慶曆 5年(1045) 5月에는 登州의 知州 劉渙이 海賊을 토벌했다. 登州는 이전

---

27) 『宋史』卷309, 「列傳」68, 「楊允恭傳」, "時緣江多賊, 命督江南水運, 因捕寇黨. 行及臨江軍, 擇驍卒挐輕舟伺下江賊所止, 夜發軍城, 三鼓, 遇賊百餘, 拒敵久之, 悉梟其首. 又趣通州境上躡海賊, 賊係舟, 張幕, 發勁弩·短. 允恭兵刃所向, 多爲幕所縈, 中允恭左肩, 流血及袖, 容色彌壯. 徐遣善泅者以繩連鐵散擲之, 壞其幕, 士卒爭進, 賊赴水死者太半, 擒數百人. 自是江路無剽掠之患. 以功轉洛苑副使, 江·淮·兩浙都大發運·擘畫茶鹽捕賊事 ; 賜紫袍·金帶·錢五十萬".

28) 『宋史』卷309, 「列傳」68, 「楊允恭傳」, "太平興國中, 以殿直掌廣州市舶. 自南漢之後, 海賊子孫相襲, 大者及數百人, 州縣苦之. 允恭因部運入奏其事, 太宗卽命爲廣·連都巡檢使. 又以海鹽盜入嶺北, 民犯者. 請建大庾縣爲軍, 官鬻鹽市之. 詔建爲南安軍, 自是冒禁者少. 賊有葉氏者, 五百餘, 往來海上. 允恭集水軍, 造輕舠, 掩襲其首, 斬之. 餘黨棄船走, 伏匿山谷, 允恭伐木開道, 悉殲焉. 賊寇每遇風濤, 則遯止洲島間. 允恭領瀕海, 捕之殆盡, 賊皆望風奔潰. 又抵漳·泉賊所止處, 盡奪先所劫男女六十餘口還其家. 詔書嘉, 賜錢十萬, 轉供奉官. 詔歸, 改內殿崇班".

29) 『續資治通鑑長編』卷134, 慶曆元年, 12月條.

부터 海賊의 피해가 자주 발생한 곳으로 海賊에 대비하여 漁船도 방비용의 刀劍을 준비할 정도였는데, 점차 방어체제가 허술해져 海賊이 증가하게끔 되었다.[30] 이렇게 北宋 시기 山東과 江蘇省 일대에 海賊이 성행한 것은 山東半島 密州의 板橋鎭에 市舶司가 설치되는 등 이 지역이 무역의 중심지였기 때문이다.

이런 상황은 北宋의 멸망과 杭州를 중심으로 한 南宋의 성립에 의해 크게 변화한다. 특히 南宋은 북방으로부터의 압력으로 인해 海上貿易이 비약적으로 발달한 시기였는데, 한편으로는 首都가 沿海地에 위치했기 때문에 바다에 관한 사건이 많이 발생하기도 했다. 25史에서 '海寇'라는 용어가 성어로 등장하는 것도 바로 南宋代부터로 海賊에 관한 사건도 급증한다. 특히 高宗代에 해적에 관한 기사가 집중하는데 간단히 정리하면 <표 1>과 같다.[31]

〈표 1〉 紹興年間 해적관련 기사

연호	年·月	내용	비고
紹興	3年	이 해에 海寇 黎盛이 潮州를 범하여 민가를 불태우고 성을 훼손함.	1133년
	5年 正月 庚午	正月 庚午, 海賊 朱聰이 廣州를 범하고 또 泉州를 범함.	1135년
	5年 閏2月 癸亥	海賊 陳感이 雷州를 범하였는데, 官軍이 패함.	
	5年 3月 壬辰	廣東·福建路에 海賊 朱聰을 잡도록 명함.	
	5年 8月 丙寅	海賊 朱聰이 항복. 水軍統領에 더(補)함.	
	5年	朝廷은 海寇 鄭廣이 아직 평정되지 않아 張致遠을 知福州로 삼음.	『宋史』卷376, 「張致遠傳」
	6年 夏4月 己未	福建 安撫司에게 명해 水軍 발하여 海賊 鄭慶을 토벌하도록 함.	

30) 『續資治通鑑長編』 卷155, 慶曆5年, 正月丁丑條.
31) 『宋史』 卷28, 「高宗本紀」.

14年 夏4月甲午	馬軍司統領 張守忠을 보내 海賊朱明을 토벌토록 함.	1136년 1144년
30年	海賊 陳演添이 난을 일으킴. 高州·雷州의 경계에서 구략. 南恩州民 林觀이 이를 잡아죽임.	1160년

이후에도 海賊과 관련된 일은 계속 발생하며 南宋은 그 토벌과 해
상안정에 힘을 기울였다. 南宋時代 海賊의 특색은 먼저 이들의 주요
활동 지역이 이전 시대와 비교해서 浙江·福建 지역에서 다발하고 있
다는 점이다. 이렇게 이 지역에서 해적이 다발했던 것은 그 이전까지
의 역대 중국 왕조의 정치적 중심지가 내륙, 그것도 북쪽에 위치했었
다는 점과도 밀접한 관계가 있다. 정권의 중심지로부터 거리상 멀리
떨어져 있는 浙江·福建 지역에서 海賊이 활동했어도 관심 밖의 문제
였고 그때문에 이전시대에는 기록되지 않았을 가능성이 있다.

또 한 가지 원인으로는 政治的·經濟的 중심지가 이 지역으로 이동
해온 점을 지적할 수 있다. 즉 北宋 시기까지도 山東半島가 국내외 무
역선들의 주 목적지였지만, 南宋부터 이런 구조가 크게 변화한다. 南
宋代 급속히 발전한 福建의 泉州는 廣州에서 杭州로 이어지는 무역선
의 중간 기착지였으며 무역구조의 변화가 가져온 최대의 수혜자라고
할 수 있다.

한편, 南宋의 海賊에 대한 태도도 주의해 보아야 한다. 海賊을 단지
토벌·평정하는 것에서 그치지 않고 이를 적극적으로 이용하는 예도
나타난다. 紹興 5年(1135), 海賊 朱聰이 항복했을 때 이를 처벌하지
않고 水軍統領을 보좌하게 했다. 그리고 海賊을 평정한 뒤 그 무리를
군대로 편입시키고 있다.[32] 이는 일종의 망명정부라고 할 수 있는 南

---

32) 『宋史』卷384,「列傳」143,「陳康伯傳」, "海盜間作, 朝廷遣劉寶·成閔逐
捕, 康伯以上意招懷, 盜多出降, 籍爲兵".

宋의 입장에서 지방에 대한 초무와 군대강화라는 양 측면을 생각한 결과였다. 海賊을 海軍(水軍)化하는 역사적인 예는 단지 南宋에서만 보이는 것은 아니다. 이러한 海賊의 海軍化 또는 水軍化는 역사 속에서 나타나는 海賊의 또다른 모습 내지는 轉移라고 할 수 있는 과정이다.

『宋史』卷390,「列傳」149,「沈作賓傳」, "郡有使臣, 故海盜也, 作賓使招誘其黨, 旣至, 慰勉之, 錫衣物, 又得强勇者幾千人, 置將以統之, 號曰, '義士'".

제3절 倭寇의 출현

1. 元代 倭寇의 발생

中國 사료에 '倭寇'라는 단어가 등장하는 것은 明代부터이다. 쿠빌라이가 忠烈王과의 대화에서 '倭寇'를 말하고 있지만 이것은 대륙상황과는 관계없는 것으로 '倭寇'라는 단어 자체는 明代에 확립된다. 高麗에서 日本 海賊의 침구는 1220년대에 이미 나타나는데, 이것을 '13世紀의 倭寇'라고 하여 倭寇 활동의 일환으로 보는 견해[1]도 있다. 즉, 14세기의 활동 전제를 13세기에서 찾고 있는 것이다.

中國의 경우에도 明初 倭寇 활동의 전제로서 元代 倭寇 문제를 생각해볼 수 있다. 元代에 日本 海賊의 피해와 관련된 사료는 많이 남아 있지 않지만 明初의 활발한 활동을 생각해보면 元代도 그에 못지않은 활동이 있었다고 추정해볼 수 있다. 또한 明 건국시에 주원장의 경쟁자들이었던 方國珍 및 張士誠 집단이 倭人과 연관되어 있었던 것도 그 한 증거이다.[2]

그러나 元末 이전으로 倭寇 시작시기를 설정하는 관점도 있다. 成

---

1) 村井章介, 『アジアのなかの中世日本』, 校倉書房, 1988, 313~316쪽. 필자도 기본적으로는 村井의 견해에 동의하지만 이럴 경우 신라말 연안지역에서의 倭人문제는 어떻게 보아야 하는지에 대해서는 아직 의문이다.

2) 『明史』 卷322, 「日本傳」, "明興, 高皇帝卽位, 方國珍張士誠相繼誅服, 諸豪亡命, 往往糾島人*, 入寇山東濱海州縣(*島人 : 일본인)". 또한 이와 같은 내용의 기사는 『明史紀事本末』, 『皇明四夷考』, 『明倭寇始末』, 『明禦倭行軍條例』 등에서도 확인된다.

田喜英[3]·柏原昌三[4]·藤田元春[5] 등은 倭寇의 시작을 모두 12세기 宋代로 소급하고 있다.[6] 그렇지만 이런 주장에는 몇 가지 해결되어야 할 문제점이 있다.[7] 이런 주장이 나온 것은 일본의 이른바 戰前 시기로 당시 倭寇研究는 '日本人의 (빛나는) 海外活動'이라는 식으로 주목해 연구되던 시기였기 때문에 倭寇의 시작을 무리하게 올려 잡은 것이다. 宋代 開港場에서 일본인들이 행한 불법적 행위도 엄격히 따지면 倭寇의 한 유형으로 볼 수도 있겠지만, 元末 및 明代와 같은 침구행위와는 엄연히 구분되는, 상당히 제한적인 행동이었다. 따라서 이런 식의 연도 소급은 적절치 않다.

또한 元代에도 宋代에서와 비슷하게 개항장에서 日本人 武裝商人들이 소란을 피운 사실과 그 방비책에 대한 기록이 보인다.[8] 이에 대해 田中健夫는 다음과 같은 세 가지의 이유를 들어 倭寇 활동으로 인

3) 成田喜英, 「倭寇と万暦の役」(2), 『歷史敎育』 7-12, 1933.

4) 柏原昌三, 「日元貿易の硏究」 『史學雜誌』 25-3, 1914.

5) 藤田元春, 『日支交通の硏究』, 富山房, 1938.

6) 崔韶子, 前揭論文, 13~14쪽.

7) 崔韶子, 前揭論文, 15쪽.

8) 元의 日本船(人)에 대한 경계적 태도는 기록상으로 元 世祖 至元29년 (1292)에 일본선이 四明에 입항해 무역을 청했을 때, 배안에서 무기가 발견되어 元 조정에서는 무엇인가 불온한 의도가 있는 것이 아닌가 하여 海防을 강화한 것에서 시작된다(『元史』 卷17, 「世祖本紀」 14, 至元29年 (1292), 10月, "日本舟, 至四明, 求互市. 舟中甲仗皆具, 恐有意圖, 詔立 都元帥府, 令哈剌帶將之, 以防海道"). 이 이후 倭船에 대한 海防은 成宗 大德8年(1304)에도 행해지고 있다. 또한 武宗 至大元年(1308)에 日本 상 선이 慶元에서 가옥을 불태우고 약탈하는 사건이 발생했는데, 官軍이 이 에 대처하지 못하자 慶元·台州 등 연해지역의 방비를 강화하고 있다(『元 史』 卷99, 「兵志」 2, 鎭戌, "武宗至大二年七月, 樞密院臣言, 去年, 日本 商船焚掠慶元, 官軍不能敵. 江浙省言, 請以慶元·台州·沿海萬戶府新 附軍, 往陸路鎭守, 以蘄縣宿州兩萬戶府陸路漢軍, 移就沿海屯陳").

정하지 않고,[9] 倭寇 시작시기를 元 至正 18년(1358)경으로 추정하고
있다.[10]

> 첫째, 행동장소가 慶元부근에 한정되어 있었는데 이곳은 市舶司가 존재했
> 던 곳으로 貿易이 여의치 않았을 때 약탈을 행하였다는 점으로 미루어 볼 때
> 본래부터 약탈이 목적이 아니었다.
> 둘째, 倭船의 공격목표가 元의 관헌에 한정되었다.
> 셋째, 이 시기는 高麗에서 倭寇의 활동이 격화되었던 시기보다 이전으로,
> 倭寇라는 집단과의 연관관계가 없다.[11]

倭寇 시작시기에 대해 우선 『元史』 卷46 「順帝本紀」, 至正 23年
8月 丁酉朔條에는 "倭人이 蓬州를 약탈했는데, 守將 劉遏이 격파하였
다. 18년 이래, 倭人이 계속하여 瀕海의 郡縣에서 도둑질을 했는데 이
때에 이르러 해안이 편안해졌다(倭人寇蓬州. 守將劉 遏擊敗之. 自十
八年以來. 倭人連寇瀕海郡縣. 至是海隅逡安)"라고 하여 至正 18年
(1358)을 倭寇의 시작시기로 보고 있다. 한편 『異稱日本傳』에서는 倭
寇의 시작을 至正 10年(1350)이라고 하고 있는데[12] 田中健夫의 주장
은 앞의 기록을 근거로 한 것이다.

---

9) 田中健夫, 「倭寇關係年表」 『倭寇 - 海の歷史 - 』, 敎育史歷史新書, 1982,
   233쪽.
10) 田中健夫, 『倭寇と勘合貿易』, 至文堂, 1961, 39쪽.
11) 그러나 그의 『倭寇 - 海の歷史 - 』(敎育史歷史新書, 1982, 56쪽)에는 이런
    종류의 행위도 廣義의 倭寇 활동으로 포함시킬 수 있을 것이라는 태도를
    취하고 있다. 이것은 13세기 고려에서의 倭人 활동을 왜구에 포함시킬 수
    있는가 그렇지 않은가라는 문제와도 연관되어 있는데 田中健夫는 한반도
    에서의 왜구활동 시작시기를 14세기로 상정하고 있으며, 이런 연장선상에
    서 중국 대륙에서의 왜구활동시기도 설정하고 있다.
12) 松下見林, 『異稱日本傳』, 「皇明自治通記」 卷2, 洪武2年, 4月, "倭寇之起,
    元至正10年(1350)".

그런데 이 두 사료에 의하면 1350년대에 이미 중국 대륙에서 倭寇
가 본격적으로 활동하기 시작했음을 알 수 있다. 그리고 이 시기의 '倭
寇'는 狹義로서의 의미, 즉 약탈을 위한 해적 집단이라는 의미가 강한
집단이었다고 생각된다.

그러나 元代의 倭寇가 明代 倭寇의 전제로서 상정된다는 점을 감안
한다면, 이러한 한정된 倭寇 개념은 적절치 못하다. 倭寇가 明代 밀무
역상인 등을 포괄하는 개념으로 사용되는 경우, 元代 倭寇도 그 범위
를 확대하여 고려해야만 한다.

2. 元代 倭寇의 활동

元代의 倭寇와 관련된 기록은 많지 않다. 『元史』의 기록에 의하면
至正 10년(1350) 이후부터 倭寇의 활동이 상당했다고 추정할 수 있지
만 이를 실제로 확인할 수 있는 기록은 별로 없다. 그러나 方國珍이
1348년 台州에서, 그리고 1353년에는 張士誠이 泰州에서 각각 元에
대항하여 반란을 일으키는데 이들은 倭人과 결탁하여 그들의 세력을
신장시켰다.[13] 明 太祖에 의해 이들 세력이 진압된 이후에도 여전히
그 남은 무리들은 倭人과 결탁해 연해에서 활동을 계속했다.[14] 明初에

---

13) 崔韶子, 前揭論文, 34쪽.
14) 한편 다음 기사는 당시 張士誠 집단과 왜구의 밀접한 관계를 보여주는 하
나의 단서로 이용될 수 있을 것이다[『元史』卷140, 「列傳」145, 「月魯不
花傳」, "(張)士誠部下, 察知之, 遣鐵騎百餘, 追至曹娥江*, 不及而返. 俄改
山南道廉訪使, 浮海北而往, 道阻, 還抵鐵山, 遇倭賊舡甚衆, 乃挾同舟人,
力戰拒之. 倭賊給言投降, 弗納. 於是, 賊卽登舟, 攫月魯不花. 令拜伏, 月
魯不花罵曰, 吾朝廷重臣, 寧爲賊拜邪. 遂遇害, 當遇害時, 麾家奴那海刺
殺首賊, 次子樞密院判官老安姪百家奴打敵, 亦死之. 同舟死事者, 八十餘
人"](*曹娥江 : 浙江省 紹興).

들어서 갑자기 倭寇 피해에 대한 기사가 매년 나타날 정도[15]가 되는 것은 元末도 明初 못지않았음을 나타내준다고 하겠다.

따라서 비록 한 줄의 짧은 사료이지만 "至正 18年이래 倭人이 계속해 빈해의 군현에서 약탈했다(自十八年以來. 倭人連寇瀕海郡縣)"는 구절은 그런 면에서 큰 의미가 있다. 그 행위가 명확히 사료상으로 남아 있지는 않지만, 기록이 남아 있지 않은 이유를 倭寇의 주 활동무대가 이미 기울어가는 元朝의 힘으로는 파악하기 힘든 지역이었고, 또한 元明 교체라는 혼란기였기 때문이라고도 생각할 수 있다.

연안지역에서 倭寇의 활동은 지방 통치의 안정을 깨뜨려 元의 쇠퇴에도 일정한 작용을 했다고도 볼 수 있는데, 明 太祖가 일본에 보낸 서장에서도 이런 취지로 언급하고 있다.[16] 지방의 혼란은 충분히 중앙권력을 위협할 수 있는 것이기 때문이었을 것이다. 따라서 明朝가 들어서자 이에 대한 방비가 중요한 문제로 대두하게 되어 洪武초부터 강력한 해방책이 시행되었다.[17] 심지어 明의 중요정책이었던 海禁 내지 海防정책을 元末明初의 倭寇 활동이나 倭寇와 연계된 세력들 때문에 시작된 것으로 보는 견해도 있다.[18]

---

15) 洪武年間 倭寇의 침구횟수

洪武연도	1	2	3	4	5	6	7	13	16	17	18	22	23	24	26	27	31
침구횟수	1	8	3	3	4	2	4	2	1	2	1	1	1	2	1	2	3

(田中健夫, 1982, 203쪽의 연표 및 鄭樑生,『明日關係史の硏究』, 雄山閣, 1984, 271~273쪽의 표를 참조로 작성)

16) 明『太祖實錄』卷39, 洪武2年(1369), 辛未, "遣吳用・顔宗魯・楊載等使占城・爪哇・日本等國. … 賜日本國王璽書曰, 上帝好生, 惡不仁者. 向者我中國自趙宋失馭, 北夷入而據之, 播胡俗, 以腥膻中土, 華風不競, 凡百有心, 孰不興憤? 自辛卯以來, 中原擾攘. 彼倭內寇山東, 不過乘胡元之衰耳".

17)『明史』卷91,「兵志」3, 海防, "洪武四年, 十二月, 命靖海侯吳禎, 籍方國珍所部溫台慶元三府軍士及蘭秀山無田糧之民, 凡十日萬餘人, 隷各衛爲軍. 且禁沿海民私出海".

그런데 倭寇가 중국에 출현하게 된 원인은 같은 시기 한반도 상황과 관련해 생각해야만 한다. 明初의 倭寇 활동이 활발했다고 하더라도 기록상으로는 같은 시기 한반도의 그것과 비교해봤을 때 횟수는 약 6분의 1에 불과하다.[19] 또한 明初의 倭寇 집단이 대부분 한반도에서 활동한 집단과는 一身同體였다는 점[20]으로 미루어 볼 때 元代의 倭寇도 같았다고 짐작할 수 있으며, 元代 倭寇 활동의 원인과 목적도 기본적으로는 한반도 방면의 倭寇나 明初의 倭寇와 같다고 할 수 있다.

倭寇의 목적은 그들이 약탈한 대상물을 가지고 추측할 수 있다. 당시 高麗나 明에서의 주요 약탈 대상은 미곡과 같은 식량이나 사람이었다.[21] 元代 倭寇의 주 약탈 대상도 이와 같았을 것이다. 물론 그 가운데에는 평화적인 밀무역상인들도 있었겠지만, 일종의 노예무역[22]이 목적인 집단도 상당수 존재했다. 그리고 노예무역은 약탈의 수단이 필연적으로 따르게 되는데, 이렇게 약탈된 사람들은 日本에서 노예로써 부려지거나 거래의 대상으로 轉賣되는 경우가 많았다.[23]

倭寇의 활동 원인으로는 몇 가지 이유가 거론되지만, 그 중 일반적으로 인정되는 것은 倭寇를 구성하고 있던 사람들의 출신지가 對馬島,

---

18) 鄭曉, 『吾學編』, 「四夷考」上, 日本條, "初, 方國珍據溫台處, 張士誠據寧紹杭嘉蘇松通泰諸郡, 皆在海上. 方張旣降減, 諸賊强豪悉航海, 糾島倭入寇. … 焚民居, 掠貨財. 北自遼東山東, 南抵閩浙東粤浜海之區, 無歲不被其害".

19) 洪武年間(1368~1391), 대륙에서의 활동횟수가 41회인 데 비해 같은 시기 高麗에서의 침구횟수는 238회에 달한다(田中健夫, 1984, 200~203쪽 참조).

20) 田中健夫, 1984, 57쪽.

21) 佐久間重男, 『日明關係史の硏究』, 吉川弘文館, 1992, 47~48쪽.

22) 倭寇의 奴隷貿易에 대해서는 相田洋, 「東アジア奴隷貿易と倭寇」, 『東アジア世界史探究』, 汲古書院, 1986 참조.

23) 田中健夫, 『倭寇と勘合貿易』, 至文堂, 1961, 21쪽.

壹岐島, 松浦 지방 등과 같은 日本 西部의 도서지방24)으로 이곳의 지리적 환경이 對外貿易에 의존하지 않고서는 생존 자체가 힘들뿐만 아니라, 당시 日本은 南北朝 내란기로 그 상황이 더욱 악화되었기 때문에 발달된 항해술에 의존하여 바다를 건너 한반도 혹은 중국 대륙까지 이르게 되었다는 주장이다. 이런 상황에 더해, 高麗나 中國과의 정상적인 무역이 불가능해짐으로 인해 약탈적인 침구행위를 벌이게 되었다는 것으로 종합해 말하면 소위 1차적 욕구의 해결이 주된 목적이었고 원인이었다는 것이다. 한편 이러한 1차적 욕구해결을 위한 우발적, 우연적 행동이 倭寇 활동으로 그 구성원은 일본 본토 연해 및 주변 섬 지역의 일반민들이었다고 생각되어 왔다. 이런 주장은 중국인 학자들에게서도 공통적인 것으로 前期倭寇(혹은 14~5世紀 倭寇, 明初의 倭寇)의 주체를 대부분의 중국학자들은 일본의 연해 빈민 및 浪人으로 보고 있다.

그러나 이런 종래의 인식은 주로 한반도의 倭寇를 기준으로 한 것이기 때문에 위와 같은 목적 및 원인에 대한 설명과 주장을 그대로 중국 방면의 倭寇에게 적용시키는 것은 문제점이 많다. 그 중에서도 가장 큰 문제는 '왜 그랬는가?'라는 질문에 충분히 답할 수 없다는 것이다. 이 문제도 역시 明初의 상황으로 元末을 추정해볼 수밖에 없는데, 무엇보다 明初의 倭寇 집단을 살펴보면 그 규모가 단순·우발적인 사건으로는 보기 힘들다는 점을 지적할 수 있다. 洪武연간의 倭寇 규모에 대한 몇 가지 예를 보면 다음 표와 같다.

---

24) 비록 嘉靖期의 기록이지만 鄭若曾의 『日本圖纂』「日本紀略」에는 倭寇들의 출신지를 "入寇者, 薩摩·肥後·長門三州人居多, 其次則大隅·筑前·筑後·博多·日向·攝津津州·紀伊·種島, 而豊前·豊後·和泉之人亦間有之, 因商於薩摩而附行者也"라고 열거하고 있다.

〈표 1〉 洪武年間 倭寇 규모의 예[25]

연호	년/월	침구 규모	비고
洪武	2년 4월	포로 92명	포로의 수
	2년 8월	포로 57명	포로의 수
	3년 6월	포획 왜선 13척・포로300여 명	포로의 수
	5년 6월	포획 왜선 12척・포로130여 명	포로의 수
	6년 7월	포획 왜선 2척・포로 74명	포로의 수
	16년 6월	왜선 18척	
	31년 2월	왜적 2,000여 명・선 30척	

더욱이 이미 洪武연간에 倭寇의 활동범위는 遼東반도에서 멀리 廣東에까지 미치는데 그 항해범위나 함대의 운영경비를 감안했을 때 '1차적 욕구 해결을 위한 단순한 침구행동'이나 '연해 빈민 및 浪人들에 의한 행위'로 파악하는 것은 무리가 있다.

高麗나 朝鮮과 같이 비교적 근거리일 경우에도 이 정도의 규모라면 상당한 '자본' 또는 '후원능력'이 필요하다고 최근 지적되고 있다.[26] 하물며 중국대륙에서의 활동은 말할 것도 없다. 그리고 倭寇의 침구가 遼東에서부터 廣東까지 미치고 있다는 점, 明初에 활동한 倭寇의 규모가 대규모였으며 원거리 항해였다는 점은 그 배경에 이를 지원할 만한 어떤 강력한 세력이 있었다는 것을 짐작하게 해준다. 당시 일본의 국내정세로 미루어 보아 南北朝時期 내지는 室町幕府로의 통일이후 九州 및 서일본의 유력 지방세력이 倭寇 활동에 어느 정도 관여하고 있었을 것이다.[27]

---

25) 『明史』및 明『太祖實錄』을 근거로 작성.
26) 이에 대해 田中健夫는 朝鮮人倭寇論을 제기하고 있으며, 한국의 李領은 쌀의 경우 군량미 확보라는 목적 하에 이루어졌다고 설명하고 있다. 그러나 두 사람의 견해는 모두 일견 타당성도 보이나 아직 해결해야할 과제 또한 많다. 예를 들어 조선인 왜구설의 경우 무엇보다도 뒷받침할 수 있는 증빙사료가 부족하며, 이영의 경우는 특정 시기 외에는 충분히 설명되지 않는다는 문제점이 있다.

한편으로 이런 투자를 한다는 것은 그만큼의 효과를 보기 위해서였을 것이다. 따라서 역시 이들의 목적을 1차적 욕구 충족이라고 해석하는 것은 다시 생각해보아야 할 필요가 있다. 이들이 정확히 어떤 목적으로 멀리 떨어진 중국으로까지 가서 침구행위를 행했는지는 알 수 없지만 적어도 그것이 계획적인 행위였음은 틀림없다. 元代 역시 명초와 같은 상황이었다.

그런데 明 嘉靖시기에 많은 밀무역상인들이 海寇 또는 倭寇로 불리는 것처럼 불법적인 무역행위를 하는 경우도 海賊에 포함된다. 이는 元末과 明初에도 똑같이 적용되어야 한다. 張士誠과 方國珍의 세력이 倭人과 결탁했었다는 것은 반드시 무력적인 관계만이 아닌 倭人과 무역관계를 갖고 있었다는 점도 생각할 수 있다. 그들은 모두 鹽商 출신으로 그 세력기반이 된 곳은 일찍부터 대외교역이 활발했던 江蘇·浙江·福建省 지역이었다.[28]

中國 商船은 宋代인 10~11세기 초에 일본의 각 항구에 내항하고[29] 항해술과 선박 건조기술의 발전 등에 힘입어 12세기 초부터는 남인도와 인도네시아 동쪽지역에까지 이르게 되었다.[30] 또한 일본도 이런 宋

---

27) 李領, 『倭寇と日麗關係史』, 東京大學出版会, 1999 참조.

28) 元은 宋의 제도를 본받아 통제무역책의 일환이라고 할 市舶司를 泉州·上海·澉浦·溫州·慶元·廣東·杭州 7곳에 설치한다. 그 후 몇 차례의 변화가 있는데 1293年(世祖至元 30)에 溫州市舶司는 慶元市舶司에 합쳐지고 杭州市舶司는 杭州稅務에 속하게 되었다. 이 5개의 시박사 가운데 가장 발달한 곳이 泉州·慶元이었다.

29) 森克己, 「日宋麗交通貿易年表」『日宋貿易の研究』, 國書刊行會, 1975.
    한편 11세기, 日本의 대표적 무역항인 博多에는 宋人의 거류지가 형성되는데(大山喬平, 「中世の日本と東アジア」『講座日本歷史 3-中世1-』, 東京大出版會, 1984), 이는 양 지역간의 무역 및 교류가 그만큼 활발했었다는 하나의 본보기라고 하겠다.

30) 和田久德, 「東南アジアの社會と國家の變貌」『岩波講座 世界歷史 13』, 岩

의 商人에 자극받아 11세기 중엽부터 博多의 豪商과 莊園領主들이 高
麗 방면으로 무역선을 파견하기 시작했고, 12세기 南宋이 성립될 무렵
에는 중국까지 이르렀다. 이에 南宋은 長江 하구의 明州(寧波)를 일본
과의 무역항으로 지정하였고 이를 중심으로 日本의 무역선들이 來航하
여 무역을 행했다.[31] 중국과 일본 사이의 通商貿易은 元代에도 여전히
발달했고, 이것이 많은 부를 획득하게 해주었다는 것은 잘 알려진 사실
이다.

倭寇가 중국 대륙에서 활동하게 된 것은 中國 海商들의 활약이 전
제가 되었기 때문이다. 嘉靖시기 倭寇의 침구 형태도 대부분 內地의
海寇(海賊 혹은 밀무역자)들이 倭寇(이 경우는 일본인 해적 또는 일본
인 밀무역자를 의미)를 끌어들여 이루어지는 경우가 많다.[32] 단편적인
사료들이지만 元末의 張士誠・方國珍 세력과 倭寇의 관계 또한 이와
상당히 유사하며, 여러 주변 정황으로 미루어 비슷한 유형이었다고 추
정할 수 있다.

그리고 동아시아 海域에서 海商이나 海上勢力들은 상호간 일정한
협력관계를 맺고 있었다. 예를 들어 11세기에 宋人과 日本人으로 구
성된 海商의 존재를 확인할 수 있다.[33] 또한 1368년 舟山群島에서 해

波書店, 1974.

31) 北宋 때에는 이런 日本 海商과의 교역을 허락하지 않는 태도를 취했다[『宋
史』卷37,「寧宗本紀」, 慶元5年條, "秋七月甲寅, 禁高麗日本商人慱(博)易
銅錢" 卷44,「理宗本紀」, 寶祐6年, 8月條, "癸卯, 詔申嚴倭船入界之禁"].
그런데 南宋 시기에는 이러한 상황에 변화가 보이는데, 이는 북방세력의
위협이라는 남송의 대외적 조건 등에 의한 것으로 양자 사이에는 상당한
인적・물적 교류가 이루어졌다. 이런 양국 사이의 접근은 후에 元이 對日
本 전쟁을 일으키는 한 원인으로 작용한다.

32) 尹誠翊,「16世紀 倭寇에 대한 硏究」, 경희대 석사학위논문, 1997, 35쪽.

33) 『高麗史』, 宣宗10年(1083), 秋7月條, "捕海船一船舶, 所藏宋人十二・倭

상세력의 무장봉기가 일어나는데,[34] 난의 진압과 그 사후 처리과정을 살펴보면 이 사건에는 高麗人(朝鮮人)도 포함되어 있었고 일부 난의 주동자들은 朝鮮의 지방민 및 관리와 결탁해 朝鮮에서 은거생활을 하는 등의 모습이 보인다.[35] 이런 모습도 당시 동아시아 해역에 존재했던 민간 교류의 단면을 보여준다.

그렇지만 이런 문제에는 아직도 논란의 여지가 많이 남아있다. 최근의 倭寇 문제 가운데 논쟁이 되고 있는 것은 14~5세기 한반도에서 활동했던 倭寇의 주체 및 구성원에 대한 것이다. 그런데 사실 이것은 中國에서의 왜구와도 밀접한 관계가 있다.

이 논쟁은 한반도에서 활동한 倭寇의 주체가 실제로는 高麗人 내지는 朝鮮人이었고 구성원의 비율도 일본인은 소수에 불과했다는 소위 '朝鮮人 倭寇說'을 둘러싼 것이다. 田中健夫[36]와 高橋公明[37] 등은 韓半島에서 활동한 倭寇의 주력이 高麗·朝鮮人이었다고 주장하였는데, 이들이 일본의 중세대외관계사 연구분야에서 차지하는 위치와 영향력 등으로 인해 이 학설은 일본에서 폭넓게 받아들여지고 있다.[38] 이 주

人十九 有弓箭·刀劍 … 等物必是兩國海賊, 共欲侵我邊鄙者也".

34) 『定海縣志』(光緒年間刊本) 卷26,「大事志」, "明太祖洪武元年二月, 征閩師還, 次昌國 海寇葉·陳二姓, 聚劫蘭秀山. 湯和爲賊所襲失二指揮. 初蘭秀山賊葉希戴·王子賢等, 相忿鬪旣而合力, 拒官軍. 三月, 希戴等駕船二百餘艘, 突入府港攻城. 駙馬都尉王恭力戰, 獲其巨魁, 賊潰走. 吳禎次昌國勦平之".

35) 이상 난의 자세한 경과에 대해서는 藤田明良,「「蘭秀山の亂」と東アジアの海域世界-14世紀の舟山群島と高麗·日本-」(『歷史學硏究』698, 1998)을 참조할 것.

36) 田中健夫,「倭寇と東アジア通交圈」『日本の社會史 1』-列島內外の交通と國家, 岩波書店, 1987.

37) 高橋公明,「中世東アジア海域における海民と交流-濟州道を中心として-」『名古屋大學文學部硏究論集』, <史學>33, 1987.

장은 뒷받침할 수 있는 충분한 사료가 없다는 결점[39])에도 불구하고 당시 한반도와 일본열도의 정황에 비추어 보면 상당한 설득력을 가지고 있는 것도 사실이다.[40])

그런데 田中健夫가 스스로 밝혔듯이 중국 대륙의 倭寇는 한반도 倭寇와 밀접한 관련을 가질 뿐만 아니라 한반도에서 활동하던 집단이 그대로 중국 대륙으로 가서 행동하는 경우도 있다. 高麗에서 倭寇침구가 본격화 되는 것은 1350년부터이고 중국 대륙에서의 행동도 1350년 혹은 1358년부터 시작된다. 이처럼 거의 동시에 한반도에서 중국 대륙까지 倭寇의 활동범위가 확대되었다는 사실도 양 지역 倭寇의 연계성과 관련지을 수 있다.

따라서 田中健夫를 비롯한 현재 일본에서의 주장대로라면 元代 및 明初 倭寇의 주력과 구성원의 상당수가 한반도인이 되어야 한다. 한반도에서의 倭寇 가운데 상당수는 한반도인이었을 것이라는 주장에 수긍이 가는 면이 있지만, 이 문제를 중국 대륙으로 확대시켜 생각해보

---

38) 예를 들어 일본의 대표적인 역사사전인 『國史大辭典』(國史大辭典編集委員會編, 吉川弘文館刊)의 倭寇 항목은 그 집필자가 田中健夫라는 점도 있어서 이 주장이 그대로 수록되어 있고, 고등학교 일본사 교과서(第一學習社刊, 『高等學校 精選日本史 B』, 1999)에도 받아들여지고 있다. 한편, 일본에서의 비판에 대해서는 浜中昇, 「高麗末期倭寇集團の民族構成」(『歷史學研究』685, 1996.6)을 참조.

39) 朝鮮『世宗實錄』, 世宗28年, 10月壬戌條, "臣聞, 前期之季, 倭寇興行, 民不聊生, 然其間倭人不過一二, 而本國之民, 假著倭服, 成黨作亂". 그 외 高麗·朝鮮人 倭寇에 대한 사료로는 『高麗史節要』, 辛禑8年, 4月條 및 9年, 6月條. 辛昌卽位年, 8月條. 『高麗史』卷39, 「世家」39, 恭愍王5年, 9月庚辰條. 同書 卷118, 「列傳」31, 趙浚. 朝鮮『成宗實錄』, 成宗16年, 閏4月辛卯條 등.

40) 이러한 '朝鮮人 倭寇說'은 한국에서는 받아들여지고 있지 않다. 이에 대한 한국에서의 비판으로는 이영, 「高麗末期 倭寇構成員에 관한 고찰」(『韓日關係史研究』5, 韓日關係史學會, 1996.5)을 참조할 것.

면 좀처럼 받아들일 수가 없다. 필자가 살펴본 바에 의하면 倭寇 활동 시기에 朝鮮人으로 中國에 入寇한 예는 다음 경우 이외에는 발견하지 못했다.

> 朝鮮國 海寇의 죄를 용서했다. 앞서 海寇 백여 인이 金州 新市에 주군하고 겁략했다. 그 가운데 張葛買라는 자를 붙잡았다. 그는 朝鮮國 海州民이었는데 倭國 사람의 복장을 하고 있었다. 遼東都司가 사람을 보내 그를 수도로 압송했는데 皇帝가 그를 용서하고 그 나라로 돌려보냈다.[41]

위와 같은 예는 朝鮮人 倭寇論의 증거로 이용될 수 있겠지만 한반도에서의 倭寇에 다수의 朝鮮人이 포함되어 있으며, 이들이 중국에까지 가서 활동했다는 것을 밝히기에는 사료가 너무 빈약하다.

朝鮮人 倭寇論은 과거 일본인들이 倭寇를 그들의 해외 발전사의 하나로 보고 긍정적인 평가를 내렸던 것처럼, 과거 우리 민족의 해양 활동사 가운데 하나[42]라는 식으로 긍정적으로 받아들일 수도 있을지 모른다. 그러나, 元・明代의 倭寇에 어느 정도의 한반도인이 참여하고 있었

---

41) 明『太祖實錄』卷230, 洪武26年, 10月癸酉朔, "宥朝鮮國海寇罪. 先是有寇百餘人, 入金州新市屯劫掠. 獲其一人張葛買者, 迺朝鮮國海州民, 詐爲倭國人服. 遼東都司遣人, 械至京. 上命宥之, 遣還其國".

42) 高麗(朝鮮人) 倭寇說에 대해 부정적인 입장을 갖는 이유 가운데 한 가지로 高麗에는 그럴 정도의 해상세력이 없었다는 것을 그 근거로 제시하는 경우가 있다. 실제로『高麗史』를 살펴보면 이 시기에 日本이나 中國에서와 같은 수준의 海上 세력의 존재는 확인되지 않는다. 그러나 중국의 사료에는 高麗의 해상세력에 대한 단편적인 단서가 있다.『元史』卷42, 「本紀」42, 順除, 至正12年(1352)에는 "丁未, 日本國白高麗賊過海劓掠, 身稱島居民, 高麗國王伯顔帖木兒調兵勒捕之, 賜金繫腰一鈔二千錠"이라고 하여 '高麗賊'이라는 高麗 해적이 日本의 연해에서 침구활동을 벌이고 있었다는 사실을 알려준다. 비록 단편적인 기록이긴 하지만 고려에서 倭寇 활동이 한창이던 때에 반대로 일본에서 침구활동을 벌인 이들 '高麗賊'의 존재는 고려에도 해상세력이 존재했었다는 가능성을 보여준다고 하겠다.

는지에 대해서는 사료에 나타나지 않는다. 그렇다고 전혀 없었다고 단정 지을 수도 없다. 중국과 일본, 그리고 한반도 연해민 간의 교류가 동아 시아 해역에서 이루어지고 있었을 가능성은 배제할 수 없기 때문이다.

즉 동아시아의 해역에는 이렇게 각 지역 사람들 간의 교류와 협력이 계속 이루어져 있었으며, 倭寇도 그런 일환의 하나였다. 물론 이들 왜 구의 폭력적이며 파괴적 약탈행위는 부정할 수 없다. 약탈행위는 倭寇 의 활동 양상 중 하나이다. 倭寇의 본질 규명은 계속 진행해야 할 문 제지만 '무장상인'이라는 특징으로 倭寇를 설명할 경우 약탈이라는 특 성 외에 밀무역과 같은 상인의 모습은 기록되어 남기 힘든 그들의 또 다른 모습이라고 하겠다.

제2장 倭寇 조직의 특성과 주도세력

제1절 倭寇 조직의 구성원

倭寇가 중국에서 활동한 기간은 14세기부터 16세기말까지의 약 200년간이다. 이 사이 동아시아 지역은 정치·사회·경제적인 면에서 크게 변화한다. 이러한 변화과정 속에서 倭寇 역시 시대에 따라 변화를 보인다.

明代 倭寇에 대한 기존의 연구 방식은 倭寇를 크게 明初와 嘉靖時期(16세기)로 구분하고 양 시기 倭寇 구성원 및 주체는 상당한 차이를 보인다고 설명해왔다. 初期 倭寇는 日本人 海賊 또는 商人, 그 외 여러 유형의 日本人 항해자들이었다는 것에 비해 16세기에는 결코 '倭'라는 표현, 즉 일본인이라는 표현이 적절하지 않다고 할 만큼, 대부분이 중국인으로 구성되었으며, 또한 그 주체도 중국인으로 보아야 한다고 日本과 中國에서 광범위하게 공통적으로 인식되어 왔다.[1]

그런데 이와 같이 구성원 및 주체가 시기에 따라 다르다는 것, 특히 결국 16세기의 倭寇가 中國人 밀무역자들의 행위였다는 설명은 '倭

---

1) 尹誠翊, 「明代 倭寇論에 대한 재고찰」 『明淸史硏究』14, 2001 참조.

寇'라는 동일한 단어로 표현되고 있지만 明初와 16世紀의 倭寇는 별다른 연관관계가 없으며 성격도 다른 것이라고 해석될 수 있다. 따라서 구성원에 대한 명확한 재검토와 규명은 이런 문제를 해결하기 위한 가장 기초적이면서도 핵심적인 문제라고 할 수 있다.

1. 明初 倭寇의 조직적 특성

倭寇와 관련된 明代人 혹은 淸代人의 기록 속에 나타난 倭寇의 출신지에 대한 진술을 살펴보면 다음과 같다.

> 入寇자는 薩摩·肥後·長門 三州의 사람이 제일 많고, 그 다음으로는 大隅·筑前·筑後·博多·日向·攝津津州·紀伊·種島의 사람들이 많다. 그리고 豊前·豊後·和泉의 사람들도 또한 간혹 있었는데, 薩摩에서 장사하기 때문에 따라 간 사람들이다.[2]

즉 倭寇의 주요 출신지를 日本 九州 등 西日本 지역이라고 보고 있고 특히 九州남부 薩摩지역의 연관성에 주목하고 있다. 위와 같은 인식은 다음 두 사료에서도 확인할 수 있다.

> 일본은 옛 倭國으로 東海에 있다… 薩摩·肥後·長門 三州의 사람들이 (중국으로의) 入寇를 제일 좋아한다.[3]

---

2) 『籌海圖編』, 「倭國史略」 및 鄭若曾, 『日本圖纂』, 「日本紀略」, "入寇者, 薩摩·肥後·長門三州人居多, 其次則大隅·筑前·筑後·博多·日向·攝津津州·紀伊·種島, 而豊前·豊後·和泉之人亦間有之, 因商於薩摩而附行者也".

3) 『閩書』(崇禎刊配補鈔本) 卷246, 「島夷志」, 日本, "日本古倭國, 在東海中 … 而薩摩·肥後·長門三州之人最喜入寇".

倭의 입구는 바람이 부는 방향에 따라 다른데, 동북풍이 매서우면 즉 薩摩
혹은 五島에서 大小琉球로 와서 바람이 부는 것을 살펴 옮겨가는데, 北風이
많으면 廣東을 범하고, 東風이 많으면 福建을 범한다.4)

 일본의 중세사 연구가인 網野善彦은 일본을 크게 서부와 동부지역
으로 구분하고, 서부 일본의 경우 동부 지역에 비해 상업적·해양적인
특성이 강하게 나타난다고 지적하였다. 그의 지적처럼 西日本 지역은
지리적 여건상 오래전부터 중국 및 한반도와 깊은 관련을 맺으며, 일
본의 대외창구 역할을 하던 곳이다. 九州와 瀬戸內海 일대의 연안지역
은 섬이 많은 지역으로 '海民'5)이라고 불리는, 배를 집으로 삼고 바다
를 터전으로 하여 삶을 영위하는 사람들이 활동하던 지역이다.6) 위에
서 倭寇 출신지라고 지적된 곳은 대개 이러한 지역들로 한반도 방면
의 倭寇에 대해서도 高麗·朝鮮에서는 이 지역을 왜구의 근거지로 파
악하고 있었다.
 특히 일본의 南北朝 시기 九州 지역은 南朝와 北朝간의 치열한 쟁
탈전이 반복되고 있었다. 이런 南北朝 쟁란 기간 중, 중앙의 통제력이
약화되고 전란으로 인한 피폐로 인해 이 지역의 海民과 武士 그리고

---

4) 『漳州府志』(崇禎元年刊本) 卷9,「賦役志」下, 洋稅考, "倭之入寇, 隨風所
  之, 東北風猛, 則由薩摩或五島至大小琉球, 而仍視風之變遷, 北多則犯廣
  東, 東多則犯福建".
5) 海民에 대해서는 다음과 같은 網野善彦의 諸論著를 참조.
  『東と西の語る日本の歷史』, そしえて, 1982, 253~257쪽 ;『日本社會
  再考－海民と列島文化－』, 小學館, 88~97쪽 ;『海と列島の中世』, 日本エ
  ディタースクール出版部, 1992, 281~306쪽 등.
6) 당시 중국에서도 서부 일본 지역을 상업을 위주로 한 지역으로 파악하고
  있었다[『日本考』(明 李言恭·郝杰 著) 卷1,「倭國事略」, "日本之民, 有
  貧有富, 有淑有慝. 如薩摩·伊勢·若佐·博多, 其人以商爲業, 其地方·
  街巷·風景宛若中華… 皆居積貨殖"].

그 외의 일반민들이 바다로 활로를 찾아 이웃한 한반도와 중국으로의 약탈행위를 벌이게 되었다. 南北朝 시기가 종식된 이후에는 패배한 南朝의 많은 무사들이 연안의 많은 섬들로 유입되었고 이로 인해 倭寇 활동이 한층 격렬해졌다는 것이 이 시기 倭寇 발생 및 활동 성격에 대한 가장 일반적인 설명이다.

그러나 이렇게 日本에서 출발한 倭寇가 중국에서 활동하기 위해서는 중국인 조력자의 존재는 필요 불가결한 조건이었다. 元末明初 倭寇에 대한 다음 기록은 倭寇 활동이 초기부터 중국인과 연관관계를 지니고 있었음을 보여준다.

① 高皇帝가 즉위하자 方國珍·張士誠 등이 계속하여 주살되거나 복속하였는데, 남은 여러 무리들이 亡命하여, 종종 島人을 끌어들여 山東의 연해지역 州縣에 入寇하였다.[7]

② 망명자들이 倭를 인도하여 입구하는 것은 前代(元代)를 고찰해보아야 한다.[8]

그리고 사료 ①과 관련되어서는 다음과 같은 기사도 있다.

洪武초이래 方國珍·張士誠의 여당이 있어 島人을 끌어들여 山東의 연해지역 州縣에 入寇하였다… 또한 이때 일본에서 海寇를 사로잡아 明에 송환하면서 납치된 사람들을 돌려보냈다. 한 사람이 이르기를 "入寇자는 대개 海盜에 속하는데, 반드시 그 나라(잡힌 지역)에서 유래한 자들은 아니다".[9]

---

7) 『明史』卷322,「外國」3,「日本傳」, "高皇帝卽位, 方國珍張士誠相繼誅服, 諸豪亡命, 往往糾島人, 入寇山東濱海州縣".

8) 『日本一鑑』,「窮河話海」卷6, 流通, "流逋誘倭入寇, 前代無稽考".

9) 『明禦倭行軍條例』(明李邃撰),「序」, "自洪武初, 卽有方國珍張士誠餘黨, 糾島人寇山東濱海州縣… 且時有彼方擒海寇, 送明並歸還所掠人民之事. 說者謂, '入寇者, 多屬海盜. 不必由其國'".

이것은 明과 日本의 교섭 결과 日本에서 被擄人들을 송환해오는데, 이때 송환되어 온 사람의 진술로 이미 이 시기 倭寇에도 中國人 海寇 (海盜)가 관여하고 있음을 알 수 있다.

明初 倭寇의 목적이 1차적인 욕구 해소를 위한 것이었는지 조직적 행위였는지 간에 이들이 아무런 계획 없이 바다를 건너 멀리 중국까지 갔다고는 생각하기 힘들다. 또한 일본인 사무역 상인도 倭寇로 취급당 했다는 점에서 이들과 접촉했던 사람들이나 상거래를 위한 대상의 존 재는 상식적인 차원에서 상상가능하다. 특히 浙江·福建 지역은 이미 이전 시기부터 해외 무역 활동이 활발했던 지역이며 宋人 무역상이 일 본에 거점을 마련하고 이를 근거로 무역을 행한 것도 잘 알려진 사실 이다. 이런 교류로 인해 어느 정도의 네트워크 구성이 이루어졌을 것 으로 생각되는데, 이와 같은 환경 속에서 明朝 성립 이후에도 교류가 계속 되었을 것으로 생각된다.

그리고 洪武 24년(1391) 8월 台州 黃巖縣 無賴 출신의 張阿馬가 倭 夷를 이끌고 入寇했다. 張阿馬는 일본으로 건너가 도당을 결성해 이들 을 이끌고 중국으로 와서 약탈 활동을 한 것이었다.[10] 이렇게 일본으로 가서 그 곳에 근거를 두고 일본인을 이끌고 침구하는 것은 嘉靖時期에 일반적으로 나타나는 中國人 지도자의 존재와 倭寇 침구의 전형적인 형태로 이런 방식의 침구가 嘉靖時期만의 특징이 아님을 보여준다.

한편 明이 日本과의 교섭을 진행하는 중에도 倭寇의 침입은 계속되 었다. 침구지역은 산동에 이어 溫州·臺州·明州로 확대되었고, 후에 는 福建 연해 지역에까지 이르렀다.[11] 약탈활동은 계속 되었고, 明은

---

10) 明『太祖實錄』卷211, 洪武24年, 8月乙卯朔, "海盜張阿馬, 引倭夷入寇, 官軍擊斬之. 阿馬者台州黃巖縣無賴民. 常潛入倭國. 導其群黨, 至海邊 剽掠, 邊海之人甚患之. 至是復引其衆, 自水桶澳登岸, 欲劫掠居人".

11) 『閩書』(崇禎刊配補鈔本) 卷246, 「島夷志」, "復寇山東, 轉掠溫·臺·明·

이를 좀처럼 격퇴하지 못했다.[12] 그리고 明과 日本간의 교섭 결과 日本이 明의 책봉체제 안으로 들어가 조공무역시스템 안으로 편입되었지만 公的 貿易의 한계성 때문에 私貿易 즉 密貿易은 그 이후에도 지속되었고 倭寇의 침구 역시 계속 되었다.[13]

또한 아래와 같이 여건이 되면 평화적인 무역을 수행하고 그렇지 않을 때는 침구하거나 혹은 침구할 만한 환경이라면 약탈을 하는 '半寇半商'적인 모습이 나타났다.

> 무릇 倭는 朝鮮의 下流에 해당 한다… 성품이 교활하고 흉악하며, 돌아다니며 탐욕을 일삼는데, 風土가 그렇게 만든 것이다. 齊東·淮浙·漳泉을 거쳐 후에는 潮州에 이르렀다. 쌍 돛대배가 동쪽 바다에 출몰하는 것이 마치 平地를 걷는 것과 같은데, 이미 오래되었다. 그것이 바다에서의 큰 재난이 되었는데, 거짓 朝貢으로 왕래하여 이로써 山川의 지형을 알게 되었다. 기회를 얻으면 활과 칼을 펼쳐 방자하게 약탈하고, 기회를 얻지 못하면 그 方物을 늘어놓고 朝貢을 칭한다.[14]

> 그러나 倭는 간교하고 쉽게 배반하여, 또 다시 때때로 東北 지역 변경을 약탈하였다. 그때의 倭를 돌아보면 海外의 여러 오랑캐들을 불러들여, 꽤 많은 하사품을 주고 互市를 하였다. 倭國의 入貢 또한 때때로 정해진 액수를 넘었다… 倭가 종종 方物과 무기를 싣고 海上에서 詐欺행위를 행하였다. 기회를 얻으면 그 무기를 펼쳐들고, 기회를 얻지 못하면 그 方物을 바치는데 이익을 얻지 못하는 바가 없었다.[15]

州傍海民, 遂寇福建沿海郡".
12) 『閩書』(崇禎刊配補鈔本) 卷246, 「島夷志」, "然其人時時剽掠海濱不絶, 官軍乏舟, 不能追擊".
13) 『明史』 卷322, 「外國」3, 「日本傳」, "當是時, 日本王雖入貢, 其各島諸倭, 歲常侵掠. 濱海奸民, 又往往勾人".
14) 『廣東通志』(嘉靖40年刊) 卷66, 「外志」3, 「海寇」, "夫倭當朝鮮之下流…. 性譎且兇, 徂作狼貪, 風土使之然也. 歷齊東·淮浙·漳泉而後至于潮. 雙桅出沒東洋, 如履平地久矣. 其爲海埃患也, 假貢往來, 因知山川險易. 得間則張其弓刀而肆侵夷, 不得間則陳其方物而稱朝貢".
15) 『閩書』(崇禎刊配補鈔本) 卷246, 「島夷志」, "然倭狡易叛, 亦復時時寇略東

위의 설명에 따르면 '倭'라고 표현된 日本人 도항자들의 목적은 1차
적으로는 약탈에 있었다. 그리고 약탈의 조건이 안 되었을 경우 朝貢
을 칭하는데, 이러한 그들의 행위는 이전에 행해졌던 양 지역 간의 교
류가 전제 조건이 되었음을 말해준다.

'互市'의 경우 日本에서 온 상인들에 대해 중국의 내조자들이 필요
했다. 또한 이러한 자발적이랄 수 있는 倭寇에의 조력자나 협력자 외
에도 강제적으로 참여한 경우도 생각해볼 수 있다. 倭寇는 밀무역보다
는 역시 '寇掠'이라는 약탈적 특징으로 대표되며 사람은 그 약탈의 주
요 대상이었다.

1420年 使者로 朝鮮에서 日本으로 파견된 宋希璟이 일본에 다녀와
서 쓴 일종의 여행기인 『老松堂 日本行錄』에는 단편적이지만 中國에
서 포로가 되어 日本으로 끌려온 두 사람과 만난 이야기가 나온다. 한
사람은 '台州의 小旗'라고 자신을 소개했는데, 그는 2년 전인 1418년
에 납치되어 對馬로 끌려와 머리를 깎이고 奴婢가 되었다고 말하고
있다.16) 1418년은 明 永樂 16年인데 台州 지역의 倭寇 침구 사실이
사료상으로는 나타나지 않는다. 그러나 이 사람이 거짓말을 했다고는
생각되지 않으므로 倭寇에 의해 일본까지 끌려온 것은 확실하다.

또 다른 한 사람은 魏天이라는 이미 나이가 70을 넘은 노인이었다.
그가 언제 日本으로 왔는지는 확실하지 않은데, 어렸을 때 붙잡혀 왔
다는 그의 말에 따르면 적어도 1360년대 후반을 전후한 이른바 元末
明初 시기까지로 소급된다. 그는 상당히 특이한 삶을 살았다. 우선 어

北邊. 顧其時倭方招徠海外諸夷, 頗得賚給互市. 倭國入貢, 亦時踰額… 是
倭往往載方物・戎器, 行海上爲詐欺. 得間, 則張其戎器 ; 不得, 則陳其方
物, 無所不得利".

16) 宋希璟著, 村井章介校注, 『老松堂日本行錄』, 岩波文庫 454-1, 2000(3刷),
40쪽.

려서 일본으로 와서 생활하다가 朝鮮으로 가서 노비가 되고, 다시 일본, 중국을 전전하다가 결국 일본에 정착하는 그야말로 경계를 넘나드는 삶의 주인공이었다.[17]

인간에 대한 약탈은 해적의 발생 무렵부터 현대에까지 나타나는 공통된 모습으로 倭寇도 예외는 아니었다. 더군다나 이 시기 日本에서는 南北朝 내란을 거치면서 전쟁과 혼란으로 부족해진 노동력의 보충에 대한 요청이 더욱 커졌다. 이렇게 약탈된 사람들은 매매의 대상이 되기도 했지만, 강제적으로 현지에서의 길 안내나 수부, 또는 공격부대로서의 역할을 담당했다. 물론 강제적으로 참여했는지, 자발적으로 참여했는지에 대해 명확히 구분하기는 매우 힘들다. 강제적으로 참여했다고 주장하는 사람들의 진술은 사실일 수도 있지만 官軍에 의해 倭寇가 토벌된 이후 행해진 진술은 상대적으로 신빙성이 낮아지기 때문에 더욱 그렇다. 이는 明代 倭寇 전체에 대해서 생각해봐야 할 점이기도 하다.

위와 같이 明初의 倭寇 집단은 중국인과 일정한 관련을 갖고 있거나 집단 내에 中國人이 포함되어 있었다. 이런 구성원의 특성은 倭寇의 목적이 단순하게 일방으로 한 쪽에서의 요구 때문에 발생한 것이 아니라 일본과 중국 모두에 그 원인이 있었음을 말해주는 것이기도 하다.

2. 嘉靖時期 倭寇의 구성원

16세기 倭寇의 구성원, 특히 嘉靖時期 倭寇에 대해 설명할 때, 『明史』의 다음 구절은 가장 대표적인 것으로 인용되어 왔다.

---

17) 前揭書, 101쪽.

㉮ 대저 眞倭는 3할이며, 倭에 따르는 자(從倭)가 7할이다.[18)]

이것은 말 그대로 倭寇는 실제의 일본인(眞倭)이 단지 3할에 불과
하고, 그 나머지는 중국인(從倭者)이라는 것이다. 이외에도 倭寇 구성원
의 수적 비율에 대한 진술은 상당히 많이 알려져 있다.[19)] 이를 근거로
嘉靖시기의 倭寇 혹은 이를 확대하여 明代 倭寇의 구성원과 주체가 중
국인 중심이며 중국인 주체라고 많은 학자들에 의해 주장되었고 日本의
경우 중·고등학교의 역사 교과서에 쓰여질 정도로 일반화되어 있다.

앞서 언급한 『明史』의 예나 관련 사료만을 보면 中國人이 다수였다
는 사실 자체를 부정할 수는 없을 듯이 보인다. 그런데 앞 절에서도 인
용했지만, 동일한 서적이나 비슷한 시기 明代人의 저술에서 倭寇의 출
신지에 대해서 다음과 같이 서술하고 있다.

---

18) 『明史』卷322, 「外國」3, 「日本傳」, 嘉靖33年, "大抵眞倭十之三, 從倭者
十之七".

19) 수적 비율에 대한 몇 가지 예를 들면 다음과 같은 기사들이 있다.
　　今之海寇, 權計數萬, 皆托言倭奴, 而其實出于日本者不下數千, 其余則
皆中國之赤子無賴者入而附之耳, 大略福之漳郡, 居其大半, 而寧詔往往亦
間有之(『籌海圖編』).
　　名雖倭夷, 而沿海奸民, 實居其半(胡宗憲, 「題爲獻愚忠以圖安攘事疏」
『明經世文編』 卷266).
　　倭寇侵犯, 其中數多福建, 浙江幷江南, 江北, 直隸之人, 或奸豪射利之
徒, 或勇悍無恥之衆, 倭寇之內, 華人所居七八(鄭曉, 「重大倭寇乞處錢
粮疏」 『明經世文編』 卷217).
　　閩倭寇止十二·三耳, 大抵皆閩亂民也(趙炳然, 「与徐存翁」 『明經世文
編』 卷253).
　　其間眞倭十之一, 余皆閩浙通番之徒(「邊裔典」 『古今圖書集成』).
　　盤据興化之倭寇, 數雖不少, 大抵倭賊十三四耳, … 攻入壽寧·政和·
松溪的倭寇, … 內山賊十六七也(趙炳然, 「與徐存翁」 『明經世文編』 卷
253).

> 入寇자는 薩摩·肥後·長門 三州의 사람이 제일 많고, 그 다음으로는 大
> 隅·筑前·筑後·博多·日向·攝津津州·紀伊·種島의 사람들이 많다. 그
> 리고 豊前·豊後·和泉의 사람들도 또한 간혹 있었는데, 薩摩에서 장사하기
> 때문에 따라 간 사람들이다.[20]

위의 사료는 앞의 왜구 집단 내에서의 구성원 비율에 관한 것과 비교
해보면 상당히 모순되는 진술이다. 또한 倭寇 발생 이유에 대한 설명도
日本의 국내 사정에 그 원인을 두고 있는데, 이것도 倭寇의 주체를 중
국인으로 보는 것과는 모순된다. 倭寇 출신지에 대한 사료에 대해 기존
연구자들은 그러한 진술이 倭寇 집단 내의 '眞倭'와 '假倭(僞倭)' 중
'眞倭'의 출신지를 이야기 한 것이라고 설명하고 크게 문제로 삼지 않
았다. 그러나 이렇게 단정할 수 없는 측면이 있으며, 사료의 앞뒤 정황
과 倭寇와 타 집단과의 관계를 생각해보면 사료상의 단순한 수치에 의
해 倭寇 전체의 구성원과 주체에 대해 결론을 내리는 것은 잘못이다.

먼저 사료 ㉮의 경우, 이것은 明代 倭寇 전체에 대해 말하고 있는
것이 아니다. 嘉靖 32년(1552) 王直이 倭寇를 이끌고 대대적으로 중국
연안에서 약탈활동을 펼친다. 3月 昌國衛를 파하고 4월에는 太倉·上
海縣·江陰·乍浦 등지를 공격·약탈하며, 8月에는 다시 金山衛·崇
明常熟·嘉定에서 약탈활동을 행한다. 그리고 다음해인 嘉靖 33년
(1553) 正月, 太倉으로부터 蘇州를 침구한 뒤에 松江을 공격한다. 이
후 通州·泰州로 진주하며, 4月에는 嘉善을 함락시킨 뒤, 다시 崇明
을 파하고 蘇州로 진주해 崇德縣을 함락시킨다. 계속해서 6月에는 吳
江으로부터 嘉興을 구략하고 돌아와서 柘林에 주둔해 이곳을 근거지로

---

20) 『籌海圖編』, 「倭國史略」 및 鄭若曾, 『日本圖纂』, 「日本紀略」, "入寇者,
薩摩·肥後·長門三州人居多, 其次則大隅·筑前·筑後·博多·日向·攝
津津州·紀伊·種島, 而豊前·豊後·和泉之人亦間有之, 因商於薩摩而
附行者也".

삼고 각지로의 침구 행위를 계속했다. 이런 침구행위는 그 다음해까지 계속되는데, 嘉靖 34年 5月에는 新倭가 도래하여 이와 합류해서 침구행위를 계속한다.[21)]

王直이 이끄는 집단에 의해 행해진 3년여 간의 침구 사실 말미에 그 구성에 대해서 말하고 있는 것이 바로 사료 ㉮이다.

또한 明『世宗實錄』, 嘉靖 34년(1555)조의 倭寇 구성원에 대한 明實錄의 다음 구절도 16世紀의 倭寇는 그 속에 포함되어 있는 일본인의 수는 적고 대부분이 중국인으로 구성된 해구 집단이었다는 증빙으로 많이 사용된다.

> ㉯ 첫번째로 亂의 근원을 제거하는 것이다. 무릇 海賊의 난이라는 것은 바다를 무대로 살아가는 姦民이 외국의 사람들과 통하여 互市하는 데에서 일어나는데, 夷人은 열에 하나며, 流人이 열에 둘, 寧·紹의 사람들이 열에 다섯, 漳·泉·福人이 열에 아홉으로 비록 倭夷를 칭한다 하더라도 그 실제 다수는 (호적을 둔) 민가의 백성들이다.[22)]

> ㉰ 海寇는 곧 열에 아홉이 우리 中華의 사람이며 倭奴는 특별히 끌어들여져 몰고 온 자일 뿐이다.[23)]

---

21) 『明史』卷322,「外國」3, 日本傳, (嘉靖)32年, 3月, "汪直勾諸倭, 大擧入寇, 連艦數百, 蔽海而至. 浙東·西, 江南·北, 濱海數千里, 同時告警. 破昌國衛. 4月, 犯太倉, 破上海縣, 掠江陰, 攻乍浦. 8月, 劫金山衛, 犯崇明及常熟·嘉定. 33年 正月, 自太倉掠蘇州, 攻松江, 復趨江北, 薄通·泰. 4月, 陷嘉善, 破崇明, 復薄蘇州, 入崇德縣. 6月, 由吳江掠嘉興, 還屯柘林. 縱橫來往, 若入無人之境 … 明年 正月 賊奪舟犯乍浦·海寧, 陷崇德. 轉掠塘棲·新市·橫塘·雙林等處, 攻德淸縣. 5月, 復合新倭, 突犯嘉興, 至王江涇, 乃爲(總督 張) 經擊斬千九百餘級, 餘奔柘林. 其他倭復掠蘇州境. 延及江陰·無錫, 出入太湖. 大抵眞倭十之三, 從倭者十之七".

22) 明『世宗實錄』, 嘉靖34年, 5月壬寅條, "一絶亂源. 夫海賊稱亂, 起於負海姦民通番互市, 夷人十一, 流人十二, 寧·紹十五, 漳·泉·福人十九, 雖槪稱倭夷, 其實多編戶之齊民也".

23) 明『世宗實錄』, 嘉靖34年, 9月庚子條, "若海寇, 則十九皆我中華之人, 倭

그런데 사료 ㉯와 ㉰는 모두 사료 ㉮와 같은 시기의 것이라는 데 주의해야 한다. 특히 ㉯는 南京湖廣道御史 屠仲律이 倭寇 방비에 대한 시무책을 올리면서, 倭寇亂의 원인에 대해 말한 것으로 이는 嘉靖 32年부터 柘林에 근거를 두고 활동하던 집단을 염두에 둔 것이다.

즉 위의 구성원에 대한 사료들은 嘉靖時期 전체 倭寇의 특징을 포괄해서 말하는 것이 아닌 특정 시기의 倭寇에 대한 진술들이다. 특히 사료 ㉰에는 倭人(倭奴)과 중국 본토인의 관계에 대해 말하고 있다. 따라서 왜구의 구성을 논할 때에는 단순히 字句 그대로 누가 몇 퍼센트였는가 하는 수치적인 면만을 중시할 것이 아니라 그 집단이 구성되는 과정에서 구성원이 어떻게 변화를 보이는가에 대한 고려도 필요하다.

倭寇의 침구 형태는 대개 일본열도에서 출발한 倭寇 집단 안에 중국인이 포함되어 있어서 이들만으로 바로 침구활동을 행하는 경우도 있지만, 대개는 中國 연해의 도서 지방이나 연안의 海寇가 倭寇를 끌어들이는 경우가 보통이다. 물론 간혹 중국인이 포함되어 있지 않으며 중국인과 별다른 관계가 없어 보이는 침구 사례가 보이기도 한다.[24]

그렇지만, 中國人이 日本人을 끌어들였던, '勾引'이라고 표현되는 침구 형태야 말로 가장 일반적인 방식이었다. 이것은 이미 元末明初부터 나타나고 嘉靖시기 및 그 이후의 倭寇도 이와 같은 구조의 것이 많았다. 이와 같이 중국인이 일본인을 끌어들였던 형태와 실태를 보여주는 몇 가지 예를 들면 다음과 같다.

奴特所勾引驅率者耳".

24) 明『世宗實錄』, 嘉靖32年, 10月壬寅, "南日寨復有三舟登岸, 棟士弘擊之. 引去擒賊數人, 皆眞倭".

　　　『倭變事略』, 10月, 初8日, "石墩泊一大船. 賊百餘, 詭言兵船打水, 使居人不疑, 暮則四掠矣.… 赴官司訊問, 言如鳥語, 莫能辨也".

ⓐ 嘉靖 19年(1540), 해적 李光頭·許棟이 倭를 끌어들여 모으고 雙嶼港
을 소굴로 하여 福建·浙江 지역을 약탈하였다. 李光頭는 福建 출신이
고, 許棟은 徽州 출신의 許二이다. … 그들은 본래 죄인으로 옥에 갇혔
었는데, 도망하여 바다로 들어가 倭奴를 끌어들여(勾引) 浙江省 寧波
동쪽 霓霮의 雙嶼港에 모여 소굴로 하였다.25)

ⓐ는 嘉靖 초기 海寇의 대표 세력인 李光頭와 許棟과 관련된 것이
다. 嘉靖倭寇 발생의 기점으로 종종 언급되는 것도 이때부터이다. 그
런데 鄭舜功의『日本一鑑』에는 浙海의 私商을 福建 출신인 鄧獠부터
시작된다고 하고 있다. 鄧獠는 죄인 출신으로 嘉靖 2年(1526) 탈옥하여
바다로 나가 番夷를 誘引하여 雙嶼航에서 밀무역을 행하였다.26)

한편 王直이 본격적인 침구행위를 하게 되는 과정에 대한 다음 기사
도 위와 같은 日本人과의 연계를 알려준다.

ⓑ 嘉靖 31年(1552), 王直이 烈港으로 소굴을 옮겼다. 王直은 처음 陳思盼
를 파하고 관헌에 互市를 허락해줄 것을 요청했는데 뜻을 이루지 못하
자, 倭夷를 끌어들여 定海關에 돌입했다. … (5月) 28日 福淸賊의 우두
머리 鄧文俊 등이 倭夷 2,000명을 이끌고 바로 縣으로 들어가 縣治를
불사르고 약탈했다.27)

ⓒ 바다의 여러 해적들이 倭夷 수천을 끌어들여 政和를 공격해 함락시켰
다.28)

---

25) 『籌海圖編』,「浙江倭變紀」, "賊李光頭·許棟引倭聚雙嶼港爲巢, 分掠福
建·浙江. 光頭者福人, 許棟歙人許二也.… 獄, 逸入海, 勾引倭奴結巢於
霓霮之雙嶼港".

26) 『日本一鑑』,「窮河話海」卷6, 海市.

27) 『籌海圖編』,「浙江倭變紀」. 이외에도 『籌海圖編』에는 27年, 正月, "海寇
許二, 引倭入寇", 33年, "海寇何亞八等, 引倭人入寇", 37年 "賊首洪澤珍,
引倭入寇" 등 많은 경우가 나타난다.

28) 『閩書』(崇禎刊配補鈔本) 卷242,「閩閣志」, 建寧府浦城縣, "海航諸寇誘倭
夷數千攻政和, 陷之".

王直은 대표적인 中國人 倭寇 지도자라고 불리지만, 그 역시 日本
人을 끌어들였다. 또한 福淸의 해적인 鄧文俊도 日本人을 끌어들여
약탈행위를 했다는 것을 알 수 있다. 그리고 이렇게 중국 연해의 해적
들이 日本人을 끌어들였던 행위에 대해 明朝나 관헌 측에서도 잘 알
고 있었다. 다음 예들을 보자.

> ⓓ 匹夫·無賴들이 海島로 모여 倭夷를 끌어들였는데 이것이 비밀리에 叛
> 亂을 꾀한 전조가 되었다.[29]

> ⓔ 근년에 海禁이 점점 느슨해지자 이익을 탐한 무리가 番船을 끌어들여 뒤
> 섞여 어지러이 왕래하였고 海上의 도적들 역시 紛然하였다.[30]

> ⓕ 東番夷人(日本人)이… 海上에서 약탈을 행한 것은 실상 중국의 奸民이
> 끌어들인 것이다.[31]

위와 같은 진술에서는 日本人(倭夷)들이 중국 연해에서 약탈행위를
하고 있던 것은 중국 연해지방의 사람들이 끌어들인 것이라고 하고 있
다. 주의해야 할 것은 이와 같은 진술들이 일본인의 존재를 부정하지
않았다는 것이며, 倭寇의 침구를 중국인들이 일본인을 끌어들인 형태
로 파악했다는 것이다.

그리고 이렇게 中國人이 日本人을 끌어들여 침구하는 형태는 嘉靖
時期 이후에도 계속되었다.

---

29) 『吳淞甲乙倭變志』(明 張鼐 撰) 卷上,「紀周防」, "匹夫無賴嘯聚海島, 糾
引倭夷, 以爲先聲潛圖叛亂".

30) 『海寇議』(明 萬表撰), "二十年來, 時漸有之, 近年海禁漸弛, 貪利之徒, 勾
引番船, 紛然往來, 而海上寇盜, 亦紛然矣".

31) 『閩書』(崇禎刊配補鈔本) 卷246,「島夷志」, "東番夷人 … 海上行劫, 而實
我奸民勾引之".

ⓖ 隆慶時에 海上으로 도망친 도적 曾一本 등이 다시 차츰 (倭人을) 끌어
들여 福建·廣東지역에 들어가 약탈했다.[32]

ⓖ는 隆慶 시기 대표적인 해적 집단인 曾一本에 대한 것으로 이들
도 역시 일본인들을 끌어들였다는 것을 알 수 있다. 이와 같이 일본인
이나 기타 외부인들을 끌어들였던 방식은 당시 海寇들이 사용하던 가
장 보편적인 방법이었다.

이렇게 중국 대륙으로 끌어들여진 '倭夷' 또는 倭寇는 한 지역에서
침구행위를 벌인 뒤에 바로 떠나는 경우도 있지만, 일정 지역에 거점
을 마련한 뒤, 그 곳을 중심으로 주위의 여러 지역으로 분산하여 침
구를 벌이기도 했다. 이런 경우 많은 중국의 내지인들이 여기에 참여
하는데, 대개 사회에 불만을 지닌 사람들, 즉 貧民[33]이나 無賴, 때로
는 처우를 제대로 받지 못한 兵士들까지 참여했고 지역 사회의 지도
급 사람들, 즉 향신들도 참여하는 경우도 있었다. 이렇게 倭寇에 중
국 내지인들이 참여하는 몇 가지 예를 들어 보면 다음과 같다.

嘉靖 31년(1552) 이래 倭奴가 **中國의 無賴**에게 인도되어(勾引), 浙江의 여
러 현들을 침범하였고 이어 福建 및 廣東 潮州에도 미치어 매년 근심거리가
되었다.[34]

---

32) 『福州府志』(萬曆41年刊) 卷25,「島夷 日本附」, "自東南中倭以來十餘年
　　間, 中外騷擾, 財力俱詘, 生靈之塗炭已極, 倭亦大傷, 至盡島不返. 隆慶
　　時, 海上逋寇曾一本等, 復稍稍勾引入犯閩·粤, 我亦嚴爲備, 旋至旋撲,
　　非如嘉靖之季矣".

33) 이런 이유로 식량을 기아민에게 나누어 주어 반란을 미연에 방지하는 처치
　　를 취하기도 했다[『閩書』(崇禎刊配補鈔本) 卷45,「文涖志」, 知縣, 漳州府
　　龍溪縣. "劉欽命. …且戰且築, 令富民分糶饑民, 以消內叛"].

34) 『粤大記』(明 郭棐等編, 萬曆30年刊本),「事紀類」, "自嘉靖壬子以來, 倭奴
　　爲中國無賴勾引, 內犯浙□諸郡, 以次及閩, 及廣, 潮海之間, 歲被其患".

貧民·無賴者가 倭賊에 숨어들어 그 羽翼이 되었다.[35]

위의 두 가지 사례는 貧民이나 無賴들과 倭寇의 관련에 대해 말해 준다. 無賴들이 倭寇들을 끌어들인다든지, 때로는 貧民이나 無賴들이 倭寇 집단에 편입되어 주역으로 활동하였다는 것을 알 수 있다.

그런데, 倭寇는 주로 연해지역민들이 이들을 중국 본토로 끌어들인 것이기도 했지만, 이들이 침구행위를 전개해가는 도중에도 계속해서 중국인들이 여기에 합세했다.

> 嘉靖 35년(1556), 海寇 謝老가 갑자기 이르러, 노략질하고 진지를 불태운 것이 오래되었다. 倭夷가 본토에 入寇하면 완고하고 **어리석은 백성들이 이에 편승하여 난을 선동**하였다.[36]
>
> 倭가 莆田을 파하고 승승장구하여 4천여 인으로써 寧海로부터 샛길로 성 아래 서쪽 마을에 임박하였는데, **叛民**이 이를 따라 성을 삼중으로 포위했다.[37]
>
> 藤峒賊 丘樂閑의 무리 500여가 倭와 한패가 되었다.[38]

倭寇가 침구활동을 펼치는 도중에 해당지역민이나 이미 발생했던 도적들이 여기에 합세하였던 것을 알 수 있다. 이렇게 불만이 많았던 일반 백성들뿐 아니라 때로는 방어의 당사자였던 군인들도 倭寇에 합

---

35) 『閩書』(崇禎刊配補鈔本) 卷246,「島夷志」, "貧民無賴者竄入賊中, 爲之謀主羽翼".
36) 『閩書』(崇禎刊配補鈔本) 卷7,「方域志」, 泉州府海澄縣, "(嘉靖)三十五年, 海寇謝老突至, 擄掠屯燧, 久之, 倭夷入寇本土, 頑民乘機煽亂".
37) 『閩書』(崇禎刊配補鈔本) 卷45,「文涖志」, 知縣, 興化府, "倭方破莆, 乘勝以四千餘人從寧海間道薄城下西鄉, 叛民附之, 環城三匝".
38) 『粤大記』(明郭棐等編, 明刊本) 卷32,「政事類」, 海防, 隆慶3年, 冬11月條, "城中有間, 發奸軍朱衣·盧榮·黃大孫等, 因衛所遇之過當, 挾怨搆. 藤峒賊丘樂閑輩五百餘徒, 與倭合夥".

세하는 경우도 있었다.

> 적이 이를 피하여 샛길을 취해 南安으로 갔다. 이에 縣坊 太平東關의 十九
> 都 병사 1,500여 명이 모두 내응했다. … 그래서 永春이 결국 함락되었다.[39]

병사 1,500여 명이 倭寇에 내응하였다는 것인데, 이 무렵 泉州府의
병사수가 1,400여 명 정도였다는 것[40]을 감안해보면 그 심각성을 알
수 있다. 그리고 아래와 같이 연해지역의 鄕紳들이라고 할 수 있는 사
람들 역시 倭寇와 깊이 관련되어 있었다.

> 臣이 듣기로 海上의 豪勢들이 적의 심복이 되어 旗幟를 내세우고, 깊이 끌
> 어들입니다.[41]

'海上의 豪勢'가 정확히 어떤 사람들을 지칭하는지는 알 수 없지만,
豪勢라는 표현을 통해 연해지역의 鄕紳들로 추정할 수 있을 것이다.
이들은 단순히 외국인들을 끌어들여 밀무역을 행한 것 뿐 아니라 위와
같이 倭寇들의 침구에도 어느 정도 연관을 갖고 있었던 것이다.

위와 같은 자발적인 참여자들 외에 노획당한 포로들이 倭寇 집단에
추가되는데, 이런 포로들은 집단 내에서 일정한 역할을 수행하거나 또
는 잠재적인 상품으로서 머물게 된다. 또한 倭寇는 종종 침구 지역 주
변에 발생해있던 山賊이나 기타 도적 무리, 반란 집단과도 연계하여

---

39) 『南安縣志』(康熙11年 劉佑督修, 民國61年 臺北市南安同鄕會 影印本) 卷
20,「雜志」, "賊避之, 取間道往南安. 於是縣坊太平東關十九都兵共一千五
百餘皆內應.… 而永春遂陷".

40) 『泉州府志』(萬曆40年刊) 卷11,「武衛志」上, 民兵, "嘉靖年間, 先後遞減,
本府實存機兵一千四百六十六名".

41) 明『世宗實錄』, 嘉靖34年, 5月壬寅條, "臣聞, 海上豪勢, 爲賊腹心, 標立
旗幟, 勾引深入. 陰相窩藏, 輾象貿易".

활동하는 예가 많다. 또한 아래와 같이 倭寇가 침입하면 이에 편승하
여 지역의 도적이나 叛民이 발생하기도 한다.

　　　1년 전에 倭寇에 약탈당하였다. … 城이 완공되지 못했는데 土寇 褚鐸이
　　난을 일으켜 무리를 이끌고 성을 공격하였다.[42]

　　　바야흐로 倭寇와 饒平賊이 발생하자, 土寇가 이에 편승하여 크게 약탈을
　　행하였다.[43]

　　　이때 倭寇가 연년 약탈을 행했다. 그해 3월, 수만의 무리가 모여 臺州 남쪽
　　을 따라 福州를 약탈했다.[44]

　그리고 아래와 같이 倭寇가 침구했을 때 이에 편승하여 그 지역의
관리에게 원한이 있는 사람들이 倭와 합세하여 공격하는 경우도 있다.

　　　隆慶 4年(1570) 庚午 春正月, 倭가 黃海衛를 함락시켰다.… 그 전해 11월,
　　倭寇 200여가 西海로부터 육지에 올라 西宴·雙門의 여러 마을을 약탈하였는
　　데, 죄를 지어 充軍이 되어 있던 奸人 朱衣·盧榮 등이 衛所官을 원망하여,
　　마침내 藤峒賊 丘樂閑軍 500여 인을 끌어들여 倭와 연합해 성을 공격했다.[45]

　이렇게 倭寇에 편입한 것은 당시 사회에의 불만이나 약탈을 통한 이

---

42) 『閩書』(崇禎刊配補鈔本) 卷45, 「文涖志」, 知州, 福寧州, "夏汝礪. … 前
　　一年爲倭所掠. 汝礪集民城之. 計田出直, 計下出夫不二載工完. 未幾, 土
　　寇褚鐸作亂, 率衆攻城, 堅不可入, 因督兵挫之九日山下".
43) 『閩書』(崇禎刊配補鈔本) 卷45, 「文涖志」, 知縣, 漳州府和平縣, "時値
　　倭·饒二寇發, 土寇乘之, 大肆劫掠".
44) 『閩書』(崇禎刊配補鈔本) 卷45, 「文涖志」, 皇朝, 鎭守撫臣, 劉燾.
45) 『廣東通志』(萬曆30年刊本) 卷6, 「藩省志」6, 事紀5, "隆慶4年, 庚午春正
　　月, 倭陷黃海衛… 先年十一月, 倭寇二百餘, 從西海登陸, 寇西宴·雙門諸
　　村, 謫戍奸人朱衣·盧榮等, 怨衛所官, 遂搆藤峒賊丘樂, 閑葦五百餘人,
　　連倭攻城".

익 등의 이유에서였겠지만, 그 외에도 倭寇와 이에 참여한 사람들은 서로 침범하지 않고 피해를 안 주었기 때문이기도 했다.[46] 해를 당하기보다는 여기에 참여함으로써 당분간의 안정을 도모했던 사람들도 있었을 것이다.

한편, 嘉靖 39年(1560) 金門에서 토벌된 倭寇의 경우는 倭寇 집단이 어떻게 구성되었는지를 보여주는 좋은 예인데, 여기에는 倭와 통관자, 流賊, 포로 등이 혼합되어 있다. 특히 이때의 倭寇는 중국인에 의해 끌어들여졌던 것이 아니라, 眞倭로 생각되는 阿土機 등이 주도했으며 이후 내지인들이 이에 협조하거나 포로가 되어 합류한 것으로 생각된다.

嘉靖 39年 金門에서 斬獲된 倭寇 및 초력자[47]

獲 : 倭酋阿土機·尾安嗤 등 7人
斬 : 倭級 6顆.
擒 : 通倭謀城奸細 丁乙中 등 3名
기타 : 流賊 林時 등 6名

그런데, 여기서 생각해봐야 할 것은 倭寇 구성원에 대한 사료들 대부분이 倭寇가 중국 대륙에 도착한 이후, 침구행위를 벌인 뒤의 모습을 묘사한 것이라는 점이다. 이것은 즉 최초 침구시의 집단과는 상당히 다른 모습으로 변화한 상황에서의 진술이 된다. 결국 이런 이유로 倭寇의 출신지를 日本 열도라고 하면서도 倭寇 집단의 수적 비율에

---

46) 『海寇議』(明 萬表撰), "而猶混言倭寇不實 上聞果何侍郎今旣曰 倭奴酋長 爲誰是烏可隱也. 其所劫掠地方通番之家 皆不相犯 蓋以立信 故人皆競趨 而賊黨之".

47) 『金門志』(光緖八年刊本) 卷15,「舊事志」, 紀兵. 嘉靖39年, 4月.

대한 설명은 중국인이 다수라고 기록한 것이다. 따라서 이런 서술 구조와 내용은 결코 모순된 것이 아니다. 주의해야 할 점은 倭寇의 구성원과 주체를 말할 때 어느 시점에 초점을 둘 것인지 분명히 해야 한다는 것이다.

倭寇는 日本 열도에서 출발해 중국에 도착하고, 이후 침구활동을 벌인 뒤에 다시 日本으로 돌아가거나 中國 연해의 도서지역으로 은신할 때까지 계속 같은 모습으로 존재했던 것이 아니다. 예를 들어 朝鮮 中宗 39년(1544) 7월, 태안에 표류해온 荒唐船의 구성은 唐人 30명에 倭人은 90여 명이었고,[48] 明宗 9년(1554) 5월, 제주도로 표류해온 倭船은 倭人 23명에 中國人 2명[49]이 타고 있었다. 朝鮮에 표류해온 이들 선박의 구성원 비율은 오히려 日本人의 수적 비율이 더 높다. 침구 행위를 벌이는 도중, 자발적 혹은 강제로 동원된 주변지역의 참여자들이 합류해 집단내 중국인의 비율이 늘어나는 점을 고려해보면, 中國에서 떠나왔거나 日本에서 中國으로 향하다가 朝鮮으로 표류해온 선박의 구성원은 출발 당시 倭寇의 모습을 보여주는 것이 아닐까? 이런 점들을 감안해 보았을 때 구성원의 수적 비율에 대한 몇몇 사료만으로 왜구를 단순히 中國人 主體의 中國人에 의한 행위라고 단정내리는 것은 잘못이라고 할 수 있다.

그런데, 한편으로 中國人 主體說의 경우는 中國人 倭寇 지도자들의 존재가 큰 증거로 이용되어왔다. 가장 대표적인 사람이 王直인데, 王直이 처음 밀무역을 행하고 日本으로 건너가서 倭寇 집단의 최고 지도자가 되는 과정은 중소상인들이 어떻게 倭寇로 전환되었는지를 설명하는 가장 대표적인 예로 인식되어 왔다. 그렇지만 王直이 독립하기

---

48) 朝鮮 『中宗實錄』 卷104, 中宗39年, 7月乙丑.
49) 朝鮮 『明宗實錄』 卷16, 明宗9年, 6月丁丑.

이전에 속해 있던 집단은 일본인에 협력을 구하고 있으며,[50] 王直이
일본에서 정착할 때 역시 일본인의 협조를 얻고 있다.[51]

王直이 徽王을 칭할 정도로 큰 세력을 누린 것은 사실이며, 흔히
'倭寇王'이라고도 불리지만 日本人과의 관계는 상호 협력적인 위치였
다고 보는 편이 타당하다.[52] 王直은 薩摩나 博多의 日本人과 밀접한
연관을 가지면서, 山口의 大內義隆・豊後의 大友宗麟 같은 西日本의
유력 戰國大名과도 접촉이 있었다고 알려져 있는데, 王直이 이들에 비
해 우월한 위치에 있었다고는 보기 힘들다. '倭의 經紀'[53]라는 표현처
럼 王直은 日本 商人의 대행자로서의 역할, 그리고 중국과 관련된 밀
무역 상인의 대행자・조정자의 역할을 수행했던 것이다.[54]

---

50) 『汪直傳』(撰者不明, 百部叢書集成本), "直姦出禁物, 歷市西洋諸國, 致富
不貲, 夷人信服之. 貨至, 一主直爲儈. 執禁旣嚴, 諸奸商藉是益負倭, 競
責直. 直無所出, 招亡命千人, 逃入海, 推許二者爲帥, 引倭結巢露衢之雙
嶼港".
    『日本一鑑』,「窮河話海」卷6, 海市, "王直 ; 於乙巳歲(嘉靖24) 往市日
本, 始誘博多津倭助才門等三人來市雙嶼".
51) 『汪直傳』, "直更造巨船, 連舫柵木爲樓櫓入倭, 據薩摩洲之松浦津, 僭號曰
京, 自稱曰 徽王. 部署宗滿・惟學・東爲將領, 汝賢・澂爲腹心, 而三十六
島之夷皆其指使. 時時遣夷漢兵十餘道, 流劫濱海郡縣延□數千里".
52) 최근 중국에서는 王直 집단의 구성원과 민족성에 대해서 종래와 다른 견
해도 제출되고 있는데, 특히 "三千漢兵"으로 묘사되는 그의 주력도 '假
倭'가 아닌 '眞倭'였다고 재인식되기도 한다(熊遠報,「倭寇と明代の「海禁」
－中國學界の視點から－」『中世後期におけるアジアの國際關係』, 山川出
版社, 1997, 101쪽).
53) 高炎武,「天下郡國利病書」『廣東』下, "徽人王直號五峰者, 始爲倭經紀".
54) 李獻璋,「嘉靖年間における浙海の私商及び舶主王直行蹟考(下)」『史學』
34-2, 昭和 36(1961), 72~73쪽.
    王直과 王直 집단의 침구기사에 대해서는 현재 이견이 있다. 즉, 李獻
璋은 王直을 平和的 海商으로 규정지으면서, 제사료에 보이는 王直의 侵
寇 기사는 사실이 아니라 王直의 이름을 차용한 집단의 행동이라고 주장

<표 1> 주요 倭寇 지도자의 출신지

성명	출신지	성명	출신지
鄧文俊	미상	林道乾	惠來
馬二郎	日本(?)	林碧川	徽州
毛烈	浙江 鄞縣	林鳳	廣東 饒平
尙乾	日本	張璉	廣東 饒平
徐海	徽州 歙縣	鄭宗興	廣東 東莞
蕭顯	南直隷	曾一本	福建 紹安
辛五郎	日本 大偶(?)	陳東	日本 薩摩(?)
沈南山	福建 漳州	陳世榮	澄海 大家井
嚴山老	福建 海澄	何亞八	廣東 東莞
葉麻	浙江 桐鄉 혹은 日本(?)	許棟	廣東 饒平, 徽州(?)
吳平	福建 紹安	許瑞	澄海
王直	徽州 歙縣	許朝光	廣東
林國顯	廣東 饒平	洪迪珍	福建 漳州
丘古所	日本(?)	阿土機	日本

3. 주도 세력과 주체

　倭寇의 主體에 대한 논의는 倭寇의 수적 구성 문제와 관련해 설명되어 왔다. 그러나 사료에 나타난 수적 비율만 가지고는 倭寇 발생의

하고 있다(同氏, 「嘉靖年間における浙海の私商及び船主王直行蹟考(上・下)」『史學』34-2·3, 1961 참조). 또 실제로 일부기사는 선후사실이 사료마다 다르게 나타나는 경우가 있고 시기상 맞지 않는 경우도 있는데(鄭樑生, 『明・日關係史の硏究』, 雄山閣, 1984, 302~303쪽) 그렇다면 王直의 이름을 차용하여 활동하던 집단이 존재했을 가능성도 있다고 생각할 수 있다. 그런데 王直은 中國・日本 뿐 아니라 한반도에서도 활동했다. 1555년(조선 明宗10)의 乙卯倭變은 王直 집단에 의한 사건이었다(尹誠翊, 「'후기왜구'로서의 을묘왜변」, 『한일관계사연구』 제24집, 한일관계사학회, 2006). 또한 王直이 日本에 거주하며 明으로 입구하는 것을 『明宗實錄』에서도 확인할 수 있으므로 李獻璋의 주장처럼 王直의 침구기사를 전부 부정하는 것은 옳지 않다고 생각한다.

동기를 설명하는 데 충분치 못하다. 倭寇는 처음 출발시의 집단과 중국에 상륙한 이후를 구분해서 설명할 필요가 있다. 수적 구성의 면에서도 출발시와 중국에 도착한 이후의 구성원에 차이를 보이듯이 그 원인이나 동기에도 차이가 있다고 할 수 있으며, 주체에 대한 문제도 구분하여 설명해야 한다. 그렇지만 그동안 주체에 대해서는 수적 비율과 침구시 사료에 등장하는 주요 인물들에 주안점을 두고 설명해왔다.

倭寇 침구의 대표적 형태는 중국인이 일본인을 끌어들이거나 연합했던 '勾引'의 모습이다. 이것은 대부분의 중국인 海寇 지도자가 倭夷·倭奴 등의 형태로 표현되는 倭人을 끌어들이는 형식인데, 이런 경우 그 침구의 주체를 中國人 海寇 지도자라고 단정할 수는 없다.

또한 倭寇의 발생 원인을 오히려 日本쪽에 두는 경우도 있다. 즉, 정상적인 朝貢으로 이익을 얻을 수 없게 되어 돌아가지 않고 中國 연해의 섬에 머물며 연안의 생계 곤란한 사람들을 규합하고 끌어들여서 연해 지방으로의 약탈에 나서게 되었다는 것이다.[55] 이에 의하면 앞에서 본 많은 경우와는 달리 倭人이 中國人을 끌어들인 형태가 된다. 그러나 勾引의 경우는 양측의 관심사가 합치되어 발생한 결과로, 어느 한쪽에 비중을 둘 수 있는 것은 아니다.[56]

---

55) 『閩書』(崇禎刊配補鈔本) 卷246, 「島夷志」, "然諸夷嗜中國貨物, 至者率遷延不去. 貢若人數, 又恒不如約. 是時市舶旣罷, 貨主商家. 商率爲奸利, 虛値轉粥(鬻), 負其責(直)不啻千萬. 索急, 則投貴官家, 夷人候久不得, 頗攄難, 有所殺傷. 貴官家輒(輒)出危言撼當事者兵之使去, 而先陰泄之, 以爲德. 如是者久, 夷人大恨, 言, '挾國王賮而來, 不得直, 曷歸報?' 因盤據島中. 並海不逞之民, 若生計困迫者, 糾引而歸之, 時時寇沿海諸郡矣".

56) 倭寇 발생에 대해 宮崎市定은 다음과 같이 설명하고 있다. "그들은 본래 元 이후 密貿易者들로서, 密貿易은 中國에서는 거의 반공인되었던 것으로 유구한 옛날부터 계속되어 온 이른바 旣得의 권리였다. 그런데 이에 中國官憲이 간섭하여 그들의 무역 상대가 납치되고 가족까지 투옥되었지만 처음에는 이를 관망하고 있었다. 그러나 權利의 부활은 인정되지 않았

또한 嘉靖시기 倭寇에 대한 사료 가운데 일본 측의 사료, 즉 일본 열도의 사람들이 중국으로 가서 침구 행위를 했다는 것을 말해주는 것이 거의 없기 때문에 日本人이 어느 정도 포함되어 있었고 관여했는지에 대한 충분한 설명을 할 수 없다는 사료의 결핍도 큰 요인으로 작용해왔다.

그런데, 다음과 같은 일본의 일부 사료에서도 일본인들이 중국 대륙에서 침구 행위를 벌이고 있던 사실을 확인할 수 있다.

㉠ 永正(1504)·大永(1521)경부터 伊予國 海中 因島·久留島·野島·大島의 地士·飯田·大島·河野·脇屋·松島·久留島·村上·北浦 등 諸士가 함께 상의해 외국으로 渡海하여, 해전을 벌여 각 집안을 윤택하게 하자고 계획한 뒤, 野島영주인 村上圖書를 議主로 정하고 각각 일족의 浮浪을 모았는데 그 모인 수가 3~4백인에 이르러 크고 작은 배 10여 척에 타고 大洋을 航行하여 서쪽으로는 중국의 寧波… 등 근해의 여러 마을을 剽掠하고 여러 종류의 在物器械를 탈취하여 돌아오니 그 집안들이 부유해졌다. 이후 이를 가업과 같이 여러 해 동안 행하니 四國·九州 海邊의 諸浪人, 그 외에 漁士船方의 遊棍 등도 점차 여기에 참가하여 그 인원수가 점차 많아져 후에는 무리가 8~9백명, 혹은 1,000명 이상에 달하게끔 되었다. … 永祿 6년(嘉靖 42, 1563) 우리들 7党, 도합 1,300여 인으로 大明國 平海郡을 공격했을 때, 배의 배치는 왼쪽과 같다(그림 생략). 이때 배의 숫자는 대소 137척이었는데, 단지 親船 9척, 戰船 28척, 그 외 戰士 및 大明國의 浮浪人이 가세하여 참여한 小船도 백여 척이 있었으며, 총 戰士는 上下 1,352인, 그 외에 漁士 등 600인이 참여했다고 전한다. 이 가운데에는 大明國의 混賊 등도 2~3백명이나 가세하고 있었다.[57]

고 中國측 同類에 대한 迫害가 점점 더해져서 응원을 청해 오자, … 그들의 복수전에 참가하기에 이르렀는데 이것이 왜구의 본질이다. 民間貿易에 대한 壓迫에서 온 討伐에 대한 復讐, 復讐에 대한 援助라는 순서를 거쳐서 倭寇가 발생한 것이다(宮崎市定,「倭寇の本質と日本の南進」『アジア史論考』下, 朝日新聞社, 1976, 514~516쪽)".

57) 竹越與三郎,『倭寇記』, 白揚社, 1938, 56~59쪽.

ⓛ 天文 22年(1552) 癸丑, 이 해부터 日本의 배, 大明國에 건너가서 雜物
(여러 물건)을 追捕하고 歸朝함. 天文 23年(1553) 甲寅, 작년·올해 두
해에 日本의 배가 渡唐함. 大明追捕하고 歸朝함.[58]

ⓛ은 九州 지역에 세력을 두고 있던 相良氏의 집안문서인 『八代日
記』의 내용인데, 스스로 中國으로의 침구활동에 참여한 약탈자였음을
인정하는 매우 보기 드문 것이다. 倭寇는 九州의 諸大名이나 豪族과
밀접한 관계를 맺고 있었는데, 大內·大友·松浦·島津·宗·相良氏
등은 倭寇의 강력한 후원자로 알려져 있다.

그리고 九州 지역의 大名세력들이 중국 대륙으로 침구활동에 나서
고 있음은 ⓒ에서 구체적으로 서술되고 있다. ⓒ은 그동안 1차 사료로
서의 신빙성 문제 때문에 사용되지 않았지만, 倭寇가 平海郡을 공격하
다가 明軍에 패배한 사실은 明『世宗實錄』에도 기록되어 있는 점[59]에
서, 사실일 가능성이 높다. ⓒ의 진술을 받아들인다면, 당시 九州 지역
유력 세력들의 다수가 자발적인 필요에 의해 중국으로의 약탈행위에
나섰다는 것을 알 수 있다. 또한 마지막 부분에 서술된 중국인 참가에
대한 부분은 倭寇의 일본인과 중국인 연합형태를 보여주는 한 예라고
할 수 있는데, 이 경우는 발생의 근본 원인이 中國人과는 별다른 관계
가 없었던 한 예이기도 하다.

九州 지역의 사람들, 특히 남부의 薩摩지역 사람들이 중국으로의 침
구활동을 했다는 증거는 中國人이나 日本人 뿐만 아닌 제3자라고 할
수 있는 서양인들의 진술 속에서도 찾을 수 있다.

---

58) 熊本中世史研究會編, 『八代日記』, 靑潮社, 1980 ; 田中健夫, 「不知火海
の渡唐船」『日本歷史』, 1991.1(第 512号), 6쪽에서 재인용.

59) 明『世宗實錄』卷520, 嘉靖12年 4月 丁卯條 및 卷523, 嘉靖12年 7月 丁
丑朔 壬辰條.

ⓒ 그 薩摩國은 산지가 매우 많아 본래 빈곤하여 식료품의 보급을 다른 지역에 의존하고 있다. 그 곤궁을 면하기 위해 사람들은 오랜 세월에 걸쳐 八幡(바한)이라고 불리우는 직업에 종사하고 있다. 즉 사람들은 중국의 연안이나 여러 지역으로 강도나 약탈을 하기 위해 나가고 있고 이런 목적을 위해 크지는 않지만 성능 좋은 다수의 배를 준비하고 있다.[60]

ⓔ 우리들은 작년 이곳에서 중국에서 온 배로부터 다음과 같은 사실을 들었다. 中國과 日本 사이에 실로 맹렬한 분쟁이 있어서, 鹿兒島에서 大艦隊가 中國으로 향하여 중국 연해의 여러 지방을 수많이 파괴하였다. 특히 대단히 인구가 많은 한 도시에 큰 타격을 가하여, 그 도시에 있던 여러 貴人들을 포로로 하였다. 이런 戰爭은 깊은 연유가 있어서 多年間 진정되지 않을 것이라고 한다. 중국과 일본의 다툼은 日本에 가려고 하는 포르투갈인에게는 매우 좋은 기회일 것이다. (왜냐하면) 은밀히 中國人과 그 商貨를 실어 日本으로 보내면, 포르투갈 商人이 (日本에서) 交易을 하는 데 좋고, 편리하게 되기 때문이다.[61]

ⓜ 日本에서 왔다는 夷商이 말하기를… 근자에 변경에서 도적질을 하는 것은 실은 九州의 島夷이다.[62]

ⓒ과 ⓔ은 薩摩지방 倭寇의 침구 사실에 대해 제3자인 서양인의 진술이다. 이 기록이 작성된 해에 徐海가 薩摩人들의 부추김에 의해 中國으로 대대적인 침구에 나섰는데, 이와 같은 사실과 부합한다. 이들 사료에서 中國 연해지방에서의 해적행위에 대해 서양인들이 일본인의 활동이라고 말하고 있는 점에 특히 주의할 필요가 있다.

그리고 ⓜ은 '夷商'이 日本人을 지칭하는 것인지 아니면 기타 외국

---

60) 金谷匡人,「海賊とは何にか」『海賊たちの中世』, 吉川弘文館, 1998.「參考資料」중 [二] イエズス會宣教師たちの報告, 194쪽.

61) 1555년 12월 1일 말라카의 루이스 프로이스가 고아의 이르만에게 보낸 서한(이상 岡本良知의 日譯을 옮김. 大久保利謙 등 編,『史料による日本の步み 近世編』, 吉川弘文館, 1992, 27쪽).

62)『浙江通志』(嘉靖40年刊本) 卷60,「經武志」, 嘉靖35年, 2月, "據夷商自日本來者云, … 頻年寇邊, 實九州島夷也".

상인을 지칭하는 것인지 확실치는 않지만, 日本과 관련을 맺고 있던 사람이 진술한 내용으로 역시 中國에서 침구행위를 하던 사람들을 九州 지역민으로 지적하고 있다.

한편, 『朝鮮 王朝實錄』에도 中國 연해에서 일본인들이 행한 약탈행위를 말해주는 내용들이 있다.

> ㉕ 이번에 倭奴가 上國의 지방을 교란하여 그 흉악을 부리고 官兵을 죽이기까지 하고도 천벌을 받지 않고 살아남아 우리 지경에 이르렀음을 알고, 臣이 우러러 皇威에 의지하여 거의 다 죽였습니다. 사로잡은 中林 등 2명도 죽여야 하겠으나, 죄가 상국을 범한 데에 관계되므로 마음대로 처치할 수 없기에 이제 賊倭 2灑과 首級 32顆 및 長箭 2枝・船窓 2扇을 陪臣 成世昌을 시켜 보내며 아울러 탈환한 王們 등 8명도 데려가게 합니다.[63]
>
> ㉖ 博多島에 聖福寺라는 절이 있는데, 중국인 4명이 이 절에 들어 묵고 있는 것을 보았다. 日本으로 가는 듯하여 그 까닭을 대강 물으니, 절의 중이 대답하기를 "근자에 일본 사신이 배 5척을 타고 中國으로 갔는데, 그들이 寧波府에 이르러 난을 일으켜 奔突하여 사방으로 흩어져 中國 배 2척과 거기에 탔던 4人을 겁탈하여 돌아왔다"고 하였습니다.[64]

비록 적은 수의 사료이기는 하지만 위와 같은 사례 등을 통해서 日本人이 倭寇에 직접 참여하고 있었음을 알 수 있다. 특히 위에서 예를 들었던 ㉠~㉖의 예는 모두 日本人을 주체로 인식하고 있었음에 주의해야할 필요가 있다.

한편, 중국인 지도자의 존재가 명확히 나타나는 侵寇에서 주체 문제를 논의할 때 徐海의 경우는 이들 중국인 지도자들의 존재 자체를 가지고 중국인 주도의 활동이라고 단정해서는 안 된다는 좋은 예가 될 것이다. 王直과 더불어 대표적인 倭寇 집단의 지도자로 거론되는 徐海

---

63) 朝鮮 『中宗實錄』 卷49, 中宗18年, 8月丙寅.
64) 朝鮮 『中宗實錄』 卷51, 中宗19年, 9月癸亥.

는 명성만큼이나 그 세력도 상당하였다. 그런데 徐海가 倭寇에 참여하게 된 과정은 상당히 특이하다.

> 이전에 徐惟學이 일본인(夷人)에게 돈을 빌렸는데 조카인 徐海를 인질로 하였다. 惟學이 죽자 일본인들은 徐海에게 돈을 요구하였는데, 약탈(寇掠)로 배상하도록 했다. 徐海가 이에 辛五郎과 함께 배를 모으고 무리를 결성하여 南畿・浙西의 諸路로 들어갔다.[65]

徐海의 삼촌인 徐惟學이 일본인들에게 徐海를 인질삼아 돈을 빌려 사용하였고 徐海가 삼촌의 빚 때문에 일본인들의 강요로 중국으로의 침구행위를 하게 된 경위는 日本과 관련 있던 中國 海商 또는 海寇들이 日本人들에 비해 항상 우위적인 위치에 있지 않았음을 보여준다. 또한 徐海의 침구에는 辛五郎이라는 日本人이 개입되어 있는데, 辛五郎의 위치는 그의 신분상 徐海와 동등한 입장 이상이라고 보는 편이 자연스럽다. 이런 관계임에도 중국의 사료에는 徐海가 나머지 일본인들을 이끌었다는 '率倭'나 倭를 끌어들였다는 '勾倭'로 표현됨에 주의해야 한다.

이렇게 中國으로의 침구에 나서게 된 徐海 집단[66]은 뒤에 그 수가

---

65) 『閩書』(崇禎刊配補鈔本) 卷246, 「島夷志」, "先是, 徐惟學者貨夷人金, 以其姪子海爲質. 惟學死, 夷求海金. 令取償於寇掠. 海乃偕辛五郎, 聚舟結黨, 入南畿・浙西諸路".

66) 당시 薩摩의 島津氏의 당주는 1566년 薩摩・大隅・日向의 九州남부를 통일하여 島津氏가 九州를 통일하는 기반을 마련한 제15대 島津貴久였다. 그는 1543年 鐘子島에 포르투갈인이 당도, 鐵砲를 전래한 이후 이를 가장 처음 실전에 도입한 것으로도 잘 알려져 있으며, 무역에 대한 관심으로 1849년 사비에르를 받아들인 것으로도 유명하다. 이렇듯 그는 海外貿易에 관심이 깊었다고 생각되는데, 五島에 근거를 둔 王直은 島津氏의 라이벌이라고 할 수 있는 九州 豊後 大友氏와 교섭을 갖고 있었다. 이런 상황은 島津氏가 徐海를 앞세워 대륙으로 침구하게 한 하나의 요인이 되

數萬에 이르렀다고 하는데,[67] 과장된 수였는지도 모르지만 수만 명의
사람들이 모두 日本에서 바다를 건너왔다고는 상식적으로 생각하기
힘들다. 『籌海圖編』에서의 "지금의 해적은 수만을 헤아리는데, 모두
倭奴라고 핑계를 대지만 실제로 日本에서 나온 자는 수천명을 밑돈다
(今之海寇, 勸計數萬, 皆托言倭奴, 而其實出于日本者不下數千)"라는
표현처럼 대부분의 사람들은 중국에 근거지를 둔 이후에 합류한 사람
들이겠지만, 분명히 그 집단의 처음 모습은 일방적으로 中國人의 수가
많았다고 단정지을 수는 없다.

또한 徐海 집단 내에서 보이는 日本人 지도자들의 행동은 徐海가
독단적으로 결정을 내릴 만큼, 그 지위가 절대적이지 않았음을 보여준
다. 서해 집단에는 '諸倭酋'라고 표현되는 것으로 보아 일본인 지도자
들도 꽤 여럿 있었다고 생각되지만, 사료상으로는 앞서 나온 辛五郞[68]
외에 長酋인 葉麻[69] 등의 이름이 보인다. 그리고 徐海는 뒤에 세력이
더 컸었다는 '薩摩王弟'[70] 陳東의 무리와 세력을 합한다.[71] 이런 일본
인 지도자들 사이에서 徐海의 위치나 입장은 總督 胡宗憲의 회유에
徐海가 응하려 했지만, 諸酋 즉 日本人 지도자들로 인해 포기했던 점

었다고도 생각할 수 있다.

67) 『浙江通志』(嘉靖40年刊本) 卷60,「經武志」, "海乃偕辛五郞, 聚舟結黨,
　　衆至數萬, 入南畿浙西諸路, 據柘林·乍浦. 餘衆數千, 寇王江涇".
68) 辛五郞은 『明史』卷205,「阮鶚傳」에 "辛五郞者, 大偶島主弟也"라고 하
　　여 상당한 지위의 인물이었음을 짐작할 수 있다.
69) 사료에 따라 麻葉으로 나오는 경우도 있다. 다만, 한자명으로 유추해 그
　　를 중국인으로 보는 설도 있다.
70) 『籌海圖編』卷8,「寇踪分合始末圖譜」, "此薩摩州君之弟, 章書記酋也. 其
　　部下多薩摩人".
71) 『福州府志』(萬曆41年刊) 卷25,「島夷 日本附」, "(嘉靖)35年, 楊宜罷去,
　　宗憲代, 阮鶚代宗憲… 時浙賊惟陳東最强, 徐海後至, 與之合".

으로 짐작해볼 수 있다.[72)]

비록 제한된 사료에서 나타나는 모습이지만 徐海 집단은 많은 점을 시사해준다. 단순히 중국인 지도자들이 사료상에 등장한다고 이들이 항상 그 집단 내에서 주도적인 위치였는가에 대해서 단정하는 것은 잘못임을 보여준다. '勾引'으로 표현되는 경우는 더욱 주의해야 된다.

또한 '倭寇'로 묘사되는 집단은 어떤 형태로든 일본과의 관계를 가지고 있었다는 점도 재고해볼 필요가 있다. 浙江지역 倡禍의 시조[73)]로 불리며, 王直도 한때 그 부하로 속해있던 許棟은 倭奴를 규합하기 위한 교섭을 위해 日本으로 갔다가 돌아오던 중 양자인 朝光[74)]에게 살해되는데,[75)] 이렇듯이 결코 가깝다고만 할 수 없던 일본과 지속적으로, 어떻게든 관계를 가지려고 했던 이유는 무엇일까?

倭寇는 어떤 형태로든 日本 및 日本人과 연관관계를 가지고 있다. 주체문제는 이렇듯 明代人이 倭寇와 海寇를 어느 정도 구분해 놓은 이유와도 연관지어 생각할 필요가 있다.

---

72) 『閩書』(崇禎刊配補鈔本) 卷246, 「島夷志」, "而是時徐海已擁薩摩洲夷入寇浙中, 戰敗於崇德. 宗憲復使人賄誘之. 海念欲歸, 恐諸酋疑怨".

73) 『籌海圖編』 卷8, 「寇踪分合始末圖譜」, "此浙直倡禍之始. 王直之薩故主".

74) 朝光은 본래 謝씨로 許棟이 친부를 죽이고 양자로 삼았다[『廣東通志』(道光20年刊, 同治3年重刊本) 卷187, 「前事略」, 8, "許棟饒平人. 爲盜數十年, 流毒沿海. 養子朝光, 本姓謝, 棟殺其父, 擄其母, 遂以朝光爲子"].

75) 『廣東通志』(道光20年刊, 同治3年重刊本) 卷187, 「前事略」, 8, "(嘉靖) 37年春, 棟往日本, 將糾合倭奴謀大擧. 及還, 朝光伏兵舟中殺之, 盡有其衆, 號爲澳長, 勢益熾".

제2절 假倭발생의 구조와 문제점

1. 假倭論 再考

石原道博은 眞倭와 假倭에 대한 문제를 본격적으로 제기하고 특히 假倭에 초점을 맞춰 연구하여 倭寇에 대한 그 이전까지의 인식을 전환시키는 데 크게 공헌한 학자다. 그는 그의 대표 저작인 『倭寇』(吉川弘文館, 1964)에서 일본인으로 구성된 倭寇(眞倭) 이외에 허위나 과대로 선전된 倭寇의 경우를 몇 가지로 나누어 다음과 같이 들고 있다.

첫　째, 中國人의 倭寇로 소위 僞倭・假倭・裝倭 등.
둘　째, 평화적 入貢을 고의로 僞貢顯掠으로 한 것.
셋　째, 官軍의 殘暴을 倭寇의 所爲로 轉嫁한 것.
넷　째, 中國衣冠을 한 도적의 부정한 狼貪을 倭寇와의 共謀 내지는 倭寇 單獨의 所爲로 轉嫁한 것.
다섯째, 중국 도적(陸賊・山賊 등)의 잔혹한 행위를 倭寇의 所爲로 하여 그 이름을 사칭한 것.
여섯째, 無賴・暴徒・亂民 등의 殘暴을 倭寇가 행한 것으로 하고, 그 이름을 사칭하여 선전한 것.
일곱째, 禦倭・平倭의 功을 크게 보이기 위해, 또는 敗戰의 책임을 전가하려고 倭寇의 침략을 허위 또는 과대로 선전한 것.
여덟째, 僞倭의 머리로 賞을 사칭한 것.[1]

위와 같은 石原道博의 설명은 많은 사람들에 의해 倭寇가 日本人의 활동보다는 中國人에 의한 것이라는 하나의 증빙으로 많이 사용되었

---

1) 石原道博, 『倭寇』, 吉川弘文館, 1964, 215~216쪽.

으며, 필자도 과거에는 이것을 받아들여 논지를 전개했던 적이 있다.

그러나 위와 같은 8가지의 사례는 상당히 논리적으로 보이지만 충분한 사료적 근거가 있는 것은 아니다. 많은 저술을 통해 石原道博은 실증적인 방법으로 倭寇의 명칭 문제와 기타 倭寇의 부정적인 이미지 개선을 위해 노력했지만, 그동안 假倭의 유형에 대한 설명으로 사용된 위의 사례에 대해 실증적인 근거를 제시하지 않고 있다. 현재 일본과 중국에서의 倭寇 연구에 미친 그의 영향을 생각해보았을 때, 이 문제는 좀더 신중을 기해 면밀히 검토해볼 필요가 있다.

우선 첫째와 둘째의 경우에는 石原道博의 설명에도 큰 무리가 없다고 할 수 있다. 倭寇를 가장하거나 倭寇에 가담한 이들이 倭人의 복장과 머리 모양을 한 예[2]는 많이 나타나며, 평화로운 사절단이라도 勘合을 갖추지 못한 경우, 즉 정식 조공이 아닐 경우에는 海賊과 같이 취급당하여 처벌 받았다.[3]

특히 위의 사례에 공통적으로 적용될 수 있는, 즉 倭寇가 아니었는데도 倭寇로 취급되었던 사례는 조선인이 남긴 기록을 통해서도 알 수 있다. 즉, 朝鮮 成宗 19년(1488) 濟州에서 항해 도중, 표류되어 明을 거쳐 귀국한 崔溥[4]의 『漂海錄』에 의하면 당시 明人 및 明 관리의 倭

---

2) 『粤大記』(明 郭棐等編, 明刊本) 卷32, 「政事類」海防, "棟, 饒平黃岡人. 自結髮爲盜, 搆通倭夷, 毒痛海上, 垂及莫年, 潮人苦之".
    『潮州府志』(乾隆27年刊·光緒19年重刊本) 卷38, 「征撫」, 陳世榮, "陳世榮, 澄海大家井人. 隆慶元年丁卯, 同余乾仁·連思恭等, 乘倭亂糾集二千餘人, 髡髮爲假倭肆刼".

3) 『明史』卷322 「外國」3, 日本傳, "永樂初, 詔日本, 十年一貢, 人止二百, 船止二隻, 不得攜軍器, 違者以寇論".

4) 崔溥(1454~1504). 朝鮮 成宗 때의 문장가. 1488년 濟州推刷敬差官이 되었을 때 부친이 사망, 귀향 중 표류. 台州府 臨海縣에 이른 후 北京을 거쳐 朝鮮에 귀국. 成宗의 命으로 표류로부터 귀국에 이르기까지의 사실을 기록한 『漂海錄』을 지음.

寇에 대한 진술을 그대로 신용하기 힘들다는 것을 알 수 있다. 이에 의하면 崔溥 일행은 明에 도착한 후 倭寇로 의심되어 수일에 걸쳐 심문을 받았는데, 明 관리들은 좀처럼 이들이 朝鮮人이라는 사실을 인정하려 하지 않았다.[5] 특히 다음과 같이 崔溥에게 은밀히 그들이 처한 상황을 알려준 한 明人의 이야기는 明 관리의 표류자 내지는 倭寇에 대한 태도를 잘 보여준다.

> 예전부터 倭賊이 우리 변경에 침입하여 약탈을 일삼았기 때문에 備倭都指揮·備倭把總官을 두고 그에 대비하고 있소. 倭人을 잡으면 먼저 처형한 다음 나중에 보고하도록 되어 있소. 지금 들으니 당신들이 처음 배를 대었던 곳은 방어용 목책인데, 守寨官이 당신을 倭賊이라 무고하고 목을 베어서 바쳐 공을 세우려 하였소. 그래서 먼저 한 보고에 이르길 '倭船 14척이 변경을 침입하여 주민을 겁탈하고 있다'고 하였소. 그때 병졸들을 거느리고 가서 당신들의 목을 베려 했는데 배를 버리고 사람들이 많은 곳으로 들어갔기 때문에 그 계획이 수포로 돌아갔었소.[6]

결국 崔溥는 漢文을 통한 대화로 明 관리와의 심문에서 자신들이 倭寇가 아닌 朝鮮人이라는 것을 밝히는 데 성공하여 朝鮮으로 무사히 귀환했지만 많은 표류자 또는 도래자들이 무고하게 倭寇로 오인되어 처벌되었을 가능성은 이를 통해 어렵지 않게 추측할 수 있다. 그리고 표류선 1척을 14척의 倭船으로 보고하고 있는 점도 주의해야할 사항으로 자신의 공을 돋보이게 하기 위해 상당히 과장된 報告 또한 심심찮게 이루어지고 있었음도 추측할 수 있다.

---

5) 崔溥 저, 崔基泓 역, 『漂海錄』, 敎養社, 1997, 56~95쪽.
6) 前揭書, 71~72쪽. 有一人寫臣掌上曰, "自古倭賊屢劫我邊境. 故國家設備倭都指揮·備倭把總官以備之. 若獲倭則皆先斬後報. 聞今 你初繫舟處 轄獅子寨之地. 水寨官誣汝爲倭 欲獻馘圖功. 故先報云 倭船十四隻犯邊劫人. 將領兵往捕汝 斬汝之時 你輩先自捨舟投 入人多之里 故不得逞其謀矣".

또한 이러한 이유 때문에 본래 목적이 侵寇가 아니었지만, 侵寇행위로 이어지는 경우가 발생하기도 한다. 예를 들어 嘉靖 32年(1553) 4月 鹽邑에서 침구를 벌인 倭人 60여 인은 애당초 侵寇가 목적이 아니라 단순히 표류해온 듯한데, 결국 이들은 상륙해 침구활동을 하고 말았다. 이들의 본래 목적이 침구가 아니었다는 것은 지방관에게 그들의 입장과 요구를 밝히고 있으며, 상륙한 뒤 바로 그 지역민을 포로로 하여 바다로의 출구를 안내하도록 했다는 점으로 알 수 있다.[7] 또한 嘉靖 32年(1553) 興化府[8]와 33年(1554) 羅源縣에의 침구[9]에서도 표류에서 침구로 이어지는 모습을 볼 수 있는데, 이런 것들을 총합해볼 때 사료상 倭寇의 침구라고 표현되더라도 실제로는 여러 가지 다른 성격의 것이었다고 짐작할 수 있다.

이런 사실만으로 본다면 石原道博의 주장은 상당히 설득력을 지니는 것처럼 여겨진다. 그러나 이것은 어디까지나 추측일 뿐이다. 특히 倭寇 집단이 중국 연해나 내륙에 일단 정착한 뒤에는 일반적으로 日本人과 中國人의 혼합 집단으로 변하고 倭寇가 활동할 때 많은 토착 도적들과 합동 작전을 펴는 예가 많다는 사실을 고려했을 때 위의 사례는 서로 모순된다. 넷째·다섯째·여섯째의 경우는 이런 면에서 부정된다.

倭寇의 침구에 대한 당시 기록들은 대부분 이와 협조한 세력들에 대해 자세히 기록하고 있다. 또한 倭寇와 구분지어 중국 海寇의 침구 사실을 병기하여 기록한 경우도 상당히 많다. 이는 倭寇에의 책임전가라

---

7) 『倭變事略』(明 采九德 撰) 卷1, 嘉靖32年, 癸丑夏4月, 21日條.

8) 明 『世宗實錄』, 嘉靖32年, 10月壬寅. "有倭舟失風, 飄至興化府南日舊寨. 登岸流劫".

9) 『羅源縣志』(明 萬曆刊本) 卷8, 「雜事志」, 時事, "嘉靖33年, 倭寇二百餘, 覆舟登岸".

는 설명과는 배치되는 현상이다.

그리고 무엇보다 이런 지방 寇賊들의 활동이나 반란의 상황에 대해 과연 倭寇에 그 책임을 전가한다고 하여 어떤 효과가 있었는가 하는 점도 의문이다. 明 정부의 입장에서는 倭寇 침구에 대한 처벌이나 기타 지방 寇賊의 침구에 대한 처벌에 큰 차별을 두고 있지 않았다.[10] 이렇게 차별을 두지 않았는데 군이 倭寇에 책임을 전가할 필요가 과연 있었을까?

특히 功을 크게 보이기 위해 倭寇를 과장했다는 부분은 石原道博의 설명 자체 내에서도 크게 모순된다. 당시 해방 책임자들에게 倭寇 侵寇 자체는 그것만으로도 충분히 처벌감이었다. 한편으로 海寇에 대한 토벌과 倭寇 토벌에 대한 포상에 별다른 차이가 없었다는 점[11]에서 倭寇가 아닌 집단을 倭寇라고 거짓 진술할 필요성도 의심된다. 또한 앞에서 살펴본 바와 같이 실제 침구시의 기록에는 倭寇 이외에 山寇 (山賊), 海寇, 기타 도적무리, 無賴, 도시 빈민 등을 어느 정도 구분하

10) 倭寇에 대한 방비 소홀은 死罪로 다스리고 있는데 이는 결코 海寇 사건을 倭寇라고 거짓 보고 할 필요가 없었음을 의미한다. 예를 들면 『廣東通志』(道光20年刊, 同治3年重刊本) 卷66, 「外志」3, 海寇에는 "永樂9年, 3月, 倭寇攻陷昌化… 廣東指揮使司奏, '…而副總兵指揮李珪, 及南海衛所遣領兵指揮千百戶徐茂等, 初不嚴兵備禦. 賊至, 又不救援. 賊去, 亦不追勦, 罪當死' 上曰, '此不可宥, 故令捕寇續罪, 如寇不獲, 皆斬'"이라고 하여 倭寇에 대한 방비 소홀을 문제 삼아 담당자들을 처벌하고 있다.

11) 倭寇를 포획하면 1인당 銀 50兩의 은상을 내린다는[『香山縣志』(嘉靖27年刊) 卷3, 「政事志」, 兵防, "獲倭賊一人, 賞銀五十兩"] 포상제도가 있었다. 그런데 嘉靖32年에 眞倭·從賊을 잡거나 참하면 1인당 銀 15兩, 從賊首는 25兩, 두목(渠魁)은 50兩의 포상 기준을 마련하여 실시하는데(明 『世宗實錄』 卷393, 嘉靖32年, 正月戊寅朔, "巡視浙江都御史王忬奏海防賞格四事. 一, 擒斬眞倭·從賊一人賞銀十五兩. 次, 從賊首二十五兩. 渠魁五十兩… 兵部覆如其言, 報可"), 여기서 보듯 양자 사이에는 기본적으로 차이가 없었다.

고 있다. 또한 假倭나 從倭의 존재에 대해 확인하고 있는 만큼 고의적
으로 은폐하거나 없던 사실을 조작해 놓았다는 주장은 설득력이 떨어
진다.

결국 石原道博의 假倭에 대한 설명은 실증적인 사료적 증거에 의한
주장이 아니라, '그랬을 것이다'라는 추측에 가까운 것이다. 또한 그의
주장은 근본적으로 현존 倭寇 관련사료를 부정하게 만든다는 더 큰 문
제가 있다. 그의 주장대로라면 倭寇와 관련된 모든 기록된 사실은 조
작이나 허위로 가득찬 못 믿을 것이 되는데, 이런 현상은 假倭의 존재
및 중국인 倭寇에 대한 강조의 결과로 결코 바람직한 것이 아니다.

2. 眞倭와 假倭의 역할

眞倭와 假倭에 대해 수적인 비율을 말하면서 구분하는 것은 이들
사이에 어떤 차이점이 있었기 때문에 가능했을 것이다. 다음은 하나의
집단 내에서 眞倭와 假倭가 어떻게 공존했는지 그 모습을 살펴볼 수
있는 한 예이다.

> 嘉靖 37年(1558) 正月 壬午, 倭寇가 漳州·泉州로부터 揭陽縣에 들어가
> 약탈하였는데 官軍이 격파하였다… 먼저 嘉靖 壬子년에 倭寇가 처음 漳州·
> 泉州를 범했을 때에는 겨우 200人이었는데, 眞倭는 열에 하나였고, 나머지는
> 모두 福建과 浙江의 通番하는 무리였다. (그들은) 정수리까지 머리를 깎고 상
> 투뭉치를 뒤로 향하게 하고 끝맺음을 하였다. 그러나 머리카락의 뿌리는 뽑지
> 않아서 眞倭인 흰 대머리인 사람들과는 스스로 구별하였고, 전투 시에는 비록
> 동행하였지만 물러나 숙식할 때에는 각각 따로 하였는데, 이것이 그 (眞倭와
> 假倭의) 다른 점이다.[12]

---

12)『廣東通志』(道光20年刊, 同治3年重刊本) 卷66,「外志」3, 海寇, "嘉靖37
   年, 正月壬午, 倭寇自漳·泉入揭陽縣劫掠, 官軍擊敗之… 先是, 嘉靖壬

위의 사료는 같은 집단에서 眞倭와 假倭가 행동을 같이 하면서도 서로 일정한 구분이 있었음을 보여준다. 假倭는 머리 모양을 倭人과 비슷하게는 했지만 서로 구분이 가능하고 무엇보다 이들이 숙식을 다르게 하고 있다는 것이다. 결국 같은 집단이라고 해도 眞倭와 假倭가 서로 어느 정도 구별되어 있음을 알 수 있다. 집단이 형성되는 과정에서 무리가 이렇게 분류되는 것은 필연적이라고도 할 수 있다.

그런데 假倭와 같이 倭人 복식을 따르는 것과 반대로 倭寇가 그 지역민의 복식으로 바꾸는 경우도 있다.[13] 이것은 현지인과 뚜렷하게 구별되지 않도록 하여 조금이라도 행동의 자유를 얻기 위한, 즉 관군의 눈을 속이려는 행위였을 것이다.

또한 倭寇는 사람을 주요한 약탈의 대상으로 삼고 있는데, 이런 '포로'들도 강제적으로 倭寇에 편입되었다. 이들은 현지의 길 안내를 위해 포로로 잡힌 경우도 있으며, 水夫로 이용되기도 했고[14] 직접 전투에도 참가했다. 明代 憑夢龍이 편찬한 『三言二拍』이라는 소설집 중 「楊八老越國奇逢」의 다음 구절은 강제로 편입된 사람들을 倭寇들이 어떻게 이용했는지를 보여준다.

子, 倭寇初犯漳·泉, 僅二百人, 眞倭十之一, 餘皆閩浙通番之徒. 翦頂前髮, 而椎髻向後, 以終之. 然髮根不斷, 與眞倭素禿者自別, 且戰雖同行, 退各宿食, 此其異也".

13) 『倭變事略』卷1, "而來服色裝束與我爲一衆, 以爲逃竄民也". 卷2, "時賊來寇多效吾鄉民裝束, 又類吾軍裝束, 混而無別".

14) 『金門志』(光緒8年刊) 卷15, 「舊事志」, 紀兵, "嘉靖39年, 4月, 於是諸鄉自危, 奔太武石穴中, 倭擄鄉人爲嚮導, 搜穴燻鼻, 乃相率竄於官澳巡司城男女萬餘人".

『倭變事略』卷1, "初賊執一民, 欲導出海口".

『日本考』(明 李言恭·郝杰 著, 汪向榮·嚴大中 校注, 中華書局, 2000年版) 卷1, 「寇術」, "寇擄我民引路取水, 早暮出入, 按籍呼名, 每處爲簿一扇, 登寫姓名, 分班點閘".

倭寇는 中國人을 발견했다고 해서 모두 죽이는 것은 아니다. 여자를 포로로 하면 하고 싶은 대로 姦淫하고 마음껏 농락한 뒤 죽이지 않고 놓아준다. 그 중에는 情을 베푸는 倭奴도 있어서 남몰래 물건을 주는 경우도 있다. 남자의 경우는 노인이나 아이들만을 죽이고 힘쓸 것 같은 남자라면 억지로 잡아 奴僕으로 쓰는데, 머리를 깎고 옻칠을 하여 倭奴로 변장시켜서 칼(刀)이나 槍을 주고 전투법을 익히게 하고, 전투시가 되면 이들을 陣頭에 세우고 나아간다. 官軍 측에서는 단지 머리만 하나 베어도 은상이 내려지기 때문에 부스럼으로 머리가 조금이라도 벗겨졌다면 普通의 良民이건 어찌되었건 그 머리를 베어 자신의 공으로 하려고 한다. 더구나 戰場에서 붙잡히면 진짜이건 가짜이건 결코 용서되지 않는다. 게다가 머리를 깎인 贋(가짜)倭奴들은 '어떻게든 살아날 수 없다면 倭寇에 의지하는 편이 낫다'라고 생각하게 되어 倭奴와 같이 흉포하게 칼을 휘두른다. 진짜 倭奴는 가짜를 陣頭에 밀어 넣어 돌진시키고 자신들은 뒤에서 전진하기 때문에 官軍은 종종 이 계략에 걸려 당하고 만다.[15]

비록 소설 속의 내용이지만 이것은 당시의 정황을 반영한 것이다. 실제로 위에서 말하고 있는 것처럼 被擄人들이 從倭로 전환되는 예가 나타난다.[16] 그리고 倭寇가 침구하여 한 지역을 점거한 뒤에 그 곳 사람들의 머리를 깎고 倭에 편입시키며, 이렇게 편입된 사람들은 오래되면 倭와 구분할 수 없다고 말한 사실도 있다.[17] 포로들을 선봉에 세우는 모습 역시 실례가 종종 나타난다.[18] 위에서 인용한 구절은 소설에서 가져온 것이기 때문에 일부 과장된 측면도 있겠지만, 被擄人들이 전투에 나서는 양상은 꽤 믿을 만하다고 하겠다.

---

15) 田中健夫, 1982, 162~163쪽에서 재인용.

16) 『福安縣志』(萬曆25年刊) 卷8,「文翰志」, 贈總戎戚南塘公平倭敍, "乃返被擄者千餘人, 其業已從賊, 卽禿而能投刃趨峰者皆勿殺".

17) 『潮州府志』(乾隆27年刊・光緖19年重刊) 卷38,「征撫」, 潮州倭寇, "徒衆所至, 破鄕寨, 盡收其少壯者而髡之, 久之與倭無異".
『福安縣志』(萬曆25年刊), 卷8,「文翰志」, 贈總戎戚南塘公平倭敍, "乃返被擄者千餘人, 其業已從賊, 卽禿而能投刃趨峰者皆勿殺".

18) 『倭變事略』卷2, "執鄕民導抵袞花鎭⋯ 命人, 先芟之賊, 以擄民爲先鋒, 使敵我兵".

倭寇가 토벌된 뒤에는 항상 많은 포로들이 해방되고 있다. 대부분의 경우 참수되거나 사로잡힌 倭寇의 수에 비해 이런 포로들의 수가 월등히 많은데, 도주한 사람들을 제외하고라도 포로로 잡혀 있다가 해방된 사람들이 한 집단 안에서 많은 수를 차지하고 있음을 알 수 있다. 물론 이들 가운데는 자발적으로 참여한 사람들이 포함되어 있을 수도 있겠지만, 포로를 포함한 집단 내에서의 수적 비율은 앞서 고찰한 구성원의 비율 문제와도 관련이 있다. 倭寇 구성원에 대한 사료에는 그 집단 속에 있는 이들 포로들도 포함되어 있는 것으로 이들을 제외한 순수 倭寇 집단의 구성원 실태와는 차이가 있을 수 있다.

3. 嘉靖時期를 전후한 倭寇 구성원의 유사성

嘉靖時期 倭寇의 집단 중에 다수의 中國人이 포함되어 있었고 주도적 역할을 했던 사람들이 있었던 것은 부인할 수 없다. 그러나 가장 대표적인 침구형태는 '勾引'의 방식이었다. 구성원의 수적 비율도 중요하지만, 침구가 이루어진 방식과 각각의 역할을 고려해볼 때 어느 한쪽이 일방적으로 실행했다는 식의 설명은 타당치 않다.

그런데, 嘉靖時期의 이러한 日本人과 中國人이 연합하여 활동하는 방식은 이미 그 이전에도 있었다는 사실에 주목할 필요가 있다. 이미 元末明初 시기부터 시작된 이러한 침구 방식은 그것이 폭력적이건 평화적이건 간에 日本·中國 양측 사람들 간에 이루어진 교류의 결과로 보아야한다.

우선 中國人들이 日本人들을 끌어들였다는 것은 이전부터 교류가 있었음이 전제가 된다. 元末明初에 활발했던 倭寇의 활동이 永樂年間 이후부터는 현저하게 줄어든다. 이 시기는 일본과 명 사이의 이른바

勘合貿易期, 즉 공무역이 진행되던 시기였다. 따라서 倭寇 활동이 半寇半商적인 모습으로 나타났기 때문에 倭寇에 대한 보고가 상대적으로 줄어들었는지도 모른다. 하지만 이러한 수적 희소성에도 불구하고 그 특성은 추출해낼 수 있다.

분명 嘉靖時期 이전에도 倭寇에 협조하는 사람들이 존재했다. 從倭라고 할 수 있는 내부 협조자의 존재가 확인되며, 이른바 '倭寇 두목'이라고 할 수 있는 존재도 이미 나타나고 있다. 예를 들어 宣德年間(1426~1435)에 劉秀는 倭船을 끌어들여 무역을 하고 있는데, 그 과정을 살펴보면 강제적인 위협에 의한 강매나 약탈 등을 행하고 있다. 또한 무역행위가 거절당했을 경우에는 무력을 동원하고 있다.[19] 그리고 正統年間(1436~1449)에도 유사한 경우를 목격할 수 있다.[20]

明初에서부터 嘉靖時期까지 똑같은 상황이 그대로 되풀이 된다고는 할 수 없을 것이다. 初期와 嘉靖時期 倭寇의 구성상 차이는 嘉靖時期에는 中國人이 다수를 점한다는 것이다. 그렇지만 양 시기 모두, 비록 수적인 비율은 다르지만 중국·일본, 혹은 그 외의 다른 지역 사람들까지 포함되어 있었고 그들 사이에서 어떤 '행위'가 이루어졌다는 것은 공통된 사실이다. 즉, 倭寇 활동은 바다를 통한 교류의 결과 가운데 하나였다.

19) 『潮州府志』(乾隆27年刊・光緖19年重刊) 卷38,「征撫」, 劉秀, "劉秀者, 倭夷通事也. 嘗引倭船入內港, 威脅各村, 長領貨數倍其直, 名曰放蘇. 不遂, 則肆剽掠. 宣德元年丙午, 導倭至饒平, 上底鄕耆民陳彝力拒之. 倭卽操戈相向, 鄕民皆避於蓮花・鯉魚二山寨. 彝曰, '此賊得志, 吾鄕危矣'. 統衆下山擊之, 捶殺其酋".
20) 『潮州府志』(乾隆27年刊・光緖19年重刊) 卷38,「征撫」, 陳萬寧.

제3절 倭寇와 鄕紳과의 관계

1. 海禁정책과 향신의 입장

동아시아 지역의 바다를 이용한 교류는 고대부터 빈번히 이루어져 왔다. 각 지역과 국가 간의 왕래는 안전한 육로를 이용하기도 했지만 비교적 자유로운 海上을 통한 교류도 활발했다.[1] 이런 교류의 연장선 상에서 동아시아의 해상을 통한 교류는 계속 되었다. 10세기부터 11세기 초에 걸쳐 宋의 商船은 일본의 각 항구에 내항하게 되었는데[2] 12세기 초, 나침반의 실용화·대형선박 건조기술의 발전 등을 배경으로 12세기부터 중국의 海商들은 남인도와 동인도네시아 지역까지 航行하게 되었다.[3] 또한 11세기에는 이미 日本의 무역항인 九州 북부의 博多에 宋人의 거류지가 형성될 정도로 일본과 중국과의 교역은 발전해 있었다.[4]

---

1) 陸上운송이 수송물량이 적고 비용은 많이 드는 데 비해 海上운송은 그 반대의 효과가 있었다(陽翰球, 「十五至十七世紀西太平洋中西航海貿易勢力的興衰」『十五十六世紀東西方歷史初學集』, 武漢大學出版社, 1985, 284쪽). 더욱이 육상에 비해 해상은 통제력이 미약했으며, 해상운송은 선박과 항해술의 발달에 따라 더욱 성행하게 되었다.

2) 森克己, 「日宋麗交通貿易年表」『日宋貿易の研究』卷末, 國書刊行會, 昭和50, 1975.

3) 和田久德, 「東南アジアの社會と國家の變貌」『岩波講座 世界歷史 13』, 岩波書店, 1974.

4) 大山喬平, 「中世の日本と東アジア」『講座日本歷史3 中世1』, 東京大出版會, 1984.

日本은 11세기 중엽부터 博多의 豪商·莊園領主 등이 高麗 방면으로 무역선을 파견하기 시작했고,[5] 12세기 南宋 성립 초에는 무역 활동이 더욱 활발해져 중국에까지 이르게 되었다.[6] 宋은 처음에는 이들 日本 海商의 교역을 허락하지 않는 태도를 취했는데,[7] 南宋 성립 후, 日本과 南宋의 관계는 상당히 밀접해졌고 그 결과로서 인적·물적 교류가 상당히 활발하게 이루어졌다.

南宋은 長江 하구의 明州를 日本과의 무역항으로 지정했으며 이를 중심으로 일본의 무역선들은 사적인 자유무역을 행했다. 元代에도 이러한 상인의 활동은 더욱 자유로워진 日本의 地方大名과 이들을 배경으로 한 상인들에 의해 수행되었다. 元代의 日元무역은 市舶司가 설치되었던 慶元(明州, 후의 寧波)이 중심이 되었다. 元朝는 私貿易을 금지하는 기본자세를 취했지만,[8] 日本 商船은 공식 무역 지정처가 아닌 福建 지역에도 내항하였고,[9] 상술한 바와 같이 각지에서 倭寇 활동이 있었던 것으로 미루어 보아 私貿易도 상당히 이루어졌음을 짐작할 수 있다.

元을 북방으로 몰아내고 漢族 왕조를 부흥시킨 明은 元末의 혼란으로 피폐해진 경제를 회복시키기 위해 적극적인 노력을 기울였고, 그

---

5) 森克己, 「日宋交通と耽羅」 『朝鮮學報』 21·22, 523쪽.

6) 특히 동아시아 해외교역에서 중요한 역할을 수행하는 琉球는 1372년 中山·山南·山北의 소왕국이 각각 明과 조공무역을 시작했다(『明史』 卷323, 「琉球傳」). 그러나, 琉球에서 출토되는 유물로 보아 琉球의 海外交易은 12~3세기부터 시작된 것으로 보인다(安里進, 「琉球王國の形成」 『アジアのなかの日本史Ⅳ』, 東京大出版會, 1992, 113~115쪽).

7) 『宋史』 卷37, 「寧宗本紀」, 慶元5年條, "秋七月甲寅, 禁高麗日本商人博(博)易銅錢". 卷44, 「理宗本紀」, 寶祐6年, 8月條, "癸卯, 詔申嚴倭船入界之禁".

8) 田中健夫, 1983, 53쪽.

9) 『元史』 卷42, 「順帝本紀」, 至正11年, 8月丁未朝.

결과 상당한 성과를 거두었다. 농업 생산력은 15세기 초에 이미 상당
한 증산의 성과를 거두었고, 明初 실행한 輪班制나 상업자본과 수공업
이 결합하는 등의 요인으로 각종 수공업이 발달했다.[10] 또한 造船 및
항해술도 前代에 비해 더욱 진일보해 있었다.[11]

특히 浙江·福建·廣東 등 沿海地域에서의 밀무역은 상당히 발전
했는데[12] 이런 밀무역은 위와 같은 明代 도시수공업의 발전[13]과 항해
술 발달을 배경으로 成化年間부터 正德年間에 이르는 동안 대형선박
에 의한 대규모 밀무역으로 발전하였다.[14]

이런 움직임은 明初부터 행해져왔던 明朝의 海禁·海防정책과는
상반된 현상이었다. 그러나 오히려 연해민의 해외진출을 엄격히 금지
한 것을 배경으로 私貿易은 海賊의 성행과 함께 더욱 발달하게 되었
다. 또 연해민들에 의한 활발한 해상활동은 沿海 지역 官豪 세력의 엄
호 아래에서 가능했었던 것이기도 했다.[15]

浙江·福建·廣東 등 연해지방 중 거대한 밀무역 거점을 형성하였
던 곳은 福建 남부의 漳州·泉州지방이다. 이 지역은 농지가 적고 척

---

10) 傅衣凌 主編, 陽國楨·陳支平 著,『明史新編』, 人民出版社, 1993. 第3章
　　 第2節「明初社會經濟的恢復和發展」참조.
11) 張鐵牛·高曉星,『中國古代海軍史』, 八一出版社, 北京, 1993, 147쪽.
12) 佐久間重南, 1953, 3~5쪽.
13) 西島定生,「16·7世紀を中心とする中國農村工業の考察」『歷史學研究』
　　 137 ; 傅衣凌 主編,『明史新編』, 人民出版社, 1993, 97~102쪽 ; 林金樹
　　 等,『中國全史 中國明代經濟史』, 人民出版社, 1994, 54~72쪽.
14) 林仁川,「明代私人海上貿易商人与"倭寇"」『中國史研究』1980.4, 100쪽.
　　 明朝에서는 巨舶의 건조 및 항행을 금지하였다(『萬曆大明會典』卷
　　 167,「刑部兵律關律」參照). 그럼에도 이런 대규모 무역을 가능하게 했
　　 던 것은 15세기 후반에 들어오면서 발전한 중국사회에서의 화폐상품경제
　　 의 보급에 수반하는 것이다.
15) 片山誠二郎, 前揭論文, 23~31쪽 ; 佐久間重南, 前揭論文, 14~19쪽.

박하여 '閩(福建)의 지역은 斥鹵磽确하여, 田은 食을 제공하지 못한다'[16]고 일컬어질 정도로 식량의 자급을 이루지 못했고, 따라서 米麥의 대부분을 다른 지역에서 수입해야만 했다. 이러한 미곡의 수입을 통해 상인의 활동이 다른 지역에 비해 일찍부터 활발하게 이루어졌으며 미곡 대신 경제성이 좋고 福建의 기후에도 적합한 사탕・과실・차・藍靛 등 이른바 상업적 농업생산이 발달하게 되었다.[17]

福建의 연해지역 사람들은 대부분 해상에 진출하여 활동했는데, 어업・항운・조선의 기술은 예로부터 중국제일[18]이라고 칭해질 정도였다. 즉 이곳은 貿易의 자유화가 이루어지지 않으면 당연히 밀무역, 혹은 海寇의 격화로 이어질 수밖에 없는, 바다를 생활의 터전으로 삼고 있던 곳이었다.[19]

그리고 이곳은 日本의 九州 및 서일본 지역과 같은 海民의 모습이 나타나는 지역이기도 하다.[20] 중앙과의 육로연결이 어려웠던 만큼, 이 지역은 중앙정치 세력이 방임하는 지역 가운데 하나였고 이 지역 향신층의 세력은 타 지역에 비해 더욱 강대해졌다.[21]

그런데 明은 해상에서 海禁政策을 실시하였다. 海禁政策은 이미 元

---

16) 顧炎武 撰,『天下郡國利病書』卷93,「福建」3, 洋稅, "閩地斥鹵磽埆, 田不供食, 以海爲生, 以洋舶爲家者十而九也".

17) 佐久間重男, 前揭論文, 7~8쪽.

18) 小葉田淳,「明代 漳泉人の海外通商發展」『東亞論叢』4 참조.

19)『鎭海衛志』(淸 陸潛鴻撰, 淸鈔本) 崇禎7年條, "夫閩漳海國也, 稱最劇以海爲主者".

20)『海澄縣志』(崇禎6年刊本) 卷1,「輿地志」, 海, "閩爲崎海, 而諸邑於最近者莫若澄, 挂帆而出, 卽谷王之戶限上也. 邑人以海爲生活, 小艇漁歌, 每截流而橫絶島 ; 巨航寶貨, 羌越舶而狎賈胡, 萬里藏岸, 此焉是托" 및「藝文志」詩, 海澄縣 四首有引 明 謝彬(邑人副使) "又, 其人專以船爲生, 禁之不可, 縱之不可, 須設法通務".

21) 佐久間重男, 前揭論文.

代에 倭寇 방지[22]와 중국인의 出海禁止[23]를 목적으로 시행했었는데, 明이 이를 계승한 것이었다. 明이 해금정책을 계승한 이유는 朝貢무역을 시야에 넣어 華夷질서를 확립하려고 했던 明朝의 이념적인 배경과 수천리에 걸친 연해지역의 안전문제에 있었다. 우선 중국연해의 '奸民'인 張士誠·方國珍의 잔당이 바다로 나가 倭寇와 결탁하여 入寇하고 있었던 것이 큰 문제가 되었다.

『明史』와 『明實錄』에 의하면 洪武 元年(1368)부터 洪武 7年(1374)까지 倭寇가 중국연안을 습격한 것은 23회 이상에 이른다. 이와 같은 倭寇의 침구는 전국 안정에 근심했던 신생왕조인 明에게는 큰 문제였다. 이에 洪武 4년(1371) 沿海民이 사사로이 바다에 나가는 것을 막도록 하는 금령을 내리게 되었고,[24] 沿海 지역의 海寇·倭寇의 피해를 예방하기 위해 적극적인 海防政策도 실시하였다.[25] 또한 洪武 5年(1372) 胡惟庸이 일본과 결탁하여 반역을 모의한 사건은 한층 海防 강화를 불러오게끔 하였다. 海禁 정책은 결국 倭寇의 도량에 대한 방

---

22) 『元史』卷21, 「成宗本紀」, 大德8年(1304), 夏4月, 丙戌條, "置千戶所, 戍(=戌)定海, 以防歲至倭船".

23) 元祖는 市舶提擧司를 설치하여 해상에서의 사무역을 방지하게 하였다가 폐지하였다. 그러나 이를 후에 다시 부활하여 중국인이 바다에 나가는 것을 금지하였다(『元史』卷94, 「百官志」, 市舶條, "大德元年, 罷行府司. 二年併澉浦, 上海入慶元市舶提擧司, 直隸中書省. 是年, 又置制用院. 七年, 以禁商下海罷之. … 延祐元年, 復立市舶提擧司, 仍禁人下蕃, 官自發船貿易").

24) 『明史』卷91, 「海防」, "洪武4年, 12月, 命靖海侯吳禎, … 且禁沿海民私出海".

25) 明은 海防의 중요성을 강조하고 있는데(『明史』卷91, 「海防」, "沿海之地, …, 島寇倭夷, 在在出沒, 故海防亦重") 明의 해방책은 수군과 관위의 설치, 전함 건조, 연해의 주기적 순찰과 감시 등을 통해 행해졌으며, 강력히 연해민들이 바다에 나가는 것을 막았다. 이런 강력한 조처로 연해민의 出海는 거의 불가능해지는 데까지 이르렀다(『明史』卷205, 「朱紈傳」, "初, 明祖定制, 片板不許下海").

지책이었다. 이런 조치는 永樂年間(1403~1424)에도 계승되었고 그 이후의 황제들에게도 마치 법적 효력을 지니는 것과 같은 祖法으로 이어졌다.[26]

이런 해금책의 시행 결과 이 시기 倭寇 및 海寇의 피해가 줄었다는 지적[27]도 있지만 이때는 明이 日本과 倭寇 방지를 위해 적극 교섭을 벌이고 그 결과 공식무역인 勘合貿易이 시작되며, 日本의 南北朝가 통합된 이후 지방의 통제가 강화되는 시기인 만큼 해금책의 시행만으로 긍정적 성과를 거두었다고 단정하기는 힘들다. 특히, 16세기 倭寇의 격화가 지나친 海防정책의 강행이었다는 점을 생각해볼 때 해방정책이 倭寇방지에 효과적 성과를 거두었는지는 의문이다.

이런 효과의 유무와는 별도로 해방정책은 시행초기에 강남지역의 사무역자들에게 커다란 타격을 주었다. 그러나, 이와 함께 해외무역은 더욱 큰 이익을 가져다주는 사업이 되었다.

明初부터 浙江 · 福建 · 廣東 등에서 연해민의 밀무역 활동은 전대에 이어 상당히 성행하였다.[28] 특히 15세기 후반에서 16세기 사이에 소규모의 밀무역에서 대형 선박에 의한 해외지역, 특히 南海 출항 무역이라는 대규모 무역으로 발전하게 되었다.[29] 이러한 해외 밀무역의

---

26) 海禁정책은 隆慶元年(1567) 福建巡撫 塗澤民의 上奏로 명초 이래 약 200년간에 걸쳐 시행된 해금령이 해제되게 된다. 그러나 이 이전부터 그러한 움직임은 보이고 있으며, 해금령이 철폐되기 10년 전인 弘治 3년(1557) 포루투칼인이 마카오 거주를 허락받은 것도 그러한 조치의 하나였다.

27) 鄭樑生, 「明朝海禁與日本關係」『漢學研究』 1-1, 1983, 146쪽.

28) 佐久間重男, 「明代海外私貿易の歷史的背景－福建省を中心として－」『史學雜誌』 62-1, 昭和28(1953), 3~4쪽.

29) 片山誠二郎, 「明代海上密貿易と沿海地方鄕紳層－朱紈の海禁政策强行とその挫折の過程を通しての一考察－」『歷史學研究』 164, 昭和28(1953), 23쪽.

주도자들은 지방의 鄕紳들이었다. 鄕紳은 시장을 개설하고 아행에 간
여하며, 고리대 경영이나 객상에게 자본을 공급하는 역할을 수행하고,
소금 밀매나 해상 밀무역에도 참여하고 수공업에 간여하는 등 시장이
나 상품유통 구조를 지배하고 있었다.[30]

15세기말 成化·弘治년간 이래 '豪門'·'巨室'에 의한 대형 선박의
해외출항무역이 시작되었고,[31] 正德年間(1506~1521)에 豪民의 출항
은 더욱 활발해져서 법률로도 금하는 것이 불가능해지는 상태가 되었
다.[32] 이런 당시 상황의 일면을 다음과 같은 예에서 살펴볼 수 있다.

　　富家는 자본을 가지고 빈천한 사람은 그에 고용(傭)되어 中華의 산물을 (해
　외로) 가져나가 그것을 遠國으로 가져가서 그 지역의 방물과 바꾸어 돌아오면
　博利라도 10배의 이익을 얻을 수 있었다. 그래서 백성이 이를 좋아하여 사법
　망이 있어도 아무 소용이 없었다.[33]

위와 같이 밀무역은 큰 이익을 가져다 주었고 이러한 이익은 해당
지역에서 부의 축적을 이룰 수 있게 해주었다. 예를 들어 다음은 漳州

30) 吳金成,「明·淸時代의 國家權力과 紳士」『講座 中國史Ⅳ-帝國秩序의
　　完成-』, 지식산업사, 1989, 221~222쪽.
31) 張燮,『東西洋考』卷7, 餉稅考, "成·弘之際, 豪門·巨室間有乘巨艦貿易
　　海外者. 奸人陰開利竇, 而官人不得顯收其利權. …至嘉靖而弊極矣".
32)『漳州府志』(崇禎元年刊) 卷3,「輿地志」上, 建置沿革, "海澄縣在漳東南….
　　正德間, 豪民私造巨舶, 揚帆他國以與夷市. 久之誘寇內訌, 所司法繩不能
　　止" 및『閩書』(崇禎刊配補鈔本) 卷6,「方域志」, 泉州府海澄縣, "皇朝正
　　德以來, 惡少私出, 貨番誘寇, 禁之不止".
33)『海澄縣志』(崇禎6年刊) 卷11, 風土, 風俗考, "有力者往往就海波爲阡陌,
　　倚帆檣爲來耜. 凡捕魚緯簫之徒咸奔徒焉. 蓋富家以貨, 貧人以傭, 輸中華
　　之產, 騁彼遠國, 易其方物, 以歸博利十倍. 故民樂之, 雖有司密網, 間成竭
　　澤之漁. … 十方巨賈競騖爭馳, 眞是繁華世界 … 成弘之際, 稱小蘇杭者
　　非月港乎".

의 月港이 밀무역으로 어느 정도의 부를 축적했는지 보여준다.

> 月港지방은 府城과 떨어진 것이 40리로 山을 뒤로 하고 바다에 접하며 민
> 거는 수백가이다. (외국의) 방물 가운데 진귀한 것을 집마다 창고에 저장하고 있
> 고 戶마다 가득하다. 그리고 東으로 일본에 이어지고, 西는 暹球에 접하며….[34]

많은 이익을 거두게 해준 밀무역의 발전은 공적 무역인 市舶司가
제대로 그 기능을 수행하지 못하게 된 것과도 관련이 있다. 正德말부
터 嘉靖초에 걸쳐 廣東(廣州) · 福建(福州) · 浙江(寧波)의 세 市舶司가
사실상 폐쇄되었다. 廣州 시박사는 正德 말년의 포르투갈선 驅逐을 위
한 海禁에 의해, 寧波 시박사는 嘉靖 2년(1523) 日本 勘合貿易 사절
단 사이에 일어난 공방인, 이른바 寧波의 亂에 의해서 폐쇄되었고, 泉
州에서 福州로 이동된 福建 시박사는 이미 그 이전부터 呂宋 · 琉球로
부터 貢舶의 내항이 거의 끊겨 유명무실화되었다.[35] 공무역이 불가능
해지자 이에 참여했던 사람들도 밀무역으로 전환하게 되었고 이에 밀
무역은 더욱더 성황을 이루게 되었다.

2. 倭寇와 鄕紳의 관계와 변천

향신층의 해외 밀무역 활동은 鄕紳과 倭寇와의 관련성을 논할 때,
倭寇를 밀무역자 또는 사무역자로 보는 견해와 연계하여 양자 간에는
밀접한 관계가 있었다고 주로 평가되었다. 예를 들어 萬表의 『海寇議』
에 의한 다음과 같은 사실은 勢豪(鄕紳) 내지 官司와의 밀착 관계를
보여준다.

---

34) 朱紈, 『甓餘雜集』 卷2, 「閱視海防事」.
35) 小葉田淳, 『中世日支通交貿易史の硏究』, 刀江書院, 1941.

　　(汪)五峰은 그가 거느린 많은 배를 毛海峰(毛烈)·徐碧溪(徐惟學)·徐元亮
등에게 이를 分領시키고, 이로써 해상에서 왕래하며 사방으로 겁략하였는데
番船의 출입에는 (定海)關도 머무는 것을 막지 않았다. 그래서 興販의 무리는
蘇州·杭州에 紛錯하여 공공연히 꺼리는 바가 없었다. 가까운 곳의 백성들은
혹은 時鮮을 보내고, 혹은 술과 쌀을 보내고, 혹은 자녀를 바쳤는데 계속 이어
져 끊이지 않았다. 邊衛의 官에는 紅袍玉帶를 바치는 자가 있었다. 把總 張四
維와 같이 柴德美와의 교류가 두터워 五峰과 왕래하여 素로부터 熟近이 되자
곧 拜伏叩頭하여 흡족히 臣僕이 되어 送貨를 이루었다.[36]

　　위는 王直의 경우인데, 밀무역자가 성행할 수 있었던 이유 가운데
하나는 이처럼 官에서의 방조적인 태도 때문이기도 했다.[37] 또한 官司
와 鄕紳과 倭寇의 연관관계에 대해서 海防 책임자였던 朱紈의 다음
진술도 3자의 연결을 말해주는 유력한 증거로 이용되어 왔다.

　　　　이들 鄕官은 한 지방의 해독이다. … 바다로 나가 夷人들과 통상하는 자들
　　　은 그들의 자본을 빌리고 그들의 사람과 배로 적을 두고 아무 관청(府)을 칭
　　　하고 활동하며 출입함을 거리낌 없이 하였다. 배가 화물을 싣고 돌아오면 먼
　　　저 빌린 원금을 제하고 원금과 이자를 서로 비교하여 그 나머지 장물을 균등
　　　히 나눈다.[38]

　　이는 倭寇를 '下海通番之人' 즉 海寇와 동일시했을 경우에는 확실
히 官司·鄕紳과 倭寇 사이의 관계를 나타내는 자료라고 할 수 있다.
그러나, 朱紈이 浙江巡撫로 임명된 嘉靖 26年(1547)의 연해 밀무역 상

36) 萬表, 『海寇議』(藝文印書館 『百部叢書集成』 所收).

37) 『閩書』(崇禎刊配補鈔本) 卷45, 「文涖志」, 鎭守撫臣, 朱紈, "27年, 復至漳
　　州月港·浯澳等處, 各地方官當其入港, 既不能覊留人貨, 疏聞廟堂, 反受
　　其私賂, 縱容停消, 使內國奸徒交通無忌".

38) 『甓餘雜集』 卷2, 「閱視海防事」, "此等鄕官乃一方之蠹. … 下海通番之人
　　借其貨本, 籍其人船, 動秤某府, 出入無忌. 船貨回還, 先除原借, 相對本
　　利, 其餘臟物平分".

황은 밀무역은 하되 직접적인 약탈행위를 한 것은 극히 소수에 불과했
다. 오히려 朱紈이 雙嶼와 月港과 같은 당시 밀무역의 근거지에 공격
을 가해 궤멸시킨 것이 흔히 嘉靖大倭寇의 원인으로 지적되는 것처럼
朱紈의 조치가 오히려 폭력적 상황을 부른 화가 된 면이 있으며, 朱紈
이 위와 같이 진술할 당시의 상황은 이른바 '倭寇的 상황'이 아니었다.

한편, 倭寇에 대한 성격을 규정할 때, 沿海지역 향신층인 대자본가
에 대한 중소상인층의 자립운동으로 파악하는 경우가 있다. 片山誠二
郎은 일찍이 王直 집단에 의한 일종의 해상 반란의 성격을 본질적으로
연해 향신층에 대항하여 合資資本을 이룬 自立的 중소상인층과 이들
이 지도한 연해지방 일대의 광범위한 빈민층의 세력에 의해 발생한 것
이며 王直 등은 이 자립적 상인층의 대표라는 견해[39]를 피력한 바 있
는데, 이후 이러한 취지로 倭寇와 海寇의 성격을 설명하는 것이 일반
화 되었다.[40]

그러나 倭寇와 밀무역자인 海寇를 동일시하더라도 이러한 鄕紳과
倭寇와의 부정적인 면은 倭寇의 침구 사실과 그 피해, 그리고 이에 대
한 향신층의 태도를 통해 나타난다. 우선 片山誠二郎의 주장과 같은
설명 자체에서도 倭寇와 鄕紳의 관계는 부정적인 것이 된다. 倭寇가
밀무역 상인이며 鄕紳이 막대한 이익을 가져다주는 대외 밀무역에 종
사했다는 사실만으로 단순히 倭寇의 뒤에 鄕紳이 존재했다는 일방적
인 도식은 성립되지 않는다.

먼저 倭寇를 단순히 밀무역자로 보는 방식에 문제가 있다. 많은 사
료에서 嘉靖時期 倭寇 촉발 시기로 嘉靖 壬子年 즉 嘉靖 31년(1552)

---

39) 片山誠二郎, 「嘉靖海寇反亂の一考察－王直一黨の反亂を中心に－」 『東
    洋史學論叢』4 참조.
40) 尹誠翊, 「明代 倭寇論에 대한 재고찰」 『明淸史研究』14, 2001 참조.

을 들고 있지만, 그 이전에 이미 王直 등이 밀무역을 행하고 있었고
倭寇 침구 사실 또한 사료상으로 나타난다. 그런데 굳이 1552년이라는
시점을 설정한 이유는 이 무렵을 전후하여 倭寇의 성격에 큰 변화가
나타나기 때문이다.[41]

한편 王直 이외의 海寇 지도자들 가운데는 애초부터 향신층이나 官
司와는 가까이 할 수 없는 출신자들이 많았다. 嘉靖倭寇의 시작시기
지도자였던 李光頭와 許棟은 본래 福建의 죄인 출신으로 바다로 도망
쳐 무리를 형성하고 倭人과 勾引하여 약탈행위를 펼쳤고,[42] 본래 하위
관리였지만 살인을 한 뒤에 海寇가 된 張璉의 경우[43]도 있다. 그리고
倭寇 지도자라고 할 수는 없지만 관리였으나 죄를 지어 倭寇에 가담
했던 경우[44]도 있으며 倭寇 토벌의 패배에 대한 상관의 처사[45]나 대

---

41) 그 전해인 1551년 王直은 廣東의 해구인 陳四眄 집단을 공격하고 陳四眄
   를 죽여 관사에 받치면서 그 대가로 무역에 대한 허가를 요청했으나 거절
   당하는데[『閩書』(崇禎刊配補鈔本) 卷246, 「島夷志」, "而廣東有海賊陳四
   眄者, 自爲一黨. 直計殺之, 扣關獻捷, 以求關市. 官司弗許, 賜米百石而已.
   直大詬, 投米海中, 益入盜"], 이것이 그가 본격적인 해적으로 전환된 계
   기가 된다. 물론 이전에도 王直이 향신층과 대립하여 침구하는 경우도 있
   었지만(『世宗實錄』, 嘉靖28年, 7月戊辰朔, 壬申條 "按海上之事, 初起于
   內地, 奸商王直徐海等, 常蘭出中國財物, 與番客市易, 皆主于餘姚謝氏.
   久之謝氏頗抑勒其値, 諸奸索之急, 謝氏度負多不能償. 則以言恐之曰, 吾
   將首汝于官. 諸奸旣恨且懼, 乃糾合徒黨番客, 夜劫謝氏火其居, 殺男女數
   人, 大掠而去") 이 사건을 계기로 王直이 일본으로 건너가 五島에 근거지
   를 두고 본격적인 침구 행위로 나서며 기타 다른 집단의 침구 행위도 급
   증하기 때문에 이 시기를 하나의 기준으로 삼은 듯하다.
42) 『福州府志』(乾隆19年刊) 卷13, 「海防」, 倭寇福州始末附. "明嘉靖19年庚
   子, 賊李光頭·許棟引倭聚雙嶼港爲巢, 分掠福建·浙江. 光頭者福人, 許
   棟歙人許二也. 皆以罪繫福建獄, 逸入海, 勾引倭衆聚雙嶼港. 其黨王直·
   徐惟學·葉宗滿·謝和·方廷助等, 出沒諸番, 分艘剽掠, 而海上始多事矣".
43) 『潮州府志』(乾隆27年刊·光緒19年重刊本) 卷38, 「征撫」, 張璉, "張璉,
   饒平烏石邨人. 性狡點, 初爲庫吏, 殺人亡命, 投窖賊鄭八爲亂".

우에 대한 불만[46]으로 倭寇 내지는 海寇에 합세한 군인 출신자들도
있다. 또한 李大用 세력의 유지를 이어 받아 큰 세력을 형성했던 吳平
은 노비 출신이었다.[47]

출신만으로 파악하는 것에 다소 무리가 있을 수도 있으나 이러한 출
신성분의 사람들과 향신층과의 관계는 부정적인 측면이 많다고 할 수
있다. 그리고 앞서 살펴본 바와 같이 倭寇에 가담한 사람들 가운데에
는 반사회적인 성분의 사람들이 많이 참여하고 있는데, 이들이 기득권
자인 鄕紳들에게 호의를 가지고 있었다고는 생각각기 어렵다.

또한 이런 倭寇와 향신과의 부정적인 관계는 무엇보다 倭寇의 침구
행위 내용을 통해 더욱 확연해진다. 倭寇의 침구 행위는 상당히 파괴
적인 행동이었고 그 피해도 대단했는데, 침구 목적이 우선 경제적인
것에 있었으므로 경제적 능력을 갖춘 향신층의 피해가 컸다. 일례로
嘉靖 41년(1562) 饒平賊이 倭寇와 勾引하여 漳州일대에서 대대적인
침구행위를 벌이고 있는데 이때,

---

44) 『粤大記』(明 郭棐等編, 明刊本) 卷32, 「政事類」, 海防, 景泰3年, 夏4月,
"海寇寇掠海豊新會, 備倭都指揮僉事王俊, 有罪伏誅. 時海寇寇海豊·新
會, 甚猖獗. 總兵董興, 使都指揮僉事杜信往剿之. 被殺備倭指揮僉事王俊,
追至清水澳, 不及. 還至荔枝灣海面, 獲白船一隻, 俊取其檳榔·蘇木等物,
縱賊開洋而遁. 事發, 追出俊贓, 奏聞俊當斬. 奉旨, '就彼處決, 號令於是,
誅俊梟之'".

45) 『潮州府志』(乾隆27年刊·光緒19年重刊本) 卷38, 「征撫」, 曾一本, "時雷
瓊參將耿宗元, 馭下嚴, 聲言欲斬敗將廖鳳等四人. 會宗元閱兵, 鳳等鼓噪
殺宗元, 執通判潘槐去, 與一本合, 屯兵平山".

46) 『潮州府志』(乾隆27年刊·光緒19年重刊本) 卷38, 「征撫」, 譚允傳, "譚允
傳者柘林營兵也, 時州縣疊俓倭亂, 府藏告匱, 兵餉不繼. 允傳輒爲戎, 首
倡衆攘奪商船, 揚帆抵廣城, 省兵拒之, 不克, 允傳等沿海益肆剽掠".

47) 『潮州府志』(乾隆27年刊·光緒19年重刊本) 卷38, 「征撫」, 吳平, "吳平, 詔
安四都人.… 曾爲人奴, 其主善遇之. 主母嘗苦平, 遂逃去爲盜".

饒寇가 倭寇를 도와 성(漳浦縣城) 밖에서 거처와 집들을 거의 모두 불태웠다. 그리고 무덤을 파헤쳐 銀을 찾고, 부호들에 돈을 받고 (목숨을) 대속해주었는데 大家의 피해는 더욱 비참했다.[48]

라고 하여 大家인 향신층의 피해가 심했음을 말해 주고 있다. 또한 아래와 같은 예를 통해 倭寇의 침탈 대상이 향신층과 관련 있음을 알 수 있다.

嘉靖 37年(1558) 戊午 正月, 倭가 잇달아 배를 梅花·定海 등에 정박하고 남녀들을 살해했는데 참상이 극에 달했다. 富家의 아이를 납치하여 길에 그 이름을 게시하고 (재물로) 대속하게 했다.[49]

嘉靖 40年(1561) 7月, 大路를 가로 막고 응시하는 諸生들을 잡아, 票를 주고 억지로 (그것을) 돈을 주고 사게 하였는데 그 수가 셀 수 없이 많았다.[50]

富家의 아이들을 납치하고 돈을 요구하거나 길을 막고 과거에 응시하러 가는 사람들에게 돈을 받아내고 있다. 이렇게 돈을 요구할 수 있는 대상들은 지불 능력이 있는 주로 鄕紳층의 사람들이었다.

또한 침구한 지역의 사람을 붙잡아 富家의 집을 안내하게 하여 그 집들을 돌아다니며 焚掠한 경우도 있다.[51] 그리고 倭寇들은 분묘를 파헤쳐서 시신을 매매하기도 했는데, 이런 시신 매매의 대상도 주로 비싼 가격을 받을 수 있는 大家나 富家, 즉 鄕紳층이었음을 쉽게 짐작할

---

48) 『漳州府志』(萬曆元年刊) 卷20, 「漳浦縣」, 雜志, 兵亂, 嘉靖41年, "饒寇援 倭寇于城外, 廬舍幾盡, 及發塚索銀, 取贖富室, 大家被禍尤慘".
49) 『籌海圖編』, 「參通志」, 縣志, 嘉靖37年, 戊午正月, "倭連艘泊梅花·定海 諸處, 戕殺男女, 備極慘毒. 掠富家兒, 揭名於路, 令行贖".
50) 『泉州府志』(萬曆40年刊) 卷24, 「雜志」, 海賊類, (嘉靖40年) "7月, 出遷遊 大路截擄應試諸生, 給票勒贖, 不計其數".
51) 『倭變事略』 卷4, "執民導至富家徧掠".

수 있다.[52]

무엇보다 倭寇들이 약탈행위를 할 때에는 목숨까지도 위태로운 경우가 많았다. 다음과 같은 경우를 보자.

> 嘉靖 42年(1563) 11月 28日 밤, 5人이 성(興化城)에서 살인하고, 倭가 이 난에 편승하여 성을 공격하자 성이 마침내 함락되었다. (倭寇가) 성에 3개월 동안 머물며 署印同知 1人, 士夫 10여 人, 大家 · 小民을 무수히 죽였으며, 죽임을 당하지 않은 자는 갖은 굴욕을 당하였다.[53]

물론 단지 향신 계층의 '大家'들만 피해를 입은 것은 아니었지만, 단순히 재물로 대속이 가능하지 않았음을 보여준다고 하겠다.

이런 상황은 결코 鄕紳들에게는 바람직한 현상이 아니었다. 倭寇에 의한 피해는 반드시 鄕紳에게만 국한된 것이 아니었지만 그들에게는 특히 중대한 문제였다. 따라서 별다른 성과를 거두지 못하고 있던 官軍에 의존하지 않고 직접 倭寇에 대해 적극적으로 이를 방비하고 퇴치하게끔 나서게 되었다.

鄕紳이 자신의 사재를 털어 병사를 모으거나 방비를 강화하는 예를 몇 가지 들어보면 다음과 같은 사례들이 있다.

---

52) 『閩書』(崇禎刊配補鈔本) 卷246, 「島夷志」, "掠行人, 發墳塚, 量其家貲索贖".
　『泉州府志』(萬曆40年刊) 卷13, 「武衛志」下, 武蹟, 歐陽深, "嘉靖丁巳以後, 閩被倭害日慘. 壬戌, 復合叛民數萬, 發掘墳墓, 求貲贖尸, 人益洶洶".
　『興化府志』(萬曆3年刊) 卷4, 「官師志」, 武列, "先是, 漳州有惡少謝愛夫者, 數往來倭國, 習夷語, 號謝半番. 結二十四將, 爲倭羽翼. 焚掘泉州士大夫家墳墓. 深之先塚, 亦在掘中".

53) 『泉州府志』(萬曆40年刊) 卷24, 「雜志」, 海賊類(嘉靖42年), "11月28日夜, 五人在城殺人, 倭乘亂攻城, 城遂陷. 據三月, 凡殺署印同知一人, 士夫十餘人, 大家小民無數. 卽不殺者, 備極窘辱".

周世綱은 海澄人이다. 正統년간에, 鄧寇가 郡의 城을 공격하자, 世綱이 사사로이 400여 석을 지원하여 관청의 수성을 도왔다.[54]

吳汝韜는 長泰人이다. … 嘉靖 戊午년(37년, 1558) 겨울, 倭寇가 침략하였다. … 韜는 자식과 조카를 거느리고 대응하였다. 적들은 더욱더 격렬하게 공격하였고,… 모두 있는 힘을 다해 싸우다 죽었다.[55]

뒤이어 後浦를 공격하자 鄕紳인 許廷用은 同安令 譚維鼎에게 서신을 보내고 鎗手를 얻어 방어하였지만 적의 기세를 당해낼 수 없었다.[56]

嘉靖 39년, 倭寇가 永春에 이르자, 知縣 萬以忠이 城을 버리고 도주하자, 도적들이 방화와 노략질을 마음대로 하였다. 義民 尤濂·許時佐가 더불어 막아내 많은 (왜구들의) 목을 베었다. 계속 승리하여 끝까지 추격하였는데, 병사들이 보충되지 않아 결국은 죽었다.[57]

軸川鎭城은… 원래 성이 없었다. 嘉靖 37년(1558) 倭寇가 惠安을 공격하자 축성을 논의하였고,… 41년(1562) 知縣 陳玉城·蕭繼美가 서로 계속해서 이 성을 완성하였고, 生員 江贊卿에게 부역의 감독을 위임하였다. 지경이 (자기의) 가산을 기부하여 비용을 도와 비로소 성을 완성하였다.[58]

嘉靖말에 倭寇가 연이어 입경하여 (노략질로) 유린하자 李堯卿은 가산을 내어 장정들을 모집해 싸워서 10여 인을 사로잡아 군대에 넘겼다. 陳模의 字는 君則인데, 嘉靖말에 倭寇들이 해상을 유린하자 模가 재물을 풀어 병사들을 모아서 도적들을 죽일 것을 기약하였다.[59]

---

54) 『漳州府志』(崇禎元年刊) 卷24,「人物志」, 國朝列傳, 義行, "周世綱, 海澄人. 正統間, 鄧寇攻郡城, 世綱運私米四百餘石助官府防守".

55) 『漳州府志』(崇禎元年刊) 卷24,「人物志」, 國朝列傳, 勇烈, "吳汝韜, 長泰人… 嘉靖戊午冬(37年, 1558), 倭寇入境… 韜, 首率子姪應焉… 賊益要擊… 皆戮力死戰".

56) 『金門志』(光緒8年刊) 卷15,「舊事志」, 紀兵, "(嘉靖39年, 4月) 以次攻, 鄕紳許廷用, 馳書同安令譚維鼎, 得鎗手捍禦, 勢不敵".

57) 『永春州志』(康熙22年刊) 卷34,「祥異志」, "嘉靖39年, 倭寇至永春, 知縣萬以忠, 棄城遁, 賊肆焚掠. 義民尤濂·許時佐與禦, 大有斬獲. 乘勝窮追, 兵弗繼, 死之".

58) 『泉州府志』(萬曆40年刊) 卷4,「規制志」上, 城池, 安平鎭城, "軸川鎭城… 舊無城. 嘉靖37年, 倭寇攻惠安, 議築城… 41年, 知縣陳玉城·蕭繼美先後成之, 委生員江贊卿董役. 贊卿損家貲佐費, 城酒完".

> 童乾震은 含山人으로… 乾震은 지조와 덕행이 매우 높아 縉紳이 그를 중하게 여겼다. 嘉靖시기 浙直의 여러 郡들은 태평한 날이 오래되자 장수와 병사들이 나약해져 항상 허망하게 관위상승만 추구하여 乾震은 그것을 분개하였다. 乙卯(嘉靖 34, 1555)에, 倭奴가 노략질하려고 해안으로 올라와 福淸을 범하고 다시 남하하였다. 乾震과 병사 300인은 격문에 따랐는데, 乾震은 가난했기 때문에 돈을 빌려 객병을 모았으며 가족들과 작별하고 떠났다.60)

이와 같이 단순히 사재를 내놓아 군에 도움을 주는 경우도 있지만, 그러한 단계를 넘어서 직접 사재를 털어서 병사를 모으거나 집안 사람들까지 동원하며 倭寇 침구에 맞서고 있다.

특히 嘉靖 39年(1560), 倭寇가 永春에 도래했을 때의 상황은 방어 담당자가 도망친 후에 몇몇 사람이 스스로 나서서 倭寇에 대적하고 자비를 대어 성을 쌓는 등 방비에도 적극적으로 나서고 있다. 마지막 童乾震의 경우는 그가 빈곤하다는 것으로 미루어 반드시 鄕紳 출신이라고 할 수는 없지만 돈을 빌려 쓴 대상, 다시 말하면 자금을 댄 사람들은 鄕紳일 가능성이 높다. 縉紳들이 그를 중시했다는 점도 하나의 증거인데, 자금력이 있는 鄕紳들이 그를 통해 倭寇 방비를 대신하게 했다고 생각할 수 있다.

이러한 鄕紳들의 적극적인 倭寇에 대한 대처가 倭寇 종식에 크게 작용했음은 물론이다. 물론 倭寇의 종식은 많은 요인들이 작용한 결과지만 향신들의 적극적인 행동 또한 그 주요한 원인의 한 가지였던 것

---

59) 『連江縣志』卷29,「孝友志」, 鄕行, "李堯卿… 嘉靖末, 倭躝連界, 堯卿捐家貲募壯士與戰, 俘其渠十餘人, 獻之軍門. 陳模字君則… 嘉靖末, 倭躝海上, 模散財結死士, 期殺賊".

60) 『泉州府志』(萬曆40年刊) 卷13,「武衛志」下, 武蹟, "童乾震, 含山人… 乾震志行卓立, 縉紳重之. 嘉靖浙直等郡. 時太平日久, 將怯兵弱, 輒虛冒陞賞, 乾震居常憤之. 至乙卯, 倭奴入寇, 由海口登岸, 氾福淸, 勢且南下. 當道檄乾震與兵三百, 震故貧, 貸金結客, 與家人訣而行".

이다. 鄕紳들의 이러한 태도는 倭寇와 鄕紳과의 관계가 항구적인 일원
적 관계가 아니었으며, 특히 약탈행위가 심해진 이후에는 상당히 부정
적이었음을 말해주는 것이다.

제3장 嘉靖時期 倭寇 활동의
증폭 요인과 활동의 양상

제1절 倭寇 활동의 팽창요인

1. 明의 대외정책과 明·日의 勘合貿易체제

이민족인 몽고족을 몰아내고 漢族 왕조를 다시 건립한 明은 漢族과
漢文化 회복에 노력하였고, 그런 목표 하에 宋代 이래의 道學思想을
강조하고 주변의 이민족들에 대해서는 중국 전통의 華夷思想을 강요
하였다. 明의 대외정책은 宗主와 藩屬을 기본으로 하는 華夷思想에
근간을 두었다.[1] 이와 같은 책봉체제는 古來 中國과 아시아의 주변 국
가들 간에 형성되어 왔던 會盟體制·修貢體制·體制外交交涉關係
등을 잇는 統屬關係의 한 형태를 이루고 있다.

또한 中華的 世界觀[2]에 기초하여 이웃 국가 및 민족과는 朝貢과 賞

---

1) 明 『太祖實錄』 卷37, 洪武元年, 12月 壬辰條, "昔帝王之天下, 凡日月所
照, 無有遠近, 一視同仁. 故中國尊安, 四方得所, 非有意于臣服也".

2) 中華와 통상 四夷로 묘사되는 異民族은 中國 내부에 성립해 있는 王侯制
나 郡縣制와 원리적으로 무관계인 것이 아니다. 중국 측에서 본다면 皇帝
의 德化를 원칙으로 皇帝가 제정한 예와 법의 보급 정도차를 기준으로 하

賜 또는 回賜라고 하는 국가와 국가 간의 公貿易만을 정상적인 경제
교류 형태로 공인하였고 그 이외의 것은 모두 密貿易으로 간주하였다.
朝貢체제는 본래 國內·國外로 이분된 별개의 통치체제가 아닌 國內
통치를 외부로 확대한 것이다.3) 이것은 책봉관계 아래에 있는 국가들
에게 국제적인 안정보장체제로서의 성격을 갖는 동시에, 동아시아 국
가들의 경제를 지탱하고 있던 국제 무역을 하나의 질서로 편성시켜가
는 역할도 하였다.4)

　明朝는 '자국에 해를 끼치지 않는다면 무력을 사용하여 정벌하지 않
는다'5)고 하는 것이 朝貢시스템에서의 기본 방침이었으며, 內政不干
涉 및 對外興兵不可論의 방침을 지켜갔다. 따라서 직접적인 위험요소
로 대대로 중국왕조들에게 인식되었던 北方民族을 제외한 주변 동아
시아 각지에서의 政治的·經濟的 변화에 대해서는 적극적인 규제와
개입을 하지 않았다.6) 日本과의 冊封관계 수립 과정은 이런 明의 입장
을 잘 대변해주는데, 明과 日本간 책봉관계 수립의 주된 이유는 元末
明初 피해가 극심했던 倭寇문제 해결 때문이었다.

　이렇듯 明朝가 책봉관계를 맺는 것은 華夷사상에 근거한 원칙보다

여 내외를 일체의 세계로 보는 체제가 冊封體制이며, 국제적 질서를 帝
德·禮·法·王化에 의해 구성된 중국의 국내적 질서의 연장으로 이해했
다(栗原朋信, 「漢の國家構造とその理念」 『史學雜誌』, 72-12, 1968 참조).

3) 浜下武志, 『近代中國の國際的契機－朝貢貿易システムと近代アジアー』,
東京大學出版會, 1990, 30쪽.

4) 佐々木銀彌, 「東アジア貿易圈の形成と國際認識」 『岩波講座 日本歷史
7－中世3－』, 岩波書店, 1976, 109쪽.

5) 明 『太祖實錄』 卷68, 洪武4年, 9月辛未條, "海外蠻夷之國, 有爲患中國
者不得不討, 不爲中國患者, 不可輒自興兵. … 彼不爲中國患者, 朕決不
伐之".

6) 中村榮孝, 「明太祖の祖訓に見える對外關係條文」 『日鮮關係史の研究』, 吉
川弘文館, 1970, 80쪽.

는 현실적 고려가 우선했다. 朝貢체제가 統治關係라는 면보다 실질적으로는 交易關係에 의해 유지되었던 것[7]도 이 때문이다. 책봉체제 안에서 정치적·경제적·문화적으로 明을 구심점으로 묶여 있었던 동아시아 각국들은 각각 독자적으로 統屬관계나 국지적인 通商貿易圈을 형성하고 있었다. 따라서 경제문제에 대한 기본 방침이 國家 對 國家 간의 交易만을 인정하는 것이었음에도 불구하고, 실제는 반드시 그러한 것만은 아니었다.

그렇지만 明朝는 대외적으로 해외로부터의 主權者 명의로 파견된 朝貢使節團과의 무역만을 인정하고 그 이외 外國船의 내항은 엄격히 금지하였으며 아울러 내지인의 海外渡航을 금지하는 海禁政策을 시행하였다. 따라서 중국과의 무역을 원하는 여러 지역의 상인이나 상선들은 朝貢사절단에 포함되어 수행하는 외에는 별다른 방법이 없었다. 이 때문에 수행자의 상당수는 商人이었고 이들이 휴대하는 물건은 특별한 일이 없는 한 明朝에서 사들이게끔 되어 있었다. 이렇게 朝貢의 형식을 빌어 행하는 무역형태를 朝貢貿易이라고 하는데, 이 朝貢貿易 이외는 모두 密貿易으로 금지했다. 그리고 이 제도는 만약 明에게 反抗的 행위나 태도를 취할 경우에는 朝貢을 금지하는 일종의 경계기능도 갖고 있었다.

朝貢貿易을 위해 중국에 오는 사절단이나 朝貢船은 각 지역의 國王이나 군주가 皇帝에게 바치는 외교문서인 表文이나 勘合을 휴대해야했다. 勘合은 정식 허가를 받은 貿易船이라는 증거로 이용되었는데 明朝가 각국에 수여한 割符로 배 한 척당 1매를 소지하도록 되어 있었다. 勘合은 洪武 16年(1383) 暹羅·眞臘·占城 등에 처음으로 주

---

7) 浜下武志,『近代中國の國際的契機－朝貢貿易システムと近代アジア－』, 東京大學出版會, 1990, 33쪽.

어졌으며,8) 日本에는 永樂 2年(1404)에 지급되었다. 그러나 모든 朝
貢國에 감합을 지급한 것은 아니며 朝鮮과 琉球는 예외로 주어지지
않았다.9)

이와 함께 각국의 朝貢에는 '三年一貢', '五年一貢', '十年一貢' 등
주로 거리 및 우호관계의 편차에 의해 조공 기간이 제한되었다. 또한
선박의 수와 인원에도 제한을 두었다. 日本은 '十年一貢, 1회당 선박
3척·300명'으로 규정되었지만10) 이러한 규제가 반드시 지켜진 것 같
지는 않다.

〈표 1〉 遣明船 파견의 규모

回數		年/月	內港人員	上京人員	船數	備考
1	永樂	元/10			38	선박수는 永樂年代 파견된 총수.
2		2/10				
3		3/11		300여		
4		5/5		73		
5		6/5		100여		
6		6/12				
7		8/4				
8	宣德	8/5		220	5	
9		10			6	
10	景泰	4/8	1200	350여	9	
11	成化	4/4				4年의 朝貢船은 두 차례로 나뉘어서 옴. (총 3척)
		4/12				
12		13	300		3	
13		20		300	3	
14	弘治	9/閏3		300	3	

8) 明『太祖實錄』卷153, 洪武16年, 4月甲戌朔, 乙未條.

9)『皇明外夷朝貢考』卷下,「朝貢」, 外國四夷符勅勘合沿革事例, "凡各國四
夷來貢者, 惟朝鮮素號秉禮, 與琉球國入賀謝恩, 使者往來, 一以文移相通,
不待符勅勘合爲信".

10)『明史』卷322,「日本傳」, "先是 永樂初, 詔日本十年一貢, 人止二百, 船
止二艘, 不得携軍器, 違者以寇論. 乃賜以二舟爲入貢用, 後悉不如制. 宣
德初, 申定要約, 人毋過三百, 舟毋過三艘".

15	正德	4/11	600	150	1	7年은 南京으로 入貢.
16		7/4		50	3	
17	嘉靖	2	300여		3	2年 : 寧波의 亂.
18		2	100여		1	大內氏와 細川氏가
		19/3	456	50	3	각각 파견.
19		28/4	637	50	4	

日本으로의 勘合은 이념적으로는 永樂勘合・宣德勘合 등 明의 황제가 바뀔 때마다 갱신하도록 되어 있었고, 일본 측에 100道(1号~100号)가 주어지게 되어 있었다. 日本의 室町幕府는 이 勘合을 도항하는 遣明船에 각각 한 척당 순차로 배분했다. 그리고 도항한 뒤에 감합은 明朝에 회수되었다.[11]

勘合貿易은 室町幕府 3代 將軍인 足利義滿이 추진한 對明交涉 노력의 결과이기도 했다. 1369년(洪武 2) 일본이 한창 남북조 내란을 겪고 있을 무렵, 倭寇가 正月 山東・浙江 지역의 침구를 시작으로 각지에서 큰 피해를 입혔다. 明은 이 해에 南朝측인 懷良親王에게 사자를 파견하여 倭寇의 금압을 요청했다.[12] 이것이 明과 日本 사이의 첫 교섭이었다. 이후 明은 通商을 조건으로 일본에 倭寇의 금압을 계속 요청하였고, 남북조 내란을 종결짓고 室町幕府를 확립한[13] 足利義滿이 明의 국서를 받아들여 永樂 2年(1404) 정식으로 義滿이 '日本國王'[14]

---

11) 田中健夫,「勘合符・勘合印・勘合貿易」『日本歷史』392, 1981.

12) 『明史』卷322,「日本傳」, "洪武2年, 2月, 帝遣行人楊載, 詔諭其國, 且詰以入寇之故.… 日本王良懷不奉命".

13) 1394年(明 洪武27, 日 應永1) 足利義滿이 太政大臣이 되어 室町幕府의 확립을 이룬다. 그보다 2년 전인 1392년 南北朝는 약 30여 년만에 하나로 合一되었다.

14) 日本國王이라는 호칭은「通交名義」로 유효(勘合과 金印의 독점)했을 뿐으로 日本內에서는「日本國王」이라고 지칭한 적은 없었다(橋本雄,「室町・戰國期の將軍權力と外交權」『歷史學硏究』, 1998.3).

에 책봉되었다.[15] 이로써 日本은 明을 중심으로 한 동아시아 세계의 册封體制로 편입되었으며[16] 책봉국이 된 日本이 中國과 무역을 할 수 있는 수단은 朝貢방식 외에는 없었다. 2년 뒤 義滿은 明의 勘合符를 받았고 1434년에는 勘合貿易船이 明에 파견되기에 이르렀다.[17]

---

15) 1402년(建文 4)에 足利義滿을 日本國王에 봉하는 국서와 金印을 교부하는데, 永樂帝 즉위 후, 朝鮮國王・日本國王을 새로이 다시 책봉한다.

16) 室町將軍이 明帝成祖의 책봉을 받아 양국간에 정식외교관계를 맺은 사건은 日本對外關係史上 획기적인 의의를 갖는 事象이었다. 日本 국내로 제한하여 말한다면, 武家에 의한 통일정권인 室町幕府가 종래의 전통적인 율령제적 외교관습에서 전혀 새로운 형태로 대명교섭을 성립시켰던 것이고, 동아시아 국제관계사의 면에서 보면, 日本이 중국중심의 국제적 질서 ―華夷의 체제― 의 일환을 구성하는 것으로 되었던 것이다(田中健夫, 『中世對外關係史』, 東京大學出版會, 1975, 7~8쪽).

이런 幕府측의 교섭에 대해서 그 목적으로 첫째, 무역이윤회득설과 둘째 足利將軍의 권위나 室町幕府 지배체제의 보강을 위한 정치적 요인이나 동기를 중시하는 두 개의 설이 유력하게 제시되어 왔는데 이 두 설에는 각각 해결해야 할 문제가 남아있다. 조선과 명은 일본과 倭寇 해결책의 일환으로 무역을 행하였다. 그러나, 통교무역의 요구는 단순히 明이나 朝鮮측의 요구만이 아닌 일본 국내지배체제의 확립을 재촉하고 국제적 안전보장을 강하게 기대한 足利義滿과 室町幕府, 모험적 약탈적인 행동에 의함보다는 정상적인 국교를 근거로 무역이윤의 추구를 원한 서일본 연안의 영주층과 상인, 한반도와의 교환에 의해 자급자족의 확립을 원한 對馬・壹岐・松浦 三島지방 농어민, 이들 여러 계층의 강한 잠재적 요구가 역시 획기적 통교무역 개시의 전제가 되었음은 부정할 수 없는 사실이다.

이러한 것으로 미루어 볼 때 義滿의 외교는 義滿 자신의 결단에 의해 이루어진 갑작스러운 것이 아니라 이미 그러한 것을 받아들일 수 있는 조건이 일본 국내에 성립되어 있었기 때문이라는 의견(田中健夫, 「十四―五世紀の倭寇と武家外交の成立」『日本歷史大系2―中世』, 山川出版社, 1985, 506쪽)은 상당히 타당한 것으로 생각된다.

17) 永樂帝가 황제로 등극한 후, 조선・일본을 새로이 책봉하여 明―朝鮮―日本의 삼국관계가 華夷의 질서를 기반으로 안정된 것은 1403-4년경이었

義滿이 明의 册封을 갈망한 이유에 대해서는 아직도 의견이 분분하지만 幕府에 의해 행해진 초기 勘合船 운용으로 막대한 이익을 얻은 것은 분명하다. 10年 1貢의 원칙이 규정되었지만, <표 1>에서 보듯 義滿 시대에는 거의 매년 遣明船을 파견하였는데, 이때 당시 明의 최대 관심사였던 倭寇 금압과 관련하여 통상적인 貢物 이외에 倭寇나 倭寇에 피납된 被擄人들을 송환하였다. 이런 노력으로 인하여 恩賞의 예물이 특별히 더해져서[18] 永樂 5년(1407) 勘合船의 순이익은 20萬貫에 달했다고 한다.

그렇지만 그 후 日本의 朝貢貿易은 다른 지역과는 상당히 다른 모습으로 진행된다. 본래 日本의 國主라고 할 수 있는 天皇이 아닌 幕府의 將軍이 日本國王으로 책봉된 자체에 문제의 소지가 있었다. 그런데

다(村井章介, 『アジアのなかの中世日本』, 校倉書房, 1988, 89쪽). 조선·일본의 정식 외교관계는 명에 의한 양국책봉후에 행해졌으나 양국의 대등한 관계는 明의 피책봉국이라는 외적조건에 의해 강제되었던 것으로 일본은 자기를 조선과 同列이었다고는 생각하지 않았다(田中健夫, 1975, 107~108쪽).

18) 明『太宗實錄』卷48, 永樂3年, 11月癸巳朔, "日本國王源道義, … 幷獻所獲倭寇, 嘗爲邊害者. 上嘉之… 賜王九章冕服鈔五千錠錢千五百緡織金文綺紗羅絹三百七十八匹".

　　明『太宗實錄』卷50, 永樂4年, 正月壬辰朔, 乙酉, "褒論日本國王源道義. 先是, 對馬·壹岐等島海寇, 劫掠居民. 勅道義捕之. 道義出師, 獲渠魁以獻, 而盡殲其黨類. 上嘉其勤誠, 故有是命. 乃賜道義白金千兩織金及諸色綵幣二百匹綺繡衣六十件銀茶壺三銀盆四及綺繡紗帳衾褥枕席器皿諸物竝海舟二艘".

　　明『太宗實錄』卷67, 永樂5年, 5月甲寅朔, 乙卯, "日本國王源道義…幷獻所獲倭寇等. 上嘉之… 玆特賜王白金一千兩銅錢一萬伍千緡綿紵絲紗羅絹四百一十疋… 幷賜王妃白金二百五十兩銅錢五千緡綿紵絲紗羅絹八十四疋".

　　明『太宗實錄』卷79, 永樂6年, 5月己酉朔, 癸丑, "日本國王源道義…幷獻所獲海寇".

足利義滿의 뒤를 이은 4代 將軍 足利義持가 國交斷絶이라는 결단[19)
을 내리면서 이전과는 사뭇 다른 모습으로 전개된다.

　永樂 9年(1411) 2月, 明으로 파견되었던 圭密 등이 일본으로 귀국할
때 永樂帝는 內官 王進 등을 동행시키는데, 足利義持는 明 사절의 입
조를 허락하지 않았고 사절단은 그대로 돌아갔다. 이에 明은 永樂 15
년(1417)과 16년에 다시 사절을 보내 국교 회복을 요구[20)했으나 義持
는 이를 거부하고 돌려보냈다. 1424년 永樂帝가 사망한 후 皇帝에 등
극한 洪熙帝는 在位를 1년도 넘기지 못하고 죽고, 1425년 宣德帝가
즉위했다. 宣德帝는 祖宗의 유지를 이어받아 朝貢貿易 체제를 유지하
려 했다. 그리고 국교 중단 상태에 있었던 日本에 대해서도 적극적인
태도를 취하였다. 宣德帝는 日本의 朝貢복귀를 희망하여 宣德 7年

19) 足利義持의 斷交에 대한 이유에 대해서는 아버지인 足利義滿의 굴욕적
　　외교에 대한 반발 및 주위 여론 때문(佐藤進一, 『日本の歷史 9-南北朝
　　の動亂-』, 1969, 中央公論社, 472쪽)이라고 일반적으로 설명되어진다.
　　그러나 이런 단순한 이유로 막대한 이익을 얻고 있던 對明 통교를 단절
　　했다는 데 대해 여러 의혹 및 다른 의견이 제출되고 있다. 그 가운데 무
　　역에 관련해서 栢原昌三의 주장은 흥미롭다. 그는 義持가 永樂4年, 明과
　　체결된 貿易조건이 겨우 '十年 一貢'에 더군다나 인원은 300명이었고, 무
　　역품에도 엄격한 제한이 가해졌으며 무역항도 明州(寧波)만으로 한정되
　　었다는 사실과 거기에 다른 日本 商船의 도항이 금지되었다는 것에 대해
　　이런 규제를 파기하고 이전의 自由貿易으로 회복시키려했던 하나의 수단
　　이었다고 주장하고 있다(栢原昌三, 「日元貿易の硏究」 『史學雜誌』, 215-3).
　　그렇지만 永樂4年에 日本에 대한 勘合규정이 내려진 것은 아니며 自由
　　貿易으로의 회복의도에 대한 실제여부도 분명치 않다.
20) 明 『太宗實錄』 卷193, 永樂15年, 10月癸未朔, 乙酉 및 卷199, 永樂16年,
　　4月辛巳朔, 乙巳.
　　한편, 6년 후인 永樂15年, 明朝에서 日本에 사절을 보낸 직접적인 이유
　　는 이와는 별도로 倭寇문제로 인한 것이었다(時捕倭將士, 擒寇數十人,
　　獻京師. 賊首有徵葛成二郎五郎者. 訊之, 皆日本人. 羣臣言, 日本數年, 不
　　修職貢, 意爲倭寇所阻. 今賊首乃其國人, 宜誅之, 以正其罪).

(1432) 內官 柴山에 명하여 日本國王에게 보내는 勅諭를 가지고 琉球로 파견해 琉球를 중개로 하여 日本으로의 招諭를 의뢰했다.[21]

그런데 이와 상관없이, 일본에서는 1428年(宣德 7) 足利義持가 사망하고 동생인 足利義教가 새로이 將軍이 되었는데, 義教는 다시 아버지인 義滿의 방침에 따라 對明貿易에 적극적으로 나섰다. 그는 幕府財政 확충이라는 현실적인 문제로 인해 明과의 關係再開 필요성을 느끼고 龍室道淵을 正使로 遣明船을 파견했다. 이 사절단은 5月 北京에 들어가서 入朝해 表文과 方物을 바쳤고[22] 宣德帝는 이에 대해 사절단이 귀국할 때 回答使를 동행시키고 日本國王으로의 勅諭과 宣德勘合을 지참시켰다.[23] 이로써 日本과 明의 국교는 재개되었고 일본은 다시 명의 책봉체제 안으로 편입되어 朝貢貿易이 부활했다.

일본에서 파견된 遣明船은 지정된 무역항인 寧波 市舶司로 향한 뒤 勘合의 검사를 받은 뒤에 상륙 허가를 받았다. 正使 이하 사절단이 北京에 도착하면 우선 表文과 진공물을 바치고 皇帝를 배알하는 등의 행사에 참여하며 그 외에 明朝에서 사들이는 물건의 가격도 결정하게 된다. 한편 北京의 會同館 및 寧波에서는 일정기간동안 官의 통제 하에 民間交易이 허가되었다. 明에 파견된 遣明船은 흔히 勘合符를 반드시 소지해야 했던 이유로 勘合船이라고도 하는데, 본래 明에서 공식적으로 인정한 무역선이기 때문에 中國에 체재하는 동안의 모든 경비

---

21) 明『宣宗實錄』卷86, 宣德7年, 正月辛酉朔, 丙戌, "上念卽位以來, 四方番國皆來朝, 惟日本未至. 遂命內官柴山, 賚勅往琉球國, 今中山王尙巴志, 遣人齎往日本".

22) 明『宣宗實錄』卷102, 宣德8年, 5月癸丑朔, 甲寅, "日本國王源義教, 遣使臣道遠等. 表文・貢馬及鎧甲盔刀等方物".

23) 明『宣宗實錄』卷103, 宣德8年, 6月壬午朔, 壬辰, "遣鴻臚少卿潘賜行人高遷中官雷春等, 使日本國… 上嘗賜勅撫諭".

는 明에서 지급되었다.

勘合貿易은 嘉靖 26년(1547)까지 약 150년간 총 19회에 걸쳐 이루어졌는데, 항상 그 조직체제가 같은 것은 아니었다. 1401년 足利義滿에 의한 제1회 遣明船부터 1410년 제8회까지는 모두 幕府가 경영하고 독점하였지만, 9회부터는 幕府船 이외에 有力 守護大名과 寺社가 경영하는 선박이 참가하게 되었다.[24]

본래 室町幕府는 중앙 집권화를 충분히 확보하지 못하였으며, 幕府는 그 탄생부터 강력한 중앙권력을 의미하지는 않았다. 지방의 통치는 권한이 막대한 守護에 의해 위임되었고 중앙권력도 將軍 외에 유력한 守護들에 의해 분할 지배된 상태였다. 특히 지방의 守護는 그들의 기반인 莊園을 통해 지배권을 확충해나가고 이를 바탕으로 守護大名이라는 거대 지방세력이 탄생하였다. 이들은 지방의 실질적인 지배자였고 1467년 應仁의 난 이후에는 戰國時代 각국의 지배자로 이어지는 경우도 많았다.

초기에 幕府와 幕府의 유력한 지지 세력이었던 寺社와 公家, 그 외에 무역의 이윤을 얻으려는 상인집단 등이 참여했던 遣明船은 후반으로 갈수록 많은 寺社·公家가 이탈하고 將軍家와 幕府의 실력자인 細川氏와 지리적으로 海上活動과 밀접한 관계를 갖고 있던 大内氏만이 관여하게 되었다. 이는 15세기 전반이후의 권력구조가 武家中心의 封建體制로 이행함을 반영하는 것이기도 하다.

---

24) 예를 들어 제8회 선단은 5척으로 구성되었다[1호 : 公方船(幕府), 2호 : 相國寺船, 3호 : 山名船, 4호 : 十三人寄合船, 5호 : 三十三間堂船]. 이중 4호선에는 三寶院·聖護院·大乘院·善法寺·三條家·青蓮院·田中·武衛(斯波氏)·畠山(滿家)·讚州(細川滿久)·細川(持之)·一色·赤松 등 13개 氏가 공동으로 출자·경영한 것이었다(田中健夫, 1975년, 153~154쪽의 표 참조).

　동시에 무역과 관련해서는 권력의 존립과 관련되어 불가피하게 상업자본이 도입되고 등장하게 된다. 細川氏와 결부되어 있던 堺 商人, 大內氏에 연결되어 있던 博多 商人이 그것이다. 그리고 16세기가 되면 細川・大內氏와 결부되어 있던 堺와 博多 商人간의 경쟁만이 부각되어 冊封體制의 일환으로서 朝貢・回賜 무역의 정치적 의미는 대부분 잃어버리고 경제적인 관계만이 이를 지탱해주었다. 양자의 이익을 위한 경쟁 앞에서 본래의 외교권자인 將軍까지도 배제되어 冊封體制와 朝貢貿易은 별개의 것으로 전락해 버렸다.

　이런 모습은 寧波의 亂에서 잘 나타난다. 1523년(明 嘉靖 2, 日 大永 3) 細川씨와 大內씨의 遣明船 파견에 대한 주도권 쟁탈은 극에 달해 市舶司가 있던 寧波에서 무력 충돌이 발생하였다. 1516년 日本內에서는 大內氏가 遣明船 관장을 독점하게 되어 明으로부터 새로운 正德勘合도 大內氏가 받았으며 이를 기초로 遣明船을 파견했고, 大內氏의 견명선은 嘉靖 2년(1523) 4月 寧波에 도착했다. 한편 細川씨도 幕府에 간청하여 이미 무효가 되어버린 弘治勘合을 획득하여 遣明船을 파견했는데, 大內씨의 遣明船이 寧波에 다다른 며칠 후에 도착했다.

　그런데 細川씨 사절단에 속해있던 明 출신의 宋素卿은 市舶司에 뇌물을 주어 大內船 보다 먼저 細川船의 화물을 하역해 東庫의 점검을 받게 하였고, 사절단들을 위한 연회에서도 細川씨의 正使를 大內씨 正使 보다 상석에 앉게 했다. 이에 원한을 품은 大內씨측이 5월 1일 東庫에서 무기를 빼내어 細川씨의 正使 등을 살해했다. 이어 배를 불사르고 宋素卿을 찾았으나 그를 잡지 못하자 주변지역에서 방화 등을 일삼으며 소동을 일으키다가 指揮 劉錦・袁璡 등을 죽이고 배를 탈취해 일본으로 돌아갔다.[25]

---

25) 明 『世宗實錄』 卷28, 嘉靖2年, 6月 庚子朔.

이 사건으로 勘合貿易은 큰 변화를 겪게 된다. 이후 宋素卿은 明에서 옥사했는데, 이와 관련하여 市舶司의 부정이 지탄받게 되었으며, 嘉靖 8年(1529) 浙江 市舶太監이 폐지되었다. 또한 明의 遣明船 입항에 대한 규제가 강화되고 遣明船 파견도 大內씨에게 완전히 독점시켰다.

그러나 한때 日本 西國지역의 최강국으로 일컬어지던 大內씨도 '下剋上'으로 대표되는 戰國쟁란기의 혼란 속에 1551년 家臣 陶晴賢의 습격을 받아 大內義隆은 자살하고 가문도 멸망하고 말았다. 이로 인해 1547년(明 嘉靖 26, 日 天文 16)의 제10회 遣明船을 마지막으로 勘合貿易은 끝나게 된다. 그런데 이때는 이미 中國人의 밀항이 활발해져 中國 東南沿海地를 중심으로 국제적인 밀무역이 전개되고 있었다. 遣明船은 더 이상 중국 물자유입을 위한 유일한 수단이 아니었던 것[26]이다.

이렇게 되자 倭寇禁壓의 수단은 고사하고 일본을 華夷秩序 가운데로 편입시켜 국제적으로 안정된 구조를 만든다는 明의 구도 자체도 아무런 의미를 지니지 못하게 되었다. 明의 이런 입장과 일본의 상황으로 勘合貿易의 존속근거는 사라진 셈이었다. 朝貢무역이 발전의 정점에 이르렀을 때, 그것이 私的 해상무역의 발전을 촉진시킨 것도 사실이다. 그러나 朝貢무역은 경제적인 목적보다는 정치적 목적을 우선시한 것이었기 때문에 대외무역의 요구에 부응하기는 여러모로 부적합한 것이었다. 따라서 조공무역은 일찍 쇠락의 길을 걷게 되었다.[27]

---

26) 田中健夫, 『倭寇』, 敎育史歷史新書, 1982, 108~109쪽.

27) 陽翰球, 「十五至十七世紀西太平洋中西航海貿易勢力的興衰」 『十五十六世紀東西方歷史初學集』, 武漢大學出版社, 1985, 284쪽.

2. 勘合貿易체제 붕괴이후 明·日의 貿易관계

明은 海禁 정책을 취하여 番國들과 私通하는 것을 금지하고 있었다. 그렇지만 이를 완전히 금지한 것은 아니었다. 특정 상인에게는 號票文引을 지급하였고 이를 소유한 商船에 한해서는 해외 도항을 허가하였는데, 이들이 귀국할 때에 적재 화물을 보고하도록 하여 官에서 그 10분의 1을 일종의 관세로 회수하고 照票를 준 이후 나머지 화물의 판매를 허가했다.

그 외에 화물을 은닉하거나 官의 허가 없이 바다로 나가는 것은 엄격히 그 죄과를 물었는데, 특히 노예나 軍器 등을 사사로이 싣고 출항하는 것에 대해서는 죄를 더욱 무겁게 했다.[28] 그렇지만 이런 금지 물품을 포함한 밀무역의 이익이 워낙 컸기 때문에 결국은 祖法인 海禁까지 위반하면서도 해외로의 항해와 밀무역에 종사하는 사람들이 늘어났다.[29]

사적으로 항해에 나섰던 것은 주로 沿海民이 다수를 차지했는데, 주로 浙江의 寧波·紹興, 福建의 泉州·漳州, 廣東의 廣州·潮州 등지의 사람들이었다. 勘合貿易期를 지나면서 양 지역의 무역은 이들 사무역자들이 주도했다. 福建人이 처음 일본에 도착하여 통상을 시작한 것은 『日本一鑑』에 의하면 嘉靖 13年(1535), 陳侃이 冊封使로 琉球에 갔을 때, 동행한 관리가 日本僧으로부터 財貨를 일본으로 가져가면 큰 이익을 얻을 수 있을 것이라고 들은 후부터라고 한다. 그리고 廣東人으로서는 揚陽縣 大家井의 郭朝卿이라는 사람이 벼를 팔기 위해 福建

---

28) 小葉田淳, 『中世日支通交貿易史の研究』, 刀江書院, 昭和16(1941), 476쪽.
29) 『白厓奏議』(明 王紹元 撰) 卷1, 「陳末義廣」, "通商海舶, 以資物. 臣聞福建漳泉·廣東廣潮等處, 國初亦通互市之法, 許人泛海爲商, 官府抽取貨稅. 如大明律內 見有舶商匿貨之條, 不知何時始有禁令, 云云".

으로 가다가 日本으로 표착하게 되었는데, 歸國 후에 화물을 싣고 무역을 시작했다고 한다.[30]

또한 다음 기사를 통해 당시 명의 商船이 日本으로 내항하였음을 알 수 있다.

> 지난 天文 10年(1541) 7월 27일, 唐船이 豊後 新宮寺에 나타나 정박, 明人 280인이 來朝하다.… 12年 8월 7일 다시 5척이 오다. 15年 佐伯의 포구에 나타나 접안하다. 그 후 永祿 연간(1558~1566)에 수차례 오다. 그리고 天正 3年(1575) 乙亥, 臼杵에 나타나 정박하다.[31]

그리고 明·日간에 이루어진 무역활동은 朝鮮의 기록에서도 충분히 살펴볼 수 있다. 16世紀 중엽부터 朝鮮의 연안에 荒唐船이 자주 출몰하였다. 荒唐船이란 倭船인지 唐船(中國船)인지 불분명했던 船舶에 대한 朝鮮에서의 명칭이었다.[32] 국적 판별이 쉽지 않았던 이유는 우선 그 탑승원의 신분이 명확하지 않았기 때문이다. 明人이면서 倭服을 한 사람의 경우도 있고 倭人도 포함되어 있었으며, 그 밖에 국적을 알 수 없는 사람들이 혼합되어 있는 경우도 있었기 때문이다. 이런 荒唐船 역시 倭寇의 일면을 보여주는 것이지만, 근본적으로 荒唐船 자체는 海賊인지 商船인지를 자체만으로 판단할 수는 없다.

---

30) 한편 『閩書』(崇禎刊配補鈔本) 卷6, 「方域志」, 泉州府海澄縣條에는 "皇朝正德以來, 惡少私出, 貨番誘寇, 禁之不止"라 하여 16세기 초부터 私商들의 밀무역이 성행했음을 보여주고 있다.

31) 『豊薩軍記』, 「一宗麟政務幷唐船渡海之事」, "去ル天文十年七月二十七日, 唐船新宮寺ニモ著津シ, 明人二百八十人來朝ス. 同ク十二年八月七日, 又五艘來ル. 同十五年佐伯ノ浦ニ著岸ス. 其後永祿中ニ數回來ル. 斯テ天正三年乙亥, 臼杵ニ著津ス".

32) 荒唐船에 대해서는 高橋公明, 「十六世紀中期の荒唐船と朝鮮の對應」 『前近代の日本と東アジア』, 吉川弘文館, 1987 참고.

〈표 2〉朝鮮 中宗·明宗年間에 출몰한 주요 荒唐船[33]

	연/월	출몰지역	船數	국적 및 주요내용
중종	35/1	황해도 豊川府 沈方浦	1	중국인(?) 등의 혼합 집단.
	35/9	제주도	1	倭船. 조선의 표류민을 호송.
	39/7	전라도 群山島	3(?)	중국인(?). 쌍돛선. 해상에서 鹽商의 배를 약탈하고 사람들을 포로로 한 뒤 이들을 섬에 버리고 떠남.
	39/6	충청도 藍浦 黃竹島	1	중국인. 漳州人 李王乞을 포획.
	39/7	충청도 藍浦 獨山島	1	중국인. 150여 인(6월과 같은 선박인가?).
명종	元/7	전라도 興陽	3	中國人. 倭人으로 오인되어 108급 참획.
	元/8	제주도 大靜縣	1	중국인. 무역으로 일본에 왕래. 326인.
	元/8	전라도 馬島	1	중국선. 일본과의 무역선.
	2/11	울진	1	불명.
	7/5	제주도 旌義縣 川尾浦	1	倭船(荒唐大船). 상륙·침구. 170여 인.
	8/6	경기도 龍妹鎭	1	불명. 군관을 찔러 죽임.
	9/6	飛陽島·甫吉島 일대	4~5	荒唐船과 倭船. 倭人(30)과 中國人(2) 표류·포획.
	9/6	황해도 해상	1	왜선(?). 왜인 15급 참획. 倭物·倭書契 탈취.
	11/7	泰安郡 禿津	1	왜선(?).
	14/5	藍浦縣	1	왜선.

荒唐船 모두가 중국의 무역선은 아니었지만, 그 내용을 살펴보면 당시 日本과 明 사이의 교역 상황을 보여주는 것이 많다. 中宗 39年 (1544, 嘉靖 23) 6월에 포획된 漳州人 李王乞은 스스로 '銀을 사러 日本으로 가다가 표류하게 되었다'고 말하고 있다.[34] 그 후 李王乞은 遼東으로 송환되었는데, 표류하거나 나포된 中國人들 가운데는 본국으로 송환되는 것을 거부하는 경우도 있었다. 그 이유는 송환되어 본국으로 돌아갈 경우 海禁을 위반한 죄를 묻게 될 것 때문이었는데, 그들도 그것을 숙지하고 있었다.

한편 李王乞이 본래 승선했었던 배가 7月 泰安으로 표류해왔는데,

33) 『朝鮮王朝實錄』에 의거 '荒唐船'의 표현 기록만을 추출하여 작성.
34) 朝鮮 『中宗實錄』卷103, 中宗39年 6月 壬辰.

이 배 역시 日本과의 무역선이었다. 이 배에는 中國人과 倭人이 섞여서 승선해있었는데, 이때 승선했던 中國人들은 스스로를 頭人·客公·水夫로 분류하고 있다.35) 水夫를 제외한 頭人·客公의 지위와 역할이 어떠했는지 명확하지는 않지만 이런 분류는 당시 商人團 구성의 일면을 보여준다고 하겠다.

또한 明宗 9년(1554)년 6월의 荒唐船에도 日本人과 中國人이 섞여 있었는데, 이때 공초한 내용을 보면 당시 무역 실태의 일면을 살펴볼 수 있다.

> 倭人 絲二老 등이 공초하기를 "저희는 日本 銅興에 사는 사람으로 中國人 蔡四官 등과 같이 明나라에서 賣買하기 위해 博多州의 사람과 銅興 사람 및 平居島 사람들과 함께 章(漳)州府에 도착하여 賣買하고 돌아오는 길에 배가 파선하였습니다. 銅興 사람인 平田大藏 등 20인과 博多州의 時世老와 蔡四官 등은 三板船을 붙잡고 이에 의지하여 떠내려 오다가 해안으로 올라왔습니다"라고 하였다. 倭人 千六 등은 "저희는 日本 平居島 사람으로 銀兩을 가지고 湖州 땅에서 賣買하고 돌아올 때 난파되었는데, 唐人 蔡四官 등은 돌아올 때 博多州 선을 타고 있던 사람으로 난파된 倭人인 줄 잘못 알고 같이 싣고 왔습니다"라고 하였으며, 倭人 仁王 등은 "中國人 孫美 등이 우리나라(日本)에 오고 싶어 하여 함께 왔습니다"라고 하였다.36)

---

35) 朝鮮『中宗實錄』卷104, 中宗39年 7月癸亥. 한편 그 주문한 내용에 각각의 성명을 밝히고 있는데 이에 의하면 頭人 10인 : 高賢·李章·魏祈·徐仁·高隆·李四·張旺·陳大福·黃席, 客公 60인 : 黃大·陳阿五·黃三·劉羔·劉萬·付思·張善·趙枉·錢立·蔣隆·夏凉·蘇匡·周意·周心·吳美·吳仕·吳顯·江碩·江宜右·高德·鄭波·鄭曉·鄭寂·鄭子欽·鄭子敬·林茂·林大·林森·林天·田宜·田顯·田純賢·田直·何平·何雲·何龍·何觀四·王江·王興·王萬石, 水夫 10인으로 구성되었다. 이 중 高賢은 처음에는 日本人으로 알려졌지만 후에 추가 조사 후 中國人임이 확인되었다. 또한 高賢의 말에 따르면 앞서의 李王乞을 승선시키기는 했지만 도중에 표류당한 것을 태운 것일 뿐이라고 진술하고 있는데, 그 외의 사람들은 모두 모르는 사람이라고 진술하는 점에서 이들이 사실을 말하지 않았을 가능성도 있다.

즉 중국에서 일본으로 향하는 상선 뿐 아니라 日本人들에 의한 상
선의 존재도 확인할 수 있다. 이렇게 日本과 中國 사이의 무역이 明朝
의 엄격한 조처와 항해의 위험을 감수하면서도 계속된 것은 무역의 이
윤이 그만큼 컸기 때문이다. 이미 여러 사람들의 논고를 통해 잘 알려
져 있듯이 이 당시 가장 큰 관심이 되었던 것은 銀이었다.

中國 국내시장의 발전과 이로 인한 銀 유통의 확대는 일본과의 무
역을 더욱 활발히 촉진시키는 역할을 하였다. 明은 화폐로 秤量 화폐
인 銀 외에 鈔·銅錢 등이 있었지만 銀의 유통이 확대되면서 銀에 대
한 수요가 급증했고 가치도 높아졌다. 中國은 이미 15세기에 福建·
浙江 지방에서는 銀과 관련된 문제가 발생하기 시작했는데, 宣德 10
年(1435) 銀의 채굴금지로 인한 礦賊이 발생했고 그 후에도 銀과 관련
하여 礦賊이 계속 발생했다.[37] 이처럼 이미 明에서 銀은 주요관심 대
상의 하나였으며, 銀中心 納稅制인 一條鞭法이 실시된 이후 銀값 상
승으로 日本의 銀은 한층 주목의 대상이 되었다.

日本에서도 銀은 16세기 초만 해도 輸入品目 중 한 가지였을 정도
로 생산량이 많은 것은 아니었다. 그런데 朝鮮에서 '灰吹法'이라는 새
로운 銀 精鍊기술이 日本에 전해진 후에[38] 銀山의 産出額이 급증하게

36) 朝鮮, 『明宗實錄』 卷16, 中宗9年, 6月丁丑.
37) 正統 7년 5월경 福建政和縣의 民이 處州府의 賊을 꾀어 도굴. 12월 處州
    府 麗水縣의 賊首 陳善恭 등. 8년 8월 處州 賊首 夏景輝, … 亡賴 1000
    여 인 등. 正統 9년(1444) 閏 7월 1일 福建·浙江의 銀山이 再開되었는
    데, 이후도 백성은 고통받고 도적이 점점 많아지게 되었다(田中正俊·佐
    伯有一, 「15世紀における福建の農民叛亂(1)」 『歷史學硏究』, 167號).
38) 中宗 34년(1539) 柳緒宗이라는 사람이 倭人과 私通해 鉛을 倭人에게 구
    입하며 私家에서 그 鉛을 사용해 銀을 精鍊하고, 그 기술을 倭人에게 전
    하였기 때문에 논죄되었다(朝鮮 『中宗實錄』 卷91, 中宗34年, 8月甲戌).
    또 그에 앞서 中宗24년(1528)에도 倭鉛으로 銀을 몰래 精鍊한 사건이 있
    었다. 한편 日本측의 기록으로는 1526년 博多商人 神谷壽禎이 石見銀山

되었다. 또한 戰國時期부터 각 지역의 戰國大名들에 의해 적극적으로 광산개발이 이루어졌는데, 각지에서의 銀鑛개발은 日本의 戰國爭亂으로 인해 각국이 노력한 부국강병책의 결과이기도 했다. 당시 日本 사회는 商人세력이 지방 영주와 밀접한 관계를 맺는 경우도 있었지만, 대부분 독립적으로 존재했으며 戰國大名과 商人의 연관 관계는 경제적으로 상호 이익이 있을 경우에만 유효했다. 戰國大名들은 상인과의 거래를 위한 결제 대금이 필요했으며, 銀鑛 개발의 목적은 이를 위한 것이기도 했다.

日本의 銀이 中國 및 朝鮮과의 무역에서 중요한 수출품이 되었던 것은 1530년대 말에서 1540년대 초 사이의 일이다. "최근 朝鮮에 오는 倭人들은 단지 銀兩만을 지참하고 다른 물건은 가지고 오지 않는다"[39]라고 할 정도였는데, 日本의 銀은 일본 국내에서는 통화로 유통되는 경우가 거의 없었기 때문에 가격은 중국에 비해 현저히 낮았다.

日本人 商人이 貿易의 대가로 銀을 지불했다는 것은 아래의 내용을 통해서도 알 수 있다.

> 日本 夷商은 단지 銀을 화물로 가져오는데, 西番의 재화를 싣고 교역하는 것과 다르지 않다. 福人은 그 가치를 利로 한다.[40]

중국의 연해 지역민들이 海禁을 위반하면서 海外의 諸番國들과 무

을 발견하여 처음 鑛石을 博多에 보냈는데, 멀지 않아 銀山에서 鑛石을 "납(鉛)에 녹이고" 나서 博多에 보내게 되었고, 1533년에는 神谷壽禎이 博多에서 宗丹‧桂壽라는 기술자를 石見에 데리고 가서 精鍊의 전과정을 銀山에서 행하게 되었다(村井章介, 『中世倭人傳』, 岩波書店, 1993, 163~165쪽).

39) 朝鮮 『中宗實錄』 卷88, 中宗33年, 8月己未.
40) 『續文獻通考』 卷31, 「市雜考」, 市舶互市.

역행위를 한 이유는 그만큼 이윤이 컸기 때문이다. 과장된 표현일 수도 있겠으나 이러한 해외무역을 통해 10배의 이익을 얻는다고 했는데,[41] 日本은 100배의 이익을 얻을 수 있다[42]고도 했을 정도로 일본과의 무역을 통해 얻어지는 이윤이 다른 지역, 예를 들면 동남아시아 지역보다 훨씬 크다고 당시 사람들도 인식하고 있었다.[43]

3. 日本 거류 中國 商人의 활동과 倭寇 성격의 변화

嘉靖時期 倭寇의 특성 중 하나로 꼽히는 것은 中國人들이 일본으로 건너와 근거지를 두고 이곳을 중심으로 활동했다는 것이다. '亡命'이라고도 표현되는 이러한 모습은 國境을 초월한 中世的 사회 및 海域 세계의 특성 중 하나다.

中國과 日本의 민간교역이 본격적으로 이루어지기 시작하는 시기는 宋代, 日本으로서는 鎌倉시대부터이다. 宋代는 對日무역뿐만이 아닌 이른바 남방 무역이 활성화되는 시기이기도 하고 동남아시아 華僑社會의 시원을 여기에 둘 정도로 中國人의 해외이민도 급증한 시기이다. 中國人의 해외이민 대상국으로는 日本도 예외가 아니었다. 日本으로 온 宋人들은 특히 對宋무역에 직접 관여하는 경우도 있었는데, 이들은 당시 對中國 무역의 중심지인 博多를 중심으로 활동했다.

13세기 초 南宋貿易商人인 王氏·長氏가 博多의 綱首를 맡았으

---

41) 『閩書』(崇禎刊配補鈔本) 卷246, 「島夷志」, 東番夷人, "海上行劫, 而實我奸民勾引之. 奸民所闌出犯禁物, 得利十倍, 走之如鶩矣".

42) 『漳州府志』(崇禎元年刊) 卷9, 「賦役志」下, 洋稅考, "但姦民有假給由引, 私造大船越販日本者矣. 其去也, 以一倍而博百倍之息, 其來也, 又以一倍而博百倍之息".

43) 明 『神宗實錄』, 萬曆38年, 8月, "近奸民以販日本之利, 倍於呂宋".

며44) 비교적 잘 알려진 인물인 謝國明 역시 南宋출신으로 博多 綱首
였다.45) 한편 鎌倉 시기에는 일본에 표착한 宋船 가운데 유독 孫氏가
많이 눈에 띄는데, 이는 孫氏 일족에 의한 宋과 日本의 교역활동 때문
이었다. 그런데 이 孫氏 海商의 일부는 후에 일본에 정착한 것으로 추
정된다.46)

　흔히 宋商으로 표현되는 이들 중국 상인의 來日 또는 日本에서의
거주는 그 이후도 계속되며 일본 지배층과도 깊이 관여하고 있다. 예
를 들면 室町幕府 성립기에 將軍 足利尊氏와 함께 권력을 나누었던
尊氏의 동생 直義는 1342년 中國으로 향하는 무역선의 책임자인 '綱
司'에 中國人 至本을 임명했다.47)

　이러한 中國人 商人들의 국외에서의 활동은 비단 日本뿐만이 아니
었다. 앞서도 언급했던 것처럼 1368년 舟山群島에서 해상세력의 무장
봉기가 일어나는데48) 난의 진압과 그 사후 처리과정을 살펴보면 그 무
장봉기 세력 가운데는 高麗人(朝鮮人)도 포함되어 있었고, 일부 난의
주동자들이 朝鮮의 지방민 및 관리와 결탁하여 조선에서 은거생활을
하는 등의 모습이 보인다.49)

---

44) 川添昭二, 「鎌倉初期の對外關係と博多」 『鎖國日本と國際交流』上, 吉川
　　弘文館, 1988, 100쪽.
45) 川添昭二, 「鎌倉中期の對外關係と博多－承天寺の開倉と博多綱首謝國明－」
　　『九州史學』 88·89·90, 87-10.
46) 長沼賢海, 『日本海事史硏究』, 九州大學出版會, 1996(新裝版), 327~334쪽.
47) 村井章介, 「日元の文化交流」 『日本歷史大系 2－中世－』, 山川出版社,
　　1985, 297쪽.
48) 『定海縣志』(光緖年刊本) 卷26, 「大事志」, "明太祖洪武元年二月, 征閩師
　　還, 次昌國 海寇葉·陳二姓, 聚劫蘭秀山. 湯和爲賊所襲失二指揮. 初蘭秀
　　山賊葉希戴·王子賢等, 相忿鬪旣而合力, 拒官軍. 三月, 希戴等駕船二百
　　餘艘, 突入府港攻城. 駙馬都尉王恭力戰, 獲其巨魁, 賊潰走. 吳禎次昌國
　　勦平之".

이와 연장선상에서 '寧波의 亂'의 원인 제공자라고 할 수 있는 宋素卿의 경우는 이러한 來日 中國商人의 좋은 예 가운데 하나이다. 宋素卿은 본래 寧波府 朱漆 세공인의 아들로 본명은 朱縞라고 했는데, 빚을 져서[50] 弘治 9年(1496) 日本 사신단에 몰래 숨어서 일본에 건너오게 되었다. 그 후 和泉·攝津·山城 등을 전전하다가 당시 幕府의 실권자인 細川政元에게 발탁되어 대외무역의 책임자 격인 綱司가 되고[51] 對明 교섭의 사자로 파견된다.[52] 宋素卿은 엄격히 말하면 海禁을 위반한 죄인으로 처벌받아야 했지만, 朝貢사신으로 파견된 점 등의 이유로 오히려 많은 하사품을 받고 일본으로 귀국했다.[53] 그 이후의 사실은 앞서 서술한 대로 寧波의 亂의 직접원인을 제공하게 되어 옥사하는데, 中國 출신으로 日本으로 와서 對中貿易 또는 對中교섭의 책임을 맡았던 宋素卿의 존재는 유념해둘 만하다.

이렇듯 중국 출신으로 日本으로 와서 貿易의 책임자 역할을 담당했던 사람들의 존재는 '倭寇 두목'으로 지칭된 在日 中國 海寇들의 선조

---

49) 이상 난의 자세한 경과에 대해서는 藤田明良,「「蘭秀山の亂」と東アジアの海域世界—14世紀の舟山群島と高麗·日本—」『歷史學硏究』698, 1998을 참조할 것.

50) 그의 아버지가 일본 商人에게 빚을 져서 그 대가로 일본에 건너오게 되었다는 설도 있다.

51) 明『武宗實錄』卷62, 正德5年, 4月丙戌朔, 庚子, "日本國使臣宋素卿, 本名朱縞, 浙江鄞縣人. 弘治間, 潛隨日本使臣湯四五郎逃去. 國王寵愛之, 納爲壻, 官至綱司, 易今名".

52) 明『武宗實錄』卷60, 正德5年, 2月丁亥朔, 乙丑, "日本國王源義澄, 遣使臣宋素卿, 來貢. 賜宴給賞, 有差. 素卿私饋瑾黃金千兩, 得賜飛魚服, 陪臣賜飛魚, 前所未有也".

53) 明『武宗實錄』卷62, 正德5年, 4月丙戌朔, 庚子, "下禮部義, 素卿以中國之民, 潛從外夷, 法當究治. 但旣爲使臣, 若拘留禁制, 恐失外夷來貢之心, 致生他隙, 宜宣諭德威, 遣之還國".

격으로도 이해할 수 있다. 특히 嘉靖倭寇가 한창 문제가 되는 시기인 日本의 戰國時期는 당시 각 지역의 통치자였던 戰國大名들이 外國人, 특히 外國商人에 대해서는 별다른 규제를 두고 있지 않았다.[54] 이런 환경은 중국인들이 일본에 근거지를 두고 '倭人'들을 이끌고 동아시아에서 활약할 수 있게 한 기반이 되었다. 아울러 이런 전통의 일환이 明末 鄭芝龍·鄭成功 父子로 이어진다고 하겠다.

---

54) エルキン・H・ジャン, 「16世紀日本における「外國人」の法的位置」『歷史學研究』740, 12~13쪽.

제2절 嘉靖時期 倭寇의 침구활동과 성격

1. 嘉靖時期 약탈규모의 확대와 피해 정도

'北虜南倭'라는 표현은 明代 倭寇의 피해양태를 가장 극명하게 보여주는 것이라고 할 수 있다. 비록 이 말이 북방에 대한 對句로 '南倭'를 넣은 것이며 실제로는 北虜와 비교될 정도로 큰 피해를 준 것은 아니라는 설명도 있지만, 최소한 16世紀 특히 嘉靖시기는 '北虜南倭'라는 표현 그대로 양 세력의 明朝에 대한 위협은 정점에 달해 있었다.[1]

그러나 서론에서 언급한대로 嘉靖시기 倭寇에 대한 研究가 주로 사무역 내지는 밀무역이라는 측면에 비중을 두고 연구되면서 이런 倭寇의 침구, 즉 약탈적 측면은 별다른 주목을 받지 못하게 되었고 논의 대상에서 제외된 듯하다. 그러나 嘉靖시기 倭寇의 약탈적 침구행위는 분명히 존재했으며 倭寇의 약탈적 침구 양상은 倭寇를 海商과 일치시키는 단순한 인식방법이 잘못되었음을 보여준다.

〈표 1〉 嘉靖시기 倭寇의 침구횟수[2]

嘉靖年度	2	3	12	13	14	19	21	24	26	27	28	29	30	
侵寇回數	1	1	1	1	1	2	1	1	2	2	1	1	2	
嘉靖年度	31	32	33	34	35	36	37	38	39	40	41	42	43	44
侵寇回數	13	64	91	101	68	25	32	56	15	22	20	18	5	3

---

1) 岸本美緒·宮嶋博史, 『世界の歴史 12－明清と李朝の時代－』, 中央公論社, 1998, 153쪽.
2) 田中健夫, 1982, 82쪽의 표를 참조로 작성.

<표 1>을 보면 嘉靖시기의 倭寇 침구횟수가 그 이전에 비해 얼마나 급증했는가를 쉽게 알 수 있다. 특히 보통 '嘉靖倭寇'의 시작이라고 불리는 嘉靖 31년(1552)부터 급증하고 있으며, 이후 약 10년간에 걸쳐 집중적으로 발생하고 있다. 이런 상황은 지역적으로도 '倭寇가 도래하지 않는 곳이 없다'3)고 표현될 정도였다. 물론 <표 1>의 침구횟수는 한 倭寇 집단이 여러 지역을 전전하며 侵寇활동을 벌이고 있었던 것을 감안할 필요는 있다. 예를 들어 가장 침구횟수가 많은 嘉靖 34년(1555)의 경우 101개의 倭寇 집단이 활동하고 있었다는 의미는 아니다. 그렇지만 그 정도의 침구 기록이 남아있다는 것은 역시 그 피해 또한 대단했음을 짐작하게 한다.

그런데 <표 1>의 기록들은 '侵寇' 기록이다. 明朝의 입장에서는 공적 허가를 받지 않은 사무역 행위 모두가 海賊行爲로 인식되었지만, 倭寇 관련사료를 신용하는 한, 위에 나와 있는 수치는 私貿易 행위가 일부 포함되어 있을 가능성도 배제할 수는 없지만 대부분은 폭력적 침구를 의미한다.

嘉靖시기 倭寇는 이러한 수적 규모의 팽창 외에도 집단의 규모 역시 대규모의 집단이 종종 등장할 정도로 규모면에서도 커졌다. 嘉靖 31년(1552)부터 42년(1563)까지 단순히 '대거 도래'와 같은 표현의 것을 제외한, 규모가 확실히 밝혀진 것 가운데 비교적 대규모라고 할 수 있는 천명 이상의 집단을 정리4)하면 <표 2>와 같다.

이 외에도 각 지방지에 의하면 무리가 數萬5) 또는 10萬6)이라든지,

---

3) 谷應泰, 『明史紀事本末』卷55, 「沿海倭亂」.

4) 『明史』・『明實錄』에 의해 작성.

5) 『粤大記』(明郭棐等編, 明刊本) 卷32, 「政事類」, 海防, "至嘉靖癸亥, 則屯住潮・揭海濱, 衆號一萬. 新倭萬餘繼至, 與舊合夥, 屠戮焚掠之慘, 遠近震駭".

100여 척7)에 이르는 선단의 무리도 보인다. 그리고 吳平의 토벌 시에 俘斬된 사람만 해도 15,000인에 달한다.8)

<표 2> 嘉靖期 倭寇 規模의 예

嘉靖 年/月	규 모	침구 및 주둔 지역	비 고
31/4	倭奴 萬餘 · 船 千餘척	浙江. 舟山 · 象山에서 등안, 台州 등 流劫	漳泉州 海賊이 勾人
32/閏3	王直의 대대적 침구		
33/7	倭寇 千餘人	廣東 番賊 勾引	
33/10	倭寇 萬餘人 계속 도래	浙江 등지	
33/10	倭寇 3천여 인	金山	
33/12	新倭 계속 오는 자 萬餘人	蘇 · 松 등지	
34/4	참수 50여 급, 賊舡 27척 불태움.	常熟 · 江陰 등지	官軍의 전과
34/4	擒斬 천여 인, 참수 150급, 斬獲 200. 27척 불태움.	王江涇 등	俞大猷 등의 전과
34/5	柘林倭, 新倭 4천여 인과 합세	嘉興 犯	
34/5	倭舟 30여 척, 무리 약 千.	青村所 犯	후에 新倭 대대적으로 도래
34/7	倭船 20여 척 침몰	柘林 근해	관군의 공격
34/11	倭 2천여 인, 舟 40여 척.	浦東 일대	舊賊과 합세
34/11	倭 5천여 인	浙江 平陽縣	
34/閏11	참수 130여, 참수 170여, 생포 47인. 巨舟 8척 불태움.	周浦 등지	官軍의 전과
35/4	倭船 20여 척	浙江 慈谿縣	軍民 사망자 수백인

---

6) 『潮州府志』(乾隆27年刊 · 光緒19年重刊) 卷38, 「征撫」, 張璉, "聚衆十萬, 縱掠汀 · 漳, 延建連城". 한편 官軍은 이를 토벌하기 위해 76,000명을 동원했다고 한다.

7) 『泉州府志』(萬曆40年刊) 卷13, 「武衛志」下, 武蹟, 鄧城, "敵倭寇百船突至, 城兵不滿十艘, 攻沉倭船無數. … 以卒千人破達虜萬餘衆". 『興化府志』(萬曆3年刊) 卷2, 「城池」, 遷遊縣城建自□明正德初年, "至壬戌, … 冬十一月, 倭果盡引部落百餘艘, 乘汛登泊".

8) 『潮州府志』(乾隆27年刊 · 光緒19年重刊) 卷38, 「征撫」, 吳平, "賊大敗, 多赴水死. 俘斬萬五千人, 平遁".

35/4	3천인	直隸. 鎭江 등	
35/4	倭寇 萬餘	浙江 皂林 등	徐海의 賊
36/4	倭寇 2천여 인	海門縣	
37/3	新造 巨舟 6척.	福州	
37/4	倭 千餘	福建 惠安縣	
38/4	倭船 수백척	江北 揚州·海門 등	
38/4	倭寇 2천여	饒平·海豊 犯, 黃岡城 攻破	
38/4	倭 2천여 척	北洋	
38/11	倭寇, 船 25척	朝鮮	朝鮮國王의 奏. 포로 306인, 從倭 16인 송환.
40/9	擒斬 1,426人. 익사·분사자 다수.	浙江 등지	胡宗憲의 奏. 관군의 전과.
43/6	擒斬 1,200여 인	廣東	兪大猷 등에 의한 전과.

그러나 모든 집단이 위와 같은 거대 집단을 이루었던 것은 아니다. 倭寇 침구 및 토벌 기사를 보면 주로 몇 십 명에서 몇 백 명 규모의 집단이 많이 나타나는데, 피해 정도를 말하면 이런 소규모 인원에 의한 피해도 무시 못할 것이었고 때로는 대단한 피해를 입히기도 했다. 예를 들면 嘉靖 34년(1555) 7월부터 8월 사이에 杭州에서부터 시작하여 약 80여 일동안 南京까지 공격하는 등 각지에서 구략활동을 벌이던 倭寇의 수는 겨우 6~70여 인에 불과했다. 그런데 이들에 의해 피해를 입은 지역은 수천리에 이르고 사상자가 4천여 명에 달하였다.[9]

이렇듯 잦은 침구를 반복하고 대규모화 한 집단의 倭寇들은 어디에서 왔던 것일까? 수십명으로 구성된 집단의 경우는 모르겠지만, 數萬名이 직접 바다를 건너 일본에서 도래했다고는 믿기 힘들다. 倭寇의

---

9) 『明史』卷322, 「外國」3, 「日本傳」, "自杭州北新關西, 剽淳安 … 徑侵南京. … 是役也. 賊不過六七十人, 而經行數千里, 殺戮戰傷者, 幾四千人, 歷八十餘日始滅".

구성원을 논할 때, 대규모 집단의 존재는 日本 및 日本人과의 관계를 부정적인 것이라고 할 수 있는 단서가 될지 모른다. 당시 만여 명의 집단은 고사하고라도 수천명이 과연 日本에서부터 바다를 건너 중국으로 왔다는 것에 대해서는 현재의 관점에서 충분히 의문을 제기할 수 있다고 생각한다. 그렇지만 많은 경우에서 倭寇 침구는 많아야 수백명의 단위로 이루어지는 예가 많았다는 점에 주의해야 한다.

수십에서 수백명이라면 당시 해상에서의 운송능력을 생각해보았을 때, 이 정도의 인원이 渡海했다는 것은 설명에 별 무리가 없다. 倭寇가 일본선(倭船)을 주로 이용했는지 아니면 中國船을 이용했는지에 대해서는 이견이 있을 수 있지만, 중국의 사료에 의하면 倭船의 승조인원은 1척당 대개 2~30명에서 70명 정도였고 어떤 경우에는 2척에 800여 명이라는 기록도 있다.[10] 그리고 嘉靖 33년(1554)의 倭寇船 가운데는 500명이 넘는 대형 선박(大船)의 존재가 보이기도 한다.[11] 또한 『倭寇圖卷』에 묘사된 倭寇船 중, 大船의 경우에는 약 100명 정도를 수용할 수 있었다.[12] 日本船은 처음에는 渡海 성능이 많이 떨어졌지만, 福建 연해민과 관계를 맺으면서 中國船의 기술을 도입해 그 뒤 渡海 능력도 향상되었던 듯하다.[13]

---

10) 田中健夫,「遣明船とバハン船」(須藤利一 編,『船』, 法政大學出版局, 1970, 所收), 88쪽.

11) 『倭變事略』, "嘉靖33年, 4月 5日, 有雙椳大船一隻. … 賊止一船, … 數之 五百六十六人".

12) 田中健夫,「『倭寇圖卷』について」『中世對外關係史』, 東京大學出版會, 1975, 332쪽.

13) 『日本考』(明 李言恭·郝杰 著, 汪向榮·嚴大中 校注, 中華書局, 2000年 版) 卷1,「倭船」, "日本造船與中國異. … 故倭船過洋, 非月餘不可. 福建 沿海奸民買舟於外海, 貼造重底, 渡之而來, 其船底尖能波浪, 不畏橫風· 鬪風, 行使便易, 數日即至也".

그리고 王直 등 일본에 망명한 중국인들은 중국배를 가져가거나 일본에 가서 배를 건조했는데, 이런 中國船으로 대표되는 것이 '두 개의 돛대(雙桅)가 있는 배'이다. 雙桅船은 明朝의 해금정책에서 건조를 금지하고 있는 대형 선박인데[14] 밀무역자들은 이런 雙桅船을 건조하고 해외로 도항하여 무역을 행했다.[15] 王直도 이런 대형선박(巨艦)을 거느리고 있었는데[16] 이런 雙桅船의 존재는 朝鮮 『王朝實錄』에서도 확인된다.

群山島를 수색하던 중, 이름 모를 네 사람을 잡아서 추문하니, 공초하기를 "우리는 韓山의 鹽干인데… 馬梁 앞에 이르니, 큰 배 한 척이 있고 그 좌우에 작은 배가 있었는데, 그 안에는 붉은 수건으로 머리를 싸매기도 하고 비단으로 옷을 만들어 입기도 한 이상한 복장의 사람이 1백여 명 있었다. … 우리들을 섬에 버려두고 곧 쌍돛을 펴고 서해 큰 바다를 향하여 갔다"고 하였습니다.[17]

泰安郡守 朴光佐가 보고하기를 "郡의 남쪽 麻斤浦에 中國 것인지 倭國 것인지 분별할 수 없는 배 한 척이 와서 닿았다"고 하여, 빠른 군사를 뽑아 해안으로 갔는데, 쌍돛대에 기를 단 높고 큰 배 하나가 바다 어귀에 정박하였습니다. … 배에 있는 사람들이 다 뭍에 내리면 그 수가 거의 1백 50여 명이나 되겠는데,…[18]

---

14) 『大明律』卷15,「兵律」2, "凡沿海去處, 下海船隻, 除有號票文引, 許令出海外, 若奸豪勢要, 及軍民人等, 擅造二桅以上違式大船, 將帶違禁物貨物下海番國買賣, 潛通海賊, 同謀結聚, 及爲嚮導, 劫掠良民者, 正犯比照謀叛已行律處斬, 仍梟首示衆, 全家發邊衛充軍".

15) 『廣東通志』(嘉靖40年刊本) 卷66,「外志」3, 海寇, "歷齊東·淮浙·漳泉而後至于潮. 雙桅出沒東洋, 如履平地久矣".
  『廉州府志』(崇禎十年刊本) 卷6,「海路經武志」, "甚至豪勢之家, 私造雙桅大船, 出其資本, 招引無藉棍徒, 交通外夷, 貿易番貨. 其船隻出海, 開張旗幟, 肆行擄掠, 寔一巨寇也".

16) 『王直傳』, "乃更造巨艦, 聯航方一百二十步, 容二千人 木爲城爲樓櫓四門, 其上可馳馬往來, 據居薩摩洲之松浦津".

17) 朝鮮 『中宗實錄』卷104, 中宗39年, 7月壬寅.

18) 朝鮮 『中宗實錄』卷104, 中宗39年, 7月丙辰.

제주 목사 金胤宗이 啓本에 이르기를, "7월 18일 해질녘에 荒唐船 한 척이 동쪽 大洋으로부터 와서,… 19일 새벽 황당선에 탔던 사람들이 상륙하여 도망치길래 여러 겹으로 에워싸고 급히 잡아들여 먼저 한 사람에게 물어보니, 그 사람들은 모두 중국인인데 무역 관계로 일본에 왕래하다가 바람을 만나 파선한 자들이었습니다. 항복한 자들은 모두 3백 26병으로,…"[19]

위에 의하면 雙椀船의 승조 규모는 100여 명에서 많게는 300여 명인 것을 알 수 있다. 또한 이러한 배들이 동아시아 해역을 빈번히 왕래하였다는 것도 확인할 수 있다. 倭寇 선단이 모두 이런 대형선박으로만 구성된 것은 아니었겠지만, 만약 구성 선박의 수가 많다면 중국에서 활동한 倭寇들이 모두 日本에서 도해했거나 왕래했을 가능성도 무시할 수는 없다.

<표 2>의 嘉靖 37년(1558) 3월에 나타난 '새로 건조한 대형선박 (新造 大船) 6척' 정도면, 한 척당 승조인원을 150~200명이라고 했을 때 1,000여 명을 전후한 집단이었다고 추정할 수 있다. 戚繼光과 관련된 사적 중, 한 전투에서 "眞倭 2,300여 급을 베었다"라는 기록이 있는데, 여기서의 眞倭는 그야말로 日本人일 가능성이 높다. 王直이 거느리고 있던 2천명의 手下들과 '夷·漢兵'을 중국으로 보내 침구하게 했다는 사실도 수천명 단위의 倭寇 집단이 日本과 中國을 왕래하였다는 증거가 될 수 있다. 예를 들어 다음 기사를 보면,

嘉靖 41年 (1562) 壬戌 2月, "倭賊이 大樓船 수십척을 타고 日本으로 돌아갔는데, 남녀 수천인을 잡아갔다".[20]

수십척의 大船이 수천인의 사람들을 약탈해서 일본으로 돌아갔다는

---

19) 朝鮮『明宗實錄』卷1, 明宗元年, 8月甲午.
20) 『寧德縣志』(乾隆41年刊) 卷10,「拾遺志」, 祥異, 嘉靖41年, 壬戌2月, "倭賊駕大樓船數十還日本, 擄去男女數千人".

것인데, 위와 같이 만약 수십척의 大船을 동원하는 것이 가능했다면 수천명을 운송하는 것도 수치상으로는 큰 문제가 되지 않는다.[21]

한편, 倭寇에 대한 피해 양상은 같은 지역에 반복하여 침구한다는 특징도 가지고 있다. 예를 들어 일찍부터 海外貿易에 나섰으며 倭寇와 관련이 깊다고 거론되는 漳州 같은 곳은 萬曆元年刊本『漳州府志』를 통해 살펴보면 每年 수차례에 걸쳐 침구가 반복되고 있다. 이에 의하면 漳州에 倭寇 침구가 시작된 것은 嘉靖 35년(1556) 10월부터[22]라고 되어있다. 그러나, 이미 密貿易의 전통은 오래전부터 시작되었다.[23] 嘉靖 26년(1547)에는 포르투갈선이 내항하여 이 지역 상인들과 무역을 하였는데,[24] 포르투갈인들이 이곳까지 오게 된 원인은 밀무역의 성황이 그만큼 대단했다는 것을 의미하기도 한다.

장기간에 걸친 倭寇의 침구행위가 여러 지역에 피해를 끼친 이유 가운데 한 가지는 '分掠'이라는, 한 지역을 거점으로 한 이후에 그곳에서부터 주위 지역으로 나뉘어 약탈행위에 나서는 것과 여러 지역을 전전

---

21) 다만 '이런 정도를 운용할 수 있는 경제적·정치적 능력은 어떠했는가?'라는 질문에 대해서는 여러 가지 면에서 생각해보아야 할 여러 가지 문제가 있다.

22) 『漳州府志』(崇禎元年刊) 卷32, 「災祥志」, 兵亂, 嘉靖35年, 10月, "有倭寇由漳浦縣地方登岸, 屯住六都後江頭土城, 燒燬房屋, 殺掠男婦無計. 漳自是有倭寇".

23) 『漳州府志』(萬曆元年刊) 卷30, 「海澄縣 輿地志」, 建置沿革, "海澄縣在漳東南, …. 正德間, 豪民私造巨舶, 揚帆他國以與夷市. 久之誘寇內訌, 所司法繩不能止".

24) 『漳州府志』(崇禎元年刊) 卷32, 「災祥志」, 兵亂, 嘉靖26年, "有佛郎機夷船, 載貨在於浯嶼地方花賣, 漳泉賈人輒往貿易. 巡海道柯喬, 漳州知府盧璧, 龍溪知縣林松, 發兵攻夷船不得, 通販愈甚. 時新設總督, 閩浙都御史朱紈厲禁, 獲通販者九十餘人, 遣令旗·令牌, 行巡海道柯喬, 都司盧鐣, 就教場悉斬之".

하면서 약탈하는 특성이다. 倭寇는 이를 위해 한 지역에 근거지를 두고 오랫동안 그 곳에 주둔하는 형태를 취하곤 했다. 주둔은 수일동안 머문 뒤에 돌아가는 경우도 있었지만, 한 달 이상을 머무르며 약탈하거나 주변 지역 약탈을 위한 거점으로 삼기도 했다.[25]

그리고 <표 2>를 보면 倭寇가 침구해오는 시기가 매년 비슷하다는 것을 알 수 있는데, 이런 侵寇 시기도 주목해볼 만하다. 日本에서 중국 연안지역으로 오기 위해서는 東北風이 필요했다. 동북풍이 부는 시기는 淸明 후부터 음력 5월까지이며, 음력 5월 이후에는 남풍이 많아져서 日本에서 中國으로 항해하는 것이 어려워진다. 그리고 重陽이후에 다시 東北風이 많아지다가 음력 10月을 넘기면서부터 西北風이 많아져서 역시 中國으로의 항해에 어려움을 겪게 된다.[26] 倭寇가 侵寇해서 바다로 물러 나가는 시기를 이와 맞추어 생각해보면 이 역시 관련이 있다고 생각된다.

---

25) 『漳州府志』(崇禎元年刊) 卷32,「災祥志」, 兵亂, 嘉靖39年, "正月, 倭由同安來, 屯于三都. 二月, 浙江流劫豐田, 至佛潭橋. 3月, 突入長泰安焚劫. 四月·五月, 俱屯月港" 및 卷24,「長泰縣」下,「兵亂」, "四月, 倭寇三千餘, 突入石銘里塔兜·上下洋山等地, 屯住三十餘日, 五月, 至人和里, 鄉兵戰死者三十餘人".
　　『泉州府志』(萬曆40年刊) 卷4,「規制志」上, 城池, 崇武千戶所城, 嘉靖40年, 4月朔, "倭賊攻城. … 失守, 城陷. 賊據城四十餘日, 燔君民居, 殺掠殆盡, 迺去" 및「雜志」, 海賊流, "是年(嘉靖39年 4月) 15日, 賊又攻隘. 典史兵少不支, 賊邃入縣, 分屯肆掠三十餘日乃去. 7月, 倭數千突入安溪, 屯四十日. 公署·民房, 燒燬殆盡".
　　『興化府志』(萬曆3年刊本) 卷1,「輿地志」, "(嘉靖41年) 29日, 四更, 城陷. 先一日, 天兵給翁參政. 是夕, 翁卒中其給, 已而賊屯兩月, 始往攻平海衛崎頭堡, 破之".

26) 『溫州府志』(萬曆32年刊) 卷2,「輿地志」, 入寇海道, "大抵倭船之來, 恒在淸明之後, 以其東北風多, 若過五月, 風自南來, 倭不利. 重陽後, 風亦有東北, 若過十月, 風多西北, 倭亦不利矣".

倭寇의 피해는 그야말로 대단했다.[27] 이와 같이 倭寇의 피해가 확대되었던 것은 이들이 오랫동안 내지에 머물면서 활동했던 것이 주요한 원인으로 작용하였는데, 이 과정에서 여러 중국 내지인들이 합세하기 때문이다. 또한 倭寇의 영향으로 발생하는 地域民들의 반란[28]은 피해를 더욱 가중시켰던 한 원인으로 작용했다. 嘉靖 41년(1562) 福建 漳州에서 張維 등에 의해 발생했던 '月港 24將의 亂'[29]은 倭寇의 영향을 통해 발생한 土寇 반란의 대표적인 것이라고 할 수 있다.

2. 嘉靖時期 倭寇의 무력적 성격 증대

대대적으로 倭寇가 발생하고 이들이 長期的으로 중국 내지에 머물며 활동할 수 있었던 이유 가운데 하나는 연안방비의 허술함이 결정적인 역할을 했다. 明初 海防 시행과 함께 강화되었던 연해의 방비는 점차 약화되었다.[30] 그리고 이런 방비의 약화로 倭寇는 마치 '무인지

---

27) 『閩書』(崇禎刊本) 卷246 「島夷志」, "自東南中倭以來十餘年間, 生靈之塗炭已極".
28) 『寧德縣志』(乾隆41年刊) 卷10, 「拾遺志」, 祥異, "嘉靖42年, 癸亥春, 倭賊千餘.… 時莒州東洋人, 乘亂爲僞倭, 劫掠焚殺尤慘".
   『廣東通志』(萬曆30年刊) 卷70, 「外志」5, 倭夷－海寇附－, "嘉靖43年夏4月, 潮州柘林海兵叛, 犯廣州. 時倭犯潮州, 兵餉不時給, 遂擧兵犯廣州, 衆僅數百人, 城門晝閉, 無敢禦者. 賊由此四出, 劫掠近鄕, 死者以數千計, 旬日乃去".
   『漳州府志』(萬曆元年刊) 卷26, 「南靖縣 雜志」, 兵亂, "嘉靖41年, … 由是永豊一帶居民, 效尤煽亂".
29) 이에 대해서는 佐久間重男, 「中國嶺南海域の海寇と月港二十四將の反亂」 『靑山史學』5, 1978 참조.
30) 『瓊州府志』(萬曆年間刊本) 卷8, 「海黎志」, 海防, "海南衛隷有左・右・前・後・中五千戶所, 國初一千名, 正統以後漸減去五百名. 儋・萬・崖・淸

경'31)과 같이 중국에서 활동할 수 있었다.

흔히 倭寇의 주요 구성원으로 지적되는 사람들이 中國人 商人이나 연안의 貧民·海民들이다. 그런데 이들을 '倭寇의 주력'이라고 했을 때, 연해의 방비가 무력해졌다고는 하지만 설명되지 않는 점들이 있다.

우선 제기할 수 있는 문제는 倭寇가 전투에 상당히 능했다는 것이다. 앞서 예를 들었던 嘉靖 34년(1555) 6~70명의 침구활동은 倭寇의 특성상 여러 지역을 돌아다니며 약탈행위를 하고 다닐 때 내지인들이 이에 협조했었는지 몰라도 상식적으로 쉽게 이해하기 힘든 면이 있다. 물론 일종의 유격부대처럼 여러 곳을 전전하면서 토벌 부대를 피해가며 약탈행위를 했었는지도 모르지만, 그 피해 규모와 官軍에 의한 토벌과정을 생각해봤을 때 이들이 전투에 능한 사람들로 구성되어 있었음을 알 수 있다.

嘉靖 32년(1553)부터 嘉靖 34년(1555) 사이에 官軍이 倭寇에 패한 몇 가지 사례를 들어보면 다음 표와 같다.

〈표 3〉 嘉靖 32~34년, 倭寇에 의한 官軍의 피해

嘉靖 年/月	倭寇의 규모	官軍 규모 내지는 피해 규모	비고
32/4	倭 40人	把摠官 1·指揮 4·千戶 1·百戶 6·縣丞 1 등 살해. 관군 수백 사상.	
32/7		3개 州縣, 3개 衛所 焚掠. 昌國衛 등 5개 所 공격·함락. 11개 이상의 鄕鎭 겁략.	3개월 동안의 침구 내용
32/9	倭賊 百餘	總兵 湯克寬, 鄧·漳 지역의 군대 이끌고 이를 공격. 관군 패배·400여 인 사망.	

瀾·南山·昌化六千戶所, 旗軍原一千二百名, 宣德以後漸裁六百名, 原設備倭船二十三隻(內五所各一隻, 外六所各三隻). 嘉靖辛亥年, 船被賊擄, 軍赤罷設".

31)『閩書』(崇禎刊本) 卷246,「島夷志」, "沿海諸郡, 僅僅保孤城, 賊往聚散如入無人之境".

33/4	賊船 1척·566인	官軍 사상자 1475人.	『倭變事略』
33/8		山東兵 倭寇를 추격, 도중에 복병을 만나 대패. 指揮 劉勇 등 사망자 千人.	
34/2	倭 수백인	工部侍郎 趙文華, 狼兵으로 공격했으나 不勝.	
34/5	倭 50인 미만	살육 천여 인.	
34/5		參將 盧鏜가 왜구 공격·추격. 迎擊 당하여 제군 궤멸.	
34/6		知縣 錢錞 狼·民兵. 전멸.	
34/9	倭 2백인	浙江杭嘉湖兵備副使 劉燾 兵5천, 3道로 나뉘어 진군. 관군 도망.	
34/11	倭 2백여 인	千戶 戴洪 등 敗死.	

물론 이 기간 중 官軍이 위와 같이 일방적으로 패배한 것만은 아니었다. 그렇지만 당시 지방의 군대책임자가 지휘한 군대가 그보다 적은 수의 倭寇에게 패배하거나 계략에 말려들어 참패하는 경우를 보면 倭寇가 단순한 도적 집단 이상의 전투 능력을 가지고 있었다고 할 수 있다.

<표 3>을 보면 倭寇는 '兵法'이라고 부를 수 있는 伏兵을 사용하고 있었음을 알 수 있는데, 倭寇는 이처럼 일정한 戰法을 가지고 있었다. '長蛇의 陣'과 '胡蝶의 陣'이라는 것인데, 먼저 '胡蝶의 陣'은 일단 상륙하거나 진군할 때에는 일렬종대로 진격하다가 官軍과 맞서게 되면 散開하여 숨었다가 指揮官이 指揮扇을 이용하여 호령을 가하면 伏兵이 사방에서 일제히 공격해 들어가는 모습이 마치 나비가 날아가는 것과 같았다고 한다. 또한 일렬로 선두와 후미에 가장 강한 부대를 두어 앞쪽을 공격하면 후미 쪽이 공격으로 나서고, 뒤를 공격하면 선두 쪽이 반격하는 것이 '長蛇의 陣'이다.[32]

---

32) 『日本考』(明 李言恭·郝杰 著, 汪向榮·嚴大中 校注, 中華書局, 2000年版) 卷1, 「寇術」, "倭夷慣爲胡蝶陣, 臨陣以揮扇爲號, 一人揮扇, 衆皆舞刀而起, 向空揮霍, 我兵蒼皇仰首, 則從下砍來. 又爲長蛇陣, 前耀百脚旗, 以次魚貫而行, 最强爲鋒, 最强爲殿, 中皆勇怯相參". 한편, 「寇術」편의 주에

여기서 '扇'은 아마도 日本의 무장들이 전투시 사용했던 '軍配團扇'
을 의미하는 것 같다. 그런데 실제로 이런 '부채'를 들고 지휘하는 倭
寇 지휘자의 모습이 사료에 등장하기도 한다.

㉠ 嘉靖 35년, 倭 5·6千이 연이어 와서 주둔했다. … 初4일 (왜가) 대나무
　를 잘라 雲梯를 만들어 성 아래로 밀려 왔지만, 성 위에서 鹿角과 나무
　를 밑으로 던져 사다리가 앞으로 닿을 수 없었다. 이에 대나무를 메어
　큰 돌을 던지자 왜적이 사다리를 버리고 달아났다. 初5일 왜적이 이를
　분히 여겨 사면에서 雲梯로 공격해왔다. 성 위에서 화살과 돌을 비 오
　듯 쏟아내어 적의 사상자가 무수히 많았다. 적의 두목이 깃 부채를 휘
　두르자 다시 큰 싸움이 붙어 사상자가 매우 많았다. 이에 부채를 휘둘
　러 공격을 멈추고 雲梯를 베어 버린 뒤 물러났다.33)

㉡ 이때 적에 二大王이라는 20여 세의 (두목이) 있었는데, 매 전투에서 부
　채를 휘두르며 幻術을 사용하여 무리를 미혹케 하였다. (그는) 홀로 紅
　袍를 입고 말을 타고 있었다.34)

㉢ 嘉靖 37년 10월 甲子, 倭賊 3백여 무리가 스스로 그 타고 온 배를 불
　지르고 육지로 올라 博頭·北塔 등 마을을 공격하여 겁략하고 크게 분
　략질 했다. … 南洋灣의 鄕夫大가 금 투구와 갑옷을 입은 倭酋 한 명을
　참하였다.35)

는 "倭奴之勝我兵, 專以術也"라고 하여 官兵의 패인을 倭寇의 전법에 두
고 있다.

33) 『福寧州志』(萬曆21年刊) 卷10 「雜記志」 祥異 寇盜, "嘉靖35年 倭五六千,
　繩繩來屯. 太金分巡舒春芳, 調陽山·賴家·柘洋等處兵堵截. 知州鍾一
　元, 墨縗領兵大戰. 庠生陳坡陣亡. 己未年七月倭屯三洋坪, 欲上柘洋. 城
　久壞, 袁桔率衆修補. 二十九日, 攻破桃坑寨, 殺守寨十一人, 直至城下攻
　城. 八月初一日, 賊上仙嶼瞰城中虛實, 城中亦架敵樓以爲蔽. 初二·初三,
　分爲五隊攻城, 殺賦頗多. 賊退. 初四日, 伐竹爲雲梯, 畀城下. 城上以鹿角
　柴擲下, 梯不得前. 因用竹束大石投之, 賊棄梯走. 初五日, 賊忿, 四面雲梯
　而攻, 城上矢石如雨, 賊死無算. 賊酋揮羽扇, 復合大戰, 死傷甚衆, 乃揮扇
　止攻, 砍雲梯而退. 十二日, 燒各村房舍, 拔寨去. 柘人尾其後, 至梨坪, 生
　擒十餘賊. 於是鄕人始知有城堡之利, 而沿海五十七堡次第創築云".
34) 『倭變事略』 卷1, "是賊, … 有稱二大王者年二十餘, 每戰輒揮扇, 用幻術
　惑衆, 獨衣紅袍騎".

우선 ㉠과 ㉡에서는 부채를 사용하여 독전하는 倭寇 지휘관의 모습을 볼 수 있다. 특히 ㉡의 지휘관은 20세의 젊은 나이에 혼자 다른 복장을 하고 말을 타고 있는데, 상당한 위치에 있었다는 것을 짐작할 수 있다. 또 ㉢에서는 부채를 들지는 않았지만 일종의 副將 역할을 수행했던 '倭酋'가 등장하는데, 그는 金 투구와 갑옷을 입고 있었던 점에서 역시 倭寇 집단에서 중요한 위치에 있었음을 알 수 있다.

그리고 아래의 ㉣, ㉤은 같은 사실을 진술한 것인데, '倭酋'들이 城을 공격할 때에 스스로 앞장서서 공격에 임하는 모습이 나타난다. 이와 같이 전투 모습에서 나타나는 倭寇 지도자들의 모습들은 당시 日本 戰國武將들의 모습과 유사한 면이 있다.

㉣ 倭寇가 나무 사다리를 가지고 강제로 성벽을 도모하려 했다. 여러 간교한 두목들이 칼을 휘두르며 먼저 (성에) 올라 垛口에 임박했다.… 倭寇가 다시 呂公車를 만들어 안에 무기를 장비하고 그 앞에 가파른 사다리를 걸고 四門에 이르러 밤낮으로 있는 힘을 다하여 공격하였는데, 기세가 더욱 급박해졌다.[36]

㉤ 嘉靖 42년 겨울 倭寇 만여 무리가 성을 공격했는데, 呂公車를 밀어 곧 성에 임박하였다. 성벽을 지키던 사람들이 놀라 도망하였는데 倭酋가 마침내 사다리를 늘어놓고 성에 올라 바로 垛口에 기어올랐는데 감히 막는 자가 없었다. … (이에 대적하여 성을 방어한) 劉君芳이 따르던 중에 倭가 쏜 총에 맞아 죽었다.[37]

---

35) 『廣東通志』(嘉靖40年刊) 卷66, 「外志」3, 海寇, "(嘉靖37年) 十月甲子, 倭賊三百餘走, 自焚其舟登岸, 攻劫塼頭・北塔等村, 大肆焚掠. … 已而寇集海豊縣潭衝, 土賊, 終倭行劫洋尾四村焚掠, 男婦死者數千人, 哭聲徧野. … 已而倭酋帥衆千餘, 自漳州突入饒平縣, 攻劫黃岡民鎭, 破其城入居之. … 南洋灣鄕夫大勇斬倭酋金盔甲者一人, 其衆大敗, 俘馘無筭".

36) 『興化府志』(萬曆3年刊) 卷2, 「城池」, 遷遊縣城, "(嘉靖42年) 十二月六日, 寇持木梯强倚城垣, 諸點酋奮刀先登, 直迫垛口. … 寇復造呂公車, 內藏兵械, 架危梯于車前, 運至四門, 晝夜悉力以攻, 勢益迫".

또한 위에서 보듯 이들이 성을 공격할 때에는 여러 攻城 장비들을 이용하고 있는데,[38] 이런 공성장비를 제작하고 이용하는 모습도 그 집단의 성격을 말해준다. 海商도 어느 정도의 무장을 갖출 수밖에 없었던 것은 분명하지만, 그들이 攻城 장비까지 갖추고 다닐 필요는 없었을 것이다. 반면, 攻城 장비까지 갖춘 이들은 애초부터 그 목적이 침구였다는 것을 알 수 있다.

이들은 단순 '도적'의 수준을 넘는 사람들이었음이 틀림없다. 倭寇의 전투능력이나 지휘관의 모습 등에 덧붙여서 그들의 무장 수준은 이런 것을 반증하는 증거라고 할 수 있다. 倭寇는 상당한 수준의 무장을 갖추고 있었다. 성을 공격할 때 위에서 언급한 공성장비 이외에도 ㉢에서 倭가 총을 사용하는 것처럼, 火砲나 銃을 사용하고 있었다.[39] 또

---

37) 『興化府志』(萬曆3年刊) 卷2,「城池」, 僊遊縣公社－司堂附－, "嘉靖癸亥冬(42年), 倭寇萬衆攻城, 計推呂公車迫城. 守垜人驚走, 倭酋逡列梯登城, 直攀垜口, 無敢禦者. … (劉)君芳隨中倭銃死".

38) 『閩書』(崇禎刊配補鈔本) 卷232,「英舊志 閭巷」, 汀州府福寧州, "程伯簡, 嘉靖丙辰, 倭萬餘攻堡. 伯簡殊不撓沮, 賊馳二雲車至, 伐樹杈格". 「文澃志」知縣 興化府, 陳大有, "南海人. 蒞任旬餘, 倭方破莆, 乘勝以四千餘人從寧海間道薄城下西鄕, 叛民附之, 環城三匝. 위와 같은 전투 모습에서 나타나는 倭寇 지도자들의 모습들은 당시 日本의 戰國武將들의 모습과 유사한 면이 있다. 而賊之竹牌·雲梯, 轉爲所絀. 最後, 諜知賊造呂公車·太車以來".

그런데 『明史紀事本末』卷55,「沿海倭亂」, "嘉靖38年, … 又有大批新倭携帶攻城器具來犯"이라고 되어 있는 점으로 보아 이러한 공성장비는 현지에서 필요에 의해 만들기도 하지만 아예 도래할 때부터 가지고 오는 경우도 있었던 듯하다.

39) 『海濱大事記』(林繩武 撰) 卷1,「福州倭患始末」, 嘉靖37年, 4月·5月條. 『福州府志』(乾隆19年刊) 卷13,「海防」, 倭寇福州始末附, 嘉靖5年, 初2月, "倭千餘.… 至十二日抵福清, 據門外山頭. 用砲擊雉堞, 城遂陷". 『漳州府志』(崇禎元年刊本) 卷9,「賦役志」下, 勇烈列女傳, 朱氏, "漳浦張冠期妻. 嘉靖38年, 倭寇攻埔尾城, 冠期從城上執矢石禦之, 被銃傷死".

城을 공격할 때는 성 주변의 높은 지역에서 성 안쪽으로 사격하는 銃砲를 이용한 攻城法의 정공책을 보여주기도 했다.[40] 참고로, 이런 전술은 임진왜란시 동래성을 공략한 日本軍에게서도 나타난다.

한편 이와 관련하여 한 가지 특이한 사실은 일반적인 생각과는 다르게 倭寇의 주 戰場이 육상이었다는 점이다. 倭寇라면 섬이라는 특성의 日本, 더군다나 九州라는 지리적 여건상 海賊的 특성을 생각하기 쉽지만, 오히려 倭寇가 실제 침구하는 모습을 보면 바다는 몸을 숨기기 위한 피난처로서의 역할일 뿐 주 활동 무대는 육상이었다.

戚繼光은 海防에 대한 방어책을 논하면서 海洋에서 물리치고 入港하지 못하게 하는 것을 上策, 배를 대는 곳에서 막고 登岸하지 못하게 하는 것을 中策, 登岸하여 해안가에서 陣을 치고 城에 가까이 오지 못하게 하는 것을 下策이라고 하였다.[41] 이것은 단순히 국경 밖에서 적을 섬멸한다는 전쟁의 기본 전략일 수도 있지만 그보다는 倭寇가 陸戰에 능하고 明軍은 水戰에 능했기 때문이기도 했다.[42]

여기에 더해 이와 관련된 倭寇의 '상식 외의' 모습은 자신들이 타고 온 배를 버리거나 불태우고 육지에 오르는 모습이다. 이런 '焚舟登岸'의 모습에 대해서는 필자도 고민을 많이 했던 부분이다. 더군다나 『明史』에서도 서술하고 있는 것처럼[43] 이렇게 스스로 그들 자신의 배를 불 지르고 상륙하는 경우가 상당히 많이 나타나기 때문이다.

---

40) 『福安縣志』(萬曆25年刊本) 卷9,「雜記志」, 祥變 外夷, "然倭性狡譎, 用虛銃竹箭射城中.⋯ 乘高注矢鐵鏃鉛銃雨下蝟集".
41) 『福寧州志』(萬曆末年刊) 卷5,「兵戎志」, 萬曆20年, "戚都護元敬有言曰, '防海有三策, 海洋截殺, 毋使入港, 是得上策. 徇塘拒守, 毋使登岸, 是得中策. 臨水列陣, 毋使近城, 是得下策. 不得已而守城, 則無策矣'".
42) 『倭變事略』卷2, "昔本兵虞坡楊公博士上疏云, '防倭之法, 防海島者 爲上, 防港門者 爲次, 守城郭者 爲下, 盖倭奴長技利於陸, 我兵長技利於水也'".
43) 『明史』卷322,「外國」3,「日本傳」, "每者焚其舟, 登岸劫掠".

이런 행동을 취하는 이유에 대해 생각할 수 있는 것은 일종의 '背水의 陣'과 같은 효과를 위해 퇴로를 끊고 죽기를 각오하고 싸우게 하기 위해서라는 것이다. 徐海 집단도 '焚舟登岸'을 했는데, 이런 행위를 이와 같은 취지로 설명을 한 경우도 있다.[44]

그렇지만 여전히 이렇게 극단적인 방법을 취해야만 했던 것은 충분히 설명되지 않는다. 상식적으로 이들이 중국 대륙까지 온 목적을 생각해봤을 때 불태운 선박 이상의 가치 혹은 이익을 얻어내야 한다. 徐海나 그 외의 대규모 집단[45]들이 그들이 타고 왔던 많은 선박을 불태웠던 것은 이런 점에서 쉽게 납득하기 어려운 점이 있다.

또한 이렇게 배를 쉽게 포기하는 모습은 우리가 흔히 생각하는 '海民'들의 성질과는 상당히 다른 것이다. 배를 버리고 육지로 올라와서 육상에 근거지를 마련하고 활동하는 모습은 연안지역에서 바다를 생활의 무대로 살아가는 사람들과는 다른 면모를 보여준다. 상당히 단편적인 사실이지만, 倭寇 가운데 天妃廟를 훼손했던 경우가 있다.[46] 天妃廟는 중국연안에서 海上·水上 항행의 안전을 보호하는 女神인 媽姐의 사당이다. 媽姐에 대한 신앙은 항해자들에게는 보편적이라고 할 수 있을 정도였고, 중국의 역대 왕조에 의해서도 보호되었다. 특히 明代에는 天妃로서 숭배되기까지에 이른다. 따라서 이런 天妃廟를 훼손했다는 것은 적어도 훼손시킨 사람들이 일반적인 中國의 항해자들과

---

44) 『浙江通志』(嘉靖40年刊) 卷60, 「經武志」, "海則自擁萬餘人, 逼乍浦登岸. 焚舟, 令人各殊死戰".

45) 『長樂縣志』[崇禎辛巳(14年)刊本] 卷9, 「存往志」, 災祥, 嘉靖37年, 戊午4月, "倭夷 千餘. … 焚舟登岸".
　　『泉州府志』(萬曆40年刊本) 卷13, 「武衛志」下, 武蹟, 鄧城, "敵倭寇百船突至, 城兵不滿十艘, 攻沉倭船無數. 賊焚舟登岸".

46) 『興化府志』(萬曆3年刊) 卷1, 「輿地志」, 壇廟, "天妃廟, 嘉靖壬戌(41年, 1562), 倭燬".

는 조금 다른 성격의 사람들이라고 추정할 수 있지 않을까?

위와 같은 사실들을 종합해 보면 종래의 倭寇像으로는 설명될 수 없는 부분이 많다. 우선 倭寇는 상당히 고도화된 무장집단 내지는 전투 집단이었음을 알 수 있다. 이것은 당시 日本의 상황과 무관하지 않다. 陳東이 島津씨와 어느 정도 직접적인 관계가 있는지는 확실치 않지만 陳東과 徐海 집단 같은 경우는 薩摩 즉 島津씨와 깊은 관계가 있었음이 분명하다. 또한 王直의 경우도 松浦씨와의 관계는 확실하며 이와 관련된 사람들이 중국으로의 침구에 참여했을 가능성 역시 상당히 높다. 그러한 일본 戰國時期의 지방 세력과의 관계를 통해서 전투 집단적인 성격은 어느 정도 설명될 수 있다. 특히 日本에 연원을 두었던 倭寇의 경우는 더욱 확실하다고 할 수 있다.

3. 嘉靖時期 倭寇 활동으로 인한
   동남연안 지역의 혼란과 파괴

倭寇가 중국내지에서 장기간에 걸친 침구를 벌일 수 있었던 것에는 倭寇를 방어·진압해야했던 지방관 및 지방군의 태도가 중요한 작용을 했다. 1차적으로 방비 부족[47]이라는 것에 더해서 이와 연장선상에 있다고 할 수 있는 해당 지방관의 무능 및 잦은 교체가 倭寇 대책에 부정적으로 작용했다.

嘉靖 31년(1552)부터 출몰이 잦아진 倭寇에 대해 明朝는 그 대책으로 연해지역의 요처에 새로이 축성하거나 병력을 보충하는 등 방비를

---

47) 『籌海圖編』 卷35, 沿海 諸衛의 군액 실상에 의하면, 嘉靖時期의 군비는 전체적으로 감소하여, 평균적으로는 약 36%의 결손율에 달하였다(石原道博, 1964, 148~149쪽).

확충했다. 또한 倭寇 침범이 잦은 지역의 주민을 내륙으로 옮겨 倭寇
와의 연계나 약탈 대상을 미리 제거하는 방책도 취하였다. 그렇지만
이러한 방법은 미봉책에 불과했다. 官兵은 질적이나 수적인 면에서 떨
어져 있었고[48] 이런 관병을 책임졌던 지방관들의 태도 또한 일관적이
지 못했다. 어떤 경우에는 적극적인 토벌에 나서지 않았었을 뿐만 아
니라 같은 장수를 죽음으로 모는 경우도 있었다.[49]

衛名		軍額	平均	결손 수치	衛名		軍額	平均	결손 수치
遼東	金州	1,726	1,612	32%	浙江	金鄕	684	1,104	22%
	復州	647				溫州	2,717		
	蓋州	2,464				宋門	197		
						海門	683		
						海寧	1,240		
山東	安東	2,694	2,878	57%	福建	鎭海	1,500	2,226	44%
	靈山	1,807				福寧	717		
	鰲山	2,313				永寧	5,784		
	大嵩	2,553				鎭東	1,432		
	靖海	2,267				福州左	1,697		
	成山	1,891			廣東	廣州	952	1,168	23%
	寧海	3,420				雷州	1,280		
	威海	1,952				神電	1,056		
	登州	3,201				廣海	1,165		
	萊州	2,890				南海	1,114		
	靑州	4,775				碣石	1,284		
						潮州	1,328		
					計	31	5,000	1,798	36%

48) 沿岸방비의 해이와 軍備 부족의 원인 가운데 한 가지는 방비를 담당해야
   했던 軍人들의 자세와도 관련이 있다. 卜大同의 『備倭記』에 의하면 水寨
   의 原額과 도망친 병사들의 비율은 평균 44%에 달하고 있다(石原道博,
   1964, 149쪽).

水寨	原額	逃亡	%	水寨	原額	逃亡	%
烽火	4,068	3,000	26	浯嶼	3,429	1,468	57
小埕	4,402	2,383	46	銅山	1,822	1,192	35
南日	4,700	2,557	46	元鐘	1,133	476	51
평균					3,259	1,847	44

49) 『福淸縣志』(福淸縣志編纂委員會編), 「雜事志」, 與戚將軍言揮使童乾震死

嘉靖 31년(1552) 山東巡撫 都御史 王忬가 提督軍務가 되어 浙江으로 파견50)된 후에 王直을 일단 제압했지만, 瀝港에서 日本으로 근거지를 옮긴 王直 집단의 침구는 오히려 그 정도를 더하게 되었다. 이러한 상황에서 王忬는 이임되고 후임으로 李天寵이 浙江巡撫가 되었는데 그는 倭寇에 대한 별다른 대책을 세우지도 못한 채, 趙文華에게 탄핵되어 곧 파면되고,51) 南京 兵部尙書 張經이 總督軍務로서 浙江·福建 등지의 海防 담당자가 되었다.52) 그는 嘉靖 34년(1555) 5월 王江涇에서 副總兵 俞大猷와 함께 徐海 집단에 승리를 거둔다.53) 이것이 嘉靖倭寇의 발발 후, 관군이 거둔 첫 승리라고도 일컬어질 정도로 官軍의 대응은 너무 지체되었고 무능했다.

그런데, 張經도 승리를 거두었던 이때에 다시 趙文華의 탄핵을 받아 그 직에서 물러나야만 했다.54) 趙文華는 『明史』 「奸臣傳」에 들어갈 정도의 인물로 海防 담당자들을 계속 탄핵하여 倭寇의 亂이 더욱 심해지게 했던 원인 제공자였다.55) 張經의 뒤를 이어 南京 兵部侍郞 楊宜가 총독이 되었지만, 그도 다시 趙文華의 탄핵으로 嘉靖 35년(1556) 2월 물러나고56) 趙文華가 추천한 浙江巡撫 胡宗憲이 총독이 되었다.

事書, "泉州指揮童乾震奉檄來. … 每日請戰, 輒爲尹參將·劉備倭所阻. … 約尹·劉分三道薄巢以解其圍. 童當中, 先發. 尹故以酒遣劉, 遲發而陷之死".

50) 『明史』 卷18, 「世宗本紀」2, 嘉靖31年, 7月壬寅.

51) 『明史』 卷205, 「李天寵傳」.

52) 『明史』 卷205, 「張經傳」.

53) 『明史』 卷18, 「世宗本紀」2, 嘉靖34年, 5月甲午.

54) 『明史』 卷205, 「張經傳」.

55) 『明史』 卷308, 「奸臣」, 嚴嵩傳, "倭寇江南, 用趙文華, 督察軍情. 大納賄賂以遺嵩, 致寇亂益甚". 同, 趙文華傳, "東南倭患棘, 文華獻七事, 首以祭海神言".

56) 『明史』 卷205, 「楊宜傳」.

그리고 胡宗憲에 의해 비로소 본격적인 倭寇 토벌이 시작된다.[57) 嘉靖 31年부터 嘉靖 35年까지 5명의 책임자가 경질되는 상황은 倭寇에 대한 방비를 못했다는 책임추궁에 의한 것이기는 했지만, 이러한 잦은 책임자의 교체는 분명 효과적인 것은 아니었다.

또한 지방관들의 태도도 일정치 않아 혼란이 더욱 가중되었다. 海防 담당자에 따라 차이는 있지만 힘에 의한 방어와 토벌보다는 원만하게 문제를 처리하려 했던 모습도 많이 나타난다. 예를 들면 嘉靖 36년 (1557) 趙文華의 주장에 의해 福建巡撫가 새로 설치되면서 浙江巡撫 였던 阮鶚이 福建巡撫로 임명되었는데, 阮鶚은 다음해 梅花·定海 등에 근거를 둔 倭寇의 침구에 대해 오히려 뇌물을 받고 수수방관하는 태도를 취했을 뿐 아니라, 후에는 倭寇들과의 화친도 모색했다.[58)

倭寇와의 이러한 일종의 거래는 심심치 않게 나타나는 것이었다. 胡宗憲에 의해 王直이 유인되어 살해되는 것도 이와 같은 맥락이었고, 王直 제거에 성공한 胡宗憲이 徐海에게 후한 뇌물을 주고 陳東 등의 다른 倭寇들을 잡아오도록 매수[59)했던 것도 이렇게 볼 수 있다. 그리

---

57) 『明史』 卷205, 「胡宗憲傳(附宗禮傳)」.

58) 『福州府志』(乾隆19年刊) 卷13, 「海防」, 倭寇福州始末附, "阮鶚竭庫藏, 竝括民間金帛賂之. … 37年, 戊午正月, 倭連艘泊梅花·定海諸處, 戕殺男女, 備極慘毒. 掠富家兒, 揭名於路. … 3月, 詔錦衣衛逮阮鶚赴京, 以言官劾其括民間金幣賂賊. … 阮(鶚)中丞意在和倭, 乃痛箠之" 및 『福建省志』, "嘉靖36年, 3月, 倭寇數千從琯頭登陸, 並以此爲巢, 四出劫掠. 8월, 從流江(沙埕港東岸)轉掠小埕(黃岐半島南岸)水寨的倭寇, 會同琯頭的倭寇圍攻福州城, 在西郊焚掠殺擄, 南台·洪塘悉爲煨燼(林繩武, 『海濱大事記』 卷1, 福州倭患始末). 福建巡撫阮鶚, 竭庫藏並括民間金帛賂之(林繩武, 『海濱大事記』 卷1, 福州倭患始末), 送給倭寇白銀數萬兩, 金花千枝, 牙轎數乘, 又撥給新造大船六艘, 讓其滿載而歸. 倭賊遂擁舟船下馬江, 沿途焚掠入海".

59) 『福州府志』(萬曆24年刊本) 卷25, 「島夷」, 日本附, "而宗憲賂海, 使執(陳)東

고 官軍에게 퇴로가 막힌 倭寇가 官軍의 지휘관에게 뇌물을 주고 빠져나갔던 경우60)도 있다.

이와 같은 지휘관들의 소극적인 태도로 倭寇가 장기간에 걸쳐 반복적으로 침구를 되풀이 할 수 있었던 것이다. 특정 지역에 倭寇가 반복해서 출몰하거나 근거지를 설정하고 몇 달에 걸쳐 주둔하는 것은 방비가 약했다는 이유도 있었겠지만, 암묵적인 묵인의 측면이 있었다고도 생각할 수 있다.

예를 들어, 浙江 북부 平湖縣의 乍浦는 嘉靖 32년(1553) 4월 2일의 침구 이후 4월 5·21·23·25일, 5월 9·12·18·20·26일, 7월 6일, 9월 12일, 그리고 11월에 한 차례 등 倭寇가 도래한다. 그리고 다음해에도 계속 되어 3월 8일, 4월 4·5일, 5月 20·21·24·26·27·28일에 침구했고, 34년은 1월 1일부터 시작되어 2월 20·26일, 5월 15·28일, 35년 2월 29일, 3월 26일, 6월 2·21·25·29일, 7월 29일, 8월 1·2·8·12·15·16·17·19·20·23·24·25·26일 공격 받고 있다.61) 이렇게 반복되는 침구에도 官軍은 별다른 대책을 내놓지 못하고 있었다. 특히 嘉靖 35년(1556) 8월은 거의 매일이라고 해도 좋을 정도로 倭寇들이 출입했지만 속수무책이었다.

또한 嘉靖 39년(1560) 潮州에 침입했던 倭寇는 8월에 들어와서 11월에 떠났으며, 다음해인 嘉靖 40년 正月, 饒平大坭所를 함락하고 이곳에서 30여 일 동안 머문 뒤에 떠났다.62) 그리고 일단 성을 함락 시킨 후에 수일 동안 머물다가 떠난 후 재차 성을 공격하여 함락시켰던

自贖. 海許諾, 卽計擒東及其黨麻葉等百餘人以獻, 而自率其衆, 別營梁莊".
60) 『福建省志』(福建省軍事志編纂委員會), 「軍事志」, 「三. 抗倭鬪爭」, 嘉靖 42年, 2月條, "倭寇獲悉卽賄賂把摠許朝光, 讓部分倭寇運載財物出海".
61) 『平湖縣志』(天一閣藏明代地方志選刊續編 27) 卷6, 「倭變」.
62) 『廣東通志』(道光20年刊·同治3年重刊) 卷148, 「前事略」8.

경우도 있다.[63)]

이렇게 倭寇가 장기간에 걸쳐 주둔했던 상황에서의 모습은 어떠했
을까? 대부분의 사료에는 그 지역의 많은 官・軍・民이 살육당하거나
많은 재산 피해가 있었다는 식으로 기술되었을 뿐이지만 일부 사료에
는 한 지역을 점거한 뒤의 행태에 대해 간략하게나마 그 모습을 살펴
볼 수 있는 진술들이 있다. 다음과 같은 예를 보면,

> 嘉靖 41년(1562) 壬戌 2월, 倭賊들이 大樓船 수십척을 타고서 일본으로 돌
> 아갔는데, 남녀 수천명을 포로로 잡아갔다. 新倭들이 계속해서 나타나 5도 橫
> 嶼에 소굴을 두고 심산유곡까지 노략질을 다하였다. 買港의 법을 세워 사람들
> 은 돈으로 목숨을 대속 받고 집이 불 질러지는 것을 면제받게 하였다. (이에)
> 온 읍이 흉폭한 피해를 걱정하지 않을 수 없었다.[64)]

라고 하여, 港口지역을 점령한 뒤에 그 곳에서의 거래법을 만들고, 사
람과 민가들을 돈으로 대속해주고 있다. '買港之法'의 내용이 무엇인
지 이것만으로는 자세히 알 수 없지만 海賊들이 일반적으로 행했던
'통과세' 징수를 떠올릴 수 있다. 그리고 위와 같이 돈으로 목숨이나
재물의 피해를 대속케 했던 예는 다른 경우에도 많이 보이는 것으로,
앞서도 지적했던 富家의 자식 외에도 관서의 주요 물품도 일단 약탈한
뒤에 이를 돈으로 되갚게 했던 경우도 보인다.[65)]

---

63) 『泉州府志』(萬曆40年刊本) 卷24, 「雜志」, 海賊類, 嘉靖41年, 2月條.

64) 『寧德縣志』(乾隆41年刊) 卷10, 「拾遺志」, 祥異, "嘉靖41年, 壬戌2月, 倭
賊駕大樓船數十還日本, 擄去男女數千人. 新倭繼至, 巢於五都橫嶼. 深山
窮谷, 擄掠殆盡. 立買港之法. 人以金贖免斬, 屋以金贖免燒, 闔邑無不罹
凶害者…".

65) 『寧德縣志』(乾隆41年刊) 卷10, 「拾遺志」, 祥異, "嘉靖40年, 12月, 倭賊復
來縣, 焚燒餘屋. 署印・照磨・屠大貞被執, 院道以五百金贖之, 並其印信.
邑人多以金贖子".

이런 지방에서의 상황은 無政府的인 상태 혹은 '反亂的 상황'이라
고 할 수 있지 않을까? 특히 '轉掠'이라는 형태가 아닌, 한 성지에 1달
에서 3달까지 계속해서 倭寇가 주둔해 있었던 상황이나 몇 달에 걸쳐
반복된 침구는 분명 단순한 도적에 의한 피해의 수준을 넘는 것이다.
福建의 福淸은 嘉靖 37년(1558) 함락되어 倭寇에게 큰 피해를 받은[66]
이후에 다시 嘉靖 40년초 포위 공격을 받았다. 그런데 이때의 포위에
대해 1년이 더 지난 嘉靖 41년 8월에야 포위를 풀기 위한 원병을 요청
하였고, 福淸 지역이 안정된 것은 嘉靖 42년 戚繼光에 의한 토벌전의
승리 덕택이었다.[67] 기록상으로만 보면 2년간 포위공격을 당한 것이
다. 그리고 福寧의 寧德城은 성이 함락된 지 2년이 지나도록 관리에
의한 통치가 이루어지지 않고 있었다.[68]

이렇듯 몇 년에 걸친 지속적인 공세와 그로 인한 피해는 일시적인
수준을 넘어서는 것이다. 또한 '月港 24將軍의 난'으로 인한 피해는
10년 동안 衛1, 所2, 府1, 縣6, 城堡 20여 처 이상이 파괴되고, 도성
백리에 밥 짓는 연기가 없었다고 할 정도[69]였으며, 24장 가운데 張
璉·洪廸珍의 무리가 십만 혹은 백만이었다는 상황은 반드시 지나치
게 과장된 표현이라고만은 할 수 없을 것이다.

특히 張璉은 饒平 烏石邨人으로 본래 庫吏였는데 살인을 한 뒤에
그 지역의 窖賊 鄭八에 투항해 난을 일으켰고 후에는 참칭하여 帝王
號를 취하기도 했다.[70] 王直도 일본으로 망명하여 '徽王'을 자칭하는

---

66) 『福州府志』(萬曆24年刊) 卷34, 「雜物志」, 時事, "嘉靖37年, 倭踤連江…,
遂陷福淸…, 閩承平日久, 民不知兵, 倭猝寇城內, 外無備".

67) 『福州府志』(萬曆24年刊) 卷34, 「雜物志」, 時事, 嘉靖41年條.

68) 『福寧州志』(萬曆21年刊) 卷2, 「營繕志」, 祠祀, "城陷已二年, 蒿萊滿目,
有殘民百餘, 以眤匿草間, 左右欲刃之".

69) 『海澄縣志』(崇禎6年刊) 卷1, 「輿地志」, 建置沿革.

데, 이런 예들은 전통적인 반란에서 자주 나타나는 모습이다. 그리고 嘉靖 40년(1561)에는 永春의 呂尙四가 寇賊 방어를 명목삼아 무리를 모은 뒤에 스스로 中闓이 된 후, 諸將을 임명하여 휘하에 두고 강제로 사람과 곡식을 약탈하면서 주변 지역의 家財를 계속해 겁략하였는데, 그 무리가 만여 명에 달했다고 한다.71)

위와 같은 상황에서 침구의 1차적 대상이 되었던 富家 뿐 아닌 일반 백성들의 피해 역시 클 수밖에 없었다. 특히 미곡과 같은 곡식이 倭寇로 인해 제대로 공급이 되지 않거나 倭寇의 직접적인 침구로 인해 물가가 폭등하기도 했다.72) 또한 兵士들의 군향이 제대로 보급되지 않아 兵士들의 반란이 일어났을 뿐 아니라 때로는 倭寇를 토벌하기 위한 군대가 백성에게 해를 끼치기도 했다.73) 이와 같은 상황으로 많은 빈

---

70) 『潮州府志』(乾隆27年刊·光緒19年重刊) 卷38, 「征撫」, 張璉, "先刻石璽曰, '飛龍傳國之寶', 投諸池, 詭泅水得之, 以出, 聚視大驚曰, '此帝王符也' … 僭帝號, 改元署官, 所居有黃屋朱城二重, 聚衆十萬, 縱掠汀·漳, 延建連城".

71) 『永春州志』(乾隆52年刊) 卷15, 「詳異志」, 寇警, 嘉靖40年條.
　　한편 이런 성격의 무리는 이미 明初에도 존재했다. 洪武4年, 海寇인 鐘福全·李夫人 등이 總兵을 자칭하며 倭船을 동원해 침구행위를 하고 있다[『粤大記』(明郭棐等編, 明刊本) 卷32, 「政事類」, 海防, 洪武4年, "倭寇海晏下川, 指揮楊景討平之. 時海寇鐘福全·李夫人等, 自稱總兵, 核倭船二百艘寇海晏下川等地. 廣州左衛指揮僉事楊景, 追捕至陽江, 平之"].

72) 『泉州府志』(萬曆40年刊) 卷10, 「官守志」下, 「古今宦績」, 俞咨伯, "時值海寇警報, 船粟不通, 郡中飢乏".
　　그리고 同, 「雜志」, 海賊類, 嘉靖39年條에는 4月, 倭가 崇武를 공격하여 함락시킨 후 성에 40여 일동안 머물면서 軍·民의 가옥을 불태우고 대대적으로 약탈한 뒤 떠나는데, 이때 郡이 심하게 황폐화되어 米 1斗의 가격이 폭등했다고 적고 있다.

73) 『福安縣志』(萬曆25年刊) 卷8, 「文翰志」, 當路帥謠, "時召麻陽寮桑植之兵爲聲援, 反爲民害".

민의 발생을 초래하고, 이것이 다시 반란으로 이어지는 악순환을 반복하게 된다. 海寇들이 무리를 이룰 시에 때로는 현상금을 걸기도 하는데[74] 이것은 아주 효과적인 방법이었을 것이다.

이와 같이 倭寇의 침구상황은 일시적 현상으로 그치는 것이 아니었다. 물론 여기에는 倭寇 자체의 침구 행위에 더해서 그에 수반한 내지인들의 반란이 큰 몫을 차지하고는 있지만 단순한 '도적질'의 수준을 넘는 '반란' 상태라고 할 수 있을 것이다.

---

74) 『潮州府志』(乾隆27年刊・光緒19年重刊) 卷38, 「征撫」, 林道乾條.

제3절 倭寇 성격의 변천

1. 嘉靖時期 이전의 半商半盜的 모습과 변화

中村榮孝가 일찍이 倭寇를 '半商半盜'로 묘사한 이후 한때 이같은 견해가 倭寇의 특성을 가장 잘 나타내는 것으로 인식되기도 했다. 그러나 14세기 초부터 16세기까지 나타나는 倭寇가 그 모습을 조금씩 변화해가는 것처럼 위와 같은 '半商半盜'라는 표현에는 역시 한계가 있다. 하지만 분명히 倭寇에는 이런 모습으로 특징지을 수 있는 시기가 있다.

그것은 明朝가 日本과 공적 관계를 맺으면서 시작된다. 明은 倭寇 방지를 위해 日本과 교섭을 시작했고 당시 南北朝를 통합한 足利義滿의 적극 외교로 정식 국교관계가 성립되는데, 足利義滿은 그에 대한 보답으로 倭寇에 대한 적극적인 초무를 행하였다. 그렇지만 정식 朝貢 관계가 성립되었음에도 불구하고 倭寇의 침구는 계속되었다.[1]

<표 1> 永樂年間 倭寇의 침구 상황

年/月	주 요 사 항	비고
元	沙門島에 침구. 官軍이 金州 白山島까지 추격·섬멸.	
2	王友, 沿海에서 倭를 격파.	
6/12	柳升 등 沿海에서 倭를 追捕.	
7/正	東海 千戶所에 침구.	
7/3	柳升, 倭를 靑州 근해에서 격파.	

---

1) 『閩書』(崇禎刊配補鈔本) 卷246, 「島夷志」, "封爲日本國王. … 然倭狡易叛, 亦復時時寇掠東北邊".

8/10	福州에 침구.	
8/11	大金·定海 千戶所·福州 羅源縣 등을 공격·격파. 軍民 살상, 백성 및 軍器·군량 등을 겁략. 平海衛 城池를 포위 공격. 百戶 謬眞 등 전사.	
9/2	昌化 千戶所 함락. 千戶 王偉 등 살해당함. 병사가 다수 전사. 성안 겁략.	
9	磐石에 침구.	日本, 明 使臣 入朝拒否.
11/5	倭賊 3,000여 인. 昌化 千戶所에 침구. 왜적 사상자 다수 발생, 楚門 千戶所에 이르러 관군에 패배, 익사자 다수.	
11	楚門 千戶所에 침구.	
13/12	旅順口에 들어옴.	
14/5	金山衛奏, 倭船 30여 척·倭寇 3,000여 해상에서 왕래.	
14/6	賊舡 33척 靖海衛 楊村島에 정박.	
15/6	松門·金鄕·平陽에 침구.	
16/正	松門衛 함락.	
16/5	倭舡 100척·賊 7,000여 인, 金山衛城을 공격, 겁략.	
17/6	金山衛奏, 倭船 90여 척이 해상에서 왕래.	
17/6	望海堝 捷. 倭舡 31척. 113人(혹은 131) 생포. 천여 급 참수.	
18/正	倭寇 300여 인·船 10여 척, 金鄕·福寧·井門·程溪 등에서 겁략.	
18/3	賊首 賓鴻 등 安丘를 공격. 관군이 공격, 2천여 인을 죽이고 4천여 인을 생포한 뒤 모두 처형.	山東 海寇의 구략.
20	象山에 침구.	

朝貢과 侵寇라는 양면은 明人이 倭寇를 다음과 같이 인식하게 하였다.

　　무릇 倭는 朝鮮의 下流에 해당한다.… 성품이 교활하고 흉악하며, 돌아다니며 탐욕을 일삼는데, 風土가 그렇게 만든 것이다. 齊東·淮浙·漳泉을 거쳐 후에는 潮州에 이르렀다. 쌍 돛대배가 동쪽 바다에 출몰하는 것은 마치 平地를 걷는 것과 같은데, 이미 오래되었다. 그것이 바다에서의 큰 재난이 되었는데, 거짓 朝貢으로 왕래하여 이로써 山川의 지형을 알게 되었다. 기회를 얻으면 활과 칼을 펼쳐 방자하게 약탈하고, 기회를 얻지 못하면 그 方物을 늘어놓고 朝貢을 칭한다.[2]

_____

2) 『廣東通志』(嘉靖40年刊本) 卷66, 「外志」3, 海寇, "夫倭當朝鮮之下流…".

中國의 倭人에 대한 일반적인 인식은 嘉靖시기의 倭寇像에 萬曆期 豊臣秀吉의 조선침략으로 인한 이미지가 더해져서 형성되고 고착화되는데3) 위의 倭人에 대한 형질 이야기는 이런 과정에서 나온 것이라고 생각된다. 그런데 여기서 "기회를 얻으면 활과 칼을 펼쳐 방자하게 약탈하고, 기회를 얻지 못하면 그 方物을 늘어놓고 朝貢을 칭한다(得間則張其弓刀而肆侵夷, 不得間則陳其方物而稱朝貢)"라는, 즉 침구할 여건이 되면 侵寇 행동을 보이고 그렇지 못할 경우에는 朝貢을 칭하는 모습은 嘉靖時期 이전 倭寇 형태의 주요한 특징이라고 할 수 있다.

이렇게 약탈을 행하거나 朝貢을 칭하는 모습은 엄밀히 商人으로 취급하기는 힘든 면이 있다. 그러나 商人的인 면모가 잘 나타나는 경우도 있다.4)

〈표 2〉 永樂 이후~嘉靖 이전까지 주요 倭寇・海寇의 침구

年號	年/月	침구지역・주요사항	비고
洪熙	元/5	自蚶嶼・亭嶼二港入, 攻桃渚千戶所城.	
宣德	4/3	自鎭海衛古雷巡檢司登岸, 鎭海衛 성을 포위 공격.	
	4/10	이전 浙江 海門衛 倭寇, 自蚶嶼・亭嶼二港 登岸. 攻城.	
	5/8	廣東 海洋縣 碧洲村. 居民 겁략.	
	5/8	海寇, 漳州府 龍溪縣 상륙, 침구.	
	8	*日・明 관계의 재개, 遣明船 부활.	

性譎且兇, 徂作狼貪, 風土使之然也. 歷齊東・淮浙・漳泉而後至于潮. 雙桅出沒東洋, 如履平地久矣. 其爲海埃患也, 假貢往來, 因知山川險易. 得間則張其弓刀而肆侵夷, 不得間則陳其方物而稱朝貢".
3) 田中健夫,「倭寇圖雜考－明代中國人の日本人像」『東アジア通交圈と國際認識』, 吉川弘文館, 1997, 226~228쪽.
4)『閩書』(崇禎刊配補鈔本) 卷246,「島夷志」, "是倭往往載方物・戎器, 行海上爲詐欺. 得間, 則張其戎器 ; 不得, 則陳其方物, 無所不得利. 至其小小抄盜, 或不絶, 其主良不知也. 要以利給賽互市. 其貢常先期至, 至正統中, 乃入桃渚犯大嵩, 海濱人絶苦. … 成化二年, 復詐來稱貢, 遂破大嵩諸處".

	4/5	浙江 桃渚千戶所 犯.	
	7/5	倭寇 3천여, 大嵩城 犯. 관군 100인 살해. 300인을 납치. 4,400여 석의 식량 및 軍器 등을 약탈.	
	7/6	倭寇 2천여, 爵溪 千戶所城, 관군에 패한 뒤 海島로 숨어 들어감.	5월 22일 이후의 일.
	8/5	海寧 침구.	
	8/7	이전, 浙江 昌國衛의 군인 餘戴 등 6명이 倭賊에게 납치됨.	朝鮮에서 倭寇 입구에 대한 경고를 보내옴.
正統	8/7	浙江 黃巖縣民 周來保 등 倭 천여 명을 인도하여 樂淸縣을 구략하려 함.	
	14/3	海賊 駕船 10여 척, 福建 鎭海衛 玄鍾千戶所를 포위공격. 4월에는 浦門千戶所 포위공격.	
	14/5	福建 汀州 등에 流賊 발생. 海賊 陳萬寧 등, 漳州·潮州 사람들을 꾀어 배를 타고 바다로 들어가 겁략활동.	
	14/9	賊首 黃蕭養 등 船 300여 척, 廣州府城에 來寇.	順天王名號를 참칭.
景泰	4/10	平江侯 陳豫奏, '日本使臣이 臨淸에 이르러 거주민들을 약탈'.	
成化	20/12	通番 巨舟 37척, 廣東 潮府 근해에 정박. 30여 인 포로, 85급 참수.	
弘治	12/12	福建備倭官軍의 快哨船 2척, 軍士 18명이 海賊에게 약탈당함. 金物로 代贖.	
正德	6/3	賊이 樂安縣에 근거. 참수 72급, 102인 포로.	

이런 倭寇 내지 倭商의 활동은 중국 內地人과 연관되어 있었다. 중국 연해의 상인들이 해외무역에 적극적으로 나서는 것을 흔히 成化·弘治年間(1465~1505)이라고 하지만5) 특히 '互市'라는 측면에서 무역의 대상자로서 中國 내지인들은 그 이전부터 倭人들을 적극 유치했던 것 같다. 예를 들어 다음을 보면,

---

5) 張燮, 『東西洋考』 卷7, 「餉稅考」, "成·弘之際, 豪門·巨室間有乘巨艦貿易海外者. 奸人陰開利竇, 而官人不得顯收其利權. … 至嘉靖而弊極矣".

> 正統 7年(1442) 6月 "짐이 듣기로 근년에 도망친 軍人과 백성들이 倭寇와
> 교통하거나 또는 굴복당하여 우리의 허실을 물어(알고), 그런 연후에 배를 버
> 리고 육지에 올라와 軍民을 살해하고 노략질한다고 한다. … (따라서) 바닷가
> 에 거주하는 백성들이 시장을 열어 寇賊을 유인하는 것과 私人이 (우리) 정보
> 를 바다로 누설하는 것을 불허한다".6)

여기서 15세기 중반에 이미 내지의 사람들이 倭寇를 끌어들여 침구
를 벌이거나 무역행위를 하고 있었음을 알 수 있다. 아울러 '逃民·逃
軍'들의 발생에는 明 중기로 접어들면서부터 생기기 시작한 사회적 모
순도 하나의 원인이 되었다고 생각된다. 다음은 이런 상황을 뒷받침하
는 예가 될 수 있다.

> 浙江 黃巖縣의 周來保와 福建 龍溪縣의 鍾普福은 洪熙年間 함께 부역과
> 세금의 곤궁함으로 인해 배반하여 倭에 들어갔다. 倭가 와서 약탈할 때마다
> 항상 길을 안내하여 桃渚·大嵩 여러 곳에서 살해하고 노략질을 할 때에도
> 모두 함께했다. 이때에 다시 倭 천여 무리가 樂淸縣을 약탈하려고 했는데, 周
> 來保와 鍾普福이 먼저 육지에 올라 정탐하였다.7)

이것은 正統 8年(1443) 7月, 倭寇 1,000여 명을 인도하여 樂淸縣을
약탈하려던 浙江 黃巖縣 출신의 周來保와 福建 龍溪縣 출신의 鍾普
福의 경우인데, 이들은 洪熙年間(1425년) 요역의 과중함을 피해 倭(日
本)로 도망쳤던 사람들이다. 그리고 이들은 이전의 倭寇 침구 시에도
길 안내인 역할을 하였는데, 사료에 나타난 것에 의하면 그것은 正統

---

6) 明『英宗實錄』卷89, 正統7年, 6月庚寅削, 辛卯, "朕聞近年逃軍·逃民
與倭寇交通, 或被其劫制, 詢我虛實, 然後乃敢捨舟登岸, 殺擄軍民. … 不
許居民臨水開市以誘寇賊, 及私人海泄漏聲息".

7) 明『英宗實錄』卷106, 正統8年, 7月甲寅削, 庚申, "浙江黃巖縣民周來
保·福建龍溪縣民鍾普福, 洪熙年間俱困徭稅叛入倭. 倭每來寇, 輒爲鄉
導, 殺擄桃渚·大嵩諸處皆與焉. 至是, 復道倭千餘徒, 欲寇樂淸縣, 先登
岸偵之".

4년과 7년의 침구 사실에 해당된다(<표 2>). 이와 같은 사람들의 존재는 이외의 다른 倭寇의 경우에도 있었다고 할 수 있다.

한편 中國人, 특히 鄕紳이나 官豪에 의한 무역활성화가 오히려 日本人에게는 그 이전에 비해 정상적인 貿易으로 이익을 얻을 수 없는 구조를 만들었다는 설명도 있다. 즉 沿岸 商人과 貴官家들에 의한 일종의 무역독점 행위로 인해 倭人은 귀국하지 않고 中國 연해 도서 지역에 머물며 생계가 곤란한 사람들과 勾引하여 여러 지역을 약탈하였다는 것이다.8) 이것은 오히려 처음에는 倭人이 中國人을 끌어들였다는 셈인데, 이와 같은 설명도 倭寇의 일면을 보여주는 예가 될 수 있다.

실제로 正統 7년(1442) 5월 大嵩縣에 침구했던 倭寇 집단과 5월 22일 이후 爵溪 千戶所城을 공격한 倭寇 집단은 동일한 집단으로 추정되는데, 이들은 爵溪 千戶所城 공략에 실패하고 官軍에게 격퇴당한 뒤 海島로 숨어들었다.9) 이들이 숨어든 海島는 그들이 침구하기 이전, 또는 침구 중의 근거지였는지도 모른다. 嘉靖시기 倭寇들은 근거지를 한 곳에 둔 다음 그 주변지역으로 침구행위를 펼쳤는데, 장기간에 걸친 침구활동을 하기 위해서는 일정 근거지가 필요했기 때문이다. 마찬가지로 正統 7년 5월의 왜구도 이런 목적에 따라 근거지를 설정했을 수 있다. 특히 이 집단은 앞서의 正統 8年 7月의 기사로 추정해 보면

---

8) 『閩書』(崇禎刊配補鈔本) 卷246,「島夷志」, "然諸夷嗜中國貨物, 至者率遷延不去. 貢若人數, 又恒不如約. 是時市舶旣罷, 貨主商家. 商率爲奸利, 虛値轉粥(鬻), 負其責(直)不啻千萬. 索急, 則投貴官家, 夷人候久不得, 頗搆難, 有所殺傷. 貴官家輙(輒)出危言撼當事者兵之使去, 而先陰泄之, 以爲德. 如是者久, 夷人大恨, 言 ;「挾國王賚而來, 不得直, 曷歸報?」因盤據島中. 並海不逞之民, 若生計困迫者, 糾引而歸之, 時時寇沿海諸郡矣".

9) 明 『英宗實錄』 卷93, 正統7年, 6月庚寅朔, 壬子, "先是, 浙江三司奏, '五月二十二日以後, 倭寇二千餘人臨爵溪 千戶所城, 雖被官軍擊却, 尙潛海島'".

최소한 正統 4년, 7년, 8년에 浙江지역으로 와서 침구했던 것이 되는
데, 그렇다면 더욱 더 주변 海島에 근거지를 두고 있었을 가능성이 높
아진다고 하겠다.

2. 嘉靖時期 이후 倭寇 활동의 변화

嘉靖期 이후에도 倭寇의 활동은 계속되었다. 이전에 비해 횟수는 줄
어들었지만, 피해정도나 倭寇 집단의 규모는 결코 작았다고 할 수 없
다. 또한 그 활동영역도 중국연안에서 벗어나 동남아시아 해역까지 이
르고 있다. 嘉靖 이후의 倭寇 발생 빈도를 정리하면 다음 표10)와 같다.

〈표 3〉 嘉靖 이후의 倭寇 발생 횟수

年號	年	횟수	비고	年號	年	횟수	비고
隆慶	元	2		萬曆	16	1	豊臣秀吉, 海賊 체포령
	2	2	織田信長, 京都에 입경		20	-	
	3	4			21	1	임진왜란 발발
	4	1			29	4	關ヶ原의 싸움
	5	5			31	1	日本, 江戸幕府 설립
	6	3			37	1	
萬曆	元	1			39	-	明商人의 長崎에서 무역허가
	2	3	林鳳 등 마닐라 공격		40	-	鄭芝龍, 平戸에 來住
	3	1			44	2	
	4	3			45	-	朝鮮에서 최초 通信使 파견
	8	2			46	1	
	10	2	마테오 리치, 廣東 상륙	天啓	4	1	
	15	-	豊臣秀吉, 九州 정벌				

---

10) 田中健夫, 1982, 207쪽 및 石原道博, 1964, 355~356쪽을 참조로 작성.

隆慶 元年부터 이후 50년 동안 총 42회에 달한다. 이것은 嘉靖時期,
倭寇가 빈번하게 발생했던 때와 비교해보면 큰 차이가 나지만, 역시
倭寇의 피해가 컸던 明初와 비교했을 경우 수적인 면에서 그렇게 큰
차이가 있는 것은 아니다. 또한 이 시기에는 嘉靖시기와 마찬가지로
중국인 海寇들이 倭寇를 끌어들이는 형태가 주를 이루었고, 집단의 규
모도 嘉靖시기와 비교했을 때 큰 차이가 없었다. 嘉靖시기 보다는 그
내용과 피해가 줄어든 것은 사실이지만, 이런 실상은 결코 무시해서는
안된다.

이 시기 倭寇의 특징은 廣東지역을 주 활동무대로 하여 동남아시아
해역까지 활동범위가 넓어졌다는 것이다. 그리고 이 시기의 倭寇 집단
가운데 대표적인 것으로는 廣東 海寇의 계보를 잇는 曾一本과 林鳳
등을 들 수 있다.

曾一本은 嘉靖 말기 廣東지역의 巨寇 吳平의 수하였다. 吳平은 한
때 무리가 1만여 명까지 이르렀지만 戚繼光 등의 토벌에 쫓겨 交趾(베
트남)까지 도망쳤다. 그러나 이곳까지 관군이 추격해 와, 다시 크게 패
하였는데, 이 과정에서 吳平도 익사했다고 전해졌지만, 죽지 않고 다
시 交趾로 도망쳤다고도 한다.[11]

吳平의 뒤를 이어, 曾一本은 吳平의 남은 무리를 모으고 한편으로
는 앞장에서 설명했던 林道乾이 행한 것과 같은 방법으로 한 사람에
銀 1兩을 지급한다든지, 10명을 모으면 銀 3兩을 주고 副酋로 삼는 등

---

11) 『潮州府志』(乾隆27年刊·光緖19年重刊本) 卷38,「征撫」, 吳平, "會暮大
風, 火焚其舟, 賊大敗, 多赴水死. 俘斬萬五千人, (吳)平遁去. 都司傅應嘉,
追至交趾界而還, 其後曾一本相繼嘯聚, 皆平遺孽也. 按舊志, '吳平僵屍海
島, 抱枯樹而死.' 語似荒唐. 南澳志則言, '殲於交趾萬安界'. 郡國利病書
云, '平以小舟得脫, 變姓名浪遊江湖間, 人無識者後復歸至舊友處, 掘取所
藏金而去, 不知所之'".

의 방법을 이용하여 큰 무리를 이루었다. 그는 海豐·惠來 등지를 습
격하였는데, 이에 대해 廣東 總兵 湯克寬은 이들 무리를 招撫하려 했
고, 吳平도 이에 따르는 듯했다.

그런데 隆慶 2년(1568)에 다시 모반하여 倭寇를 勾引하고 침구행위
를 시작했다. 그리고 隆慶 3년에는 碣石衛를 공격하여 함락시켰는데,
이때 副將인 周雲翔 등이 雷州·瓊州의 參將인 耿宗元을 죽이고 曾
一本 집단에 합세하는 등 세력이 더욱 강화되었다.[12] 그 후에도 曾一
本 집단은 福建과 廣東에서 침구행위를 계속했다.[13] 曾一本 집단의
구성과 그 규모는 隆慶 3년, 관군에게 평정되었던 때의 인원수로 짐작
할 수 있는데, 이때 잡혀서 처형당한 사람의 수가 1,375인이었고, 그
가운데에는 眞倭 우두머리인 丘吉所(혹은 丘古所)와 從倭 백여 명이
있었다.[14] 曾一本은 결국 관군에게 패해 전투 중 죽었지만, 다시 許瑞
가 餘黨을 모아 그 명맥을 유지해갔다.[15]

한편 林鳳은 饒平 출신으로 祖父 이래 대대로 그 지역의 海酋였는
데, 약 4,000명의 무리를 모아 廣東 海寇의 계보를 이어나갔다. 李大
用부터 廣東 海寇의 계보[16]를 살펴보면 다음과 같다.

---

12) 『穆宗實錄』卷30, 隆慶3年, 3月乙巳朔, 戊辰, "海賊曾一本勾引倭寇, 犯廣
    東, 破碣石·甲子諸所, 官軍禦之無功. 雷瓊參將耿宗元, 御下素嚴, 聲言欲
    斬敗將周雲翔·廖鳳·曾德久·廖廷相. 雲翔等大懼, 乃謀作亂. 會宗元閱
    兵于敎場, 雲翔等忽鼓譟躍起, 手刃宗元, 執通判潘槐以叛, 遂與賊合".
13) 『明史』卷322,「外國」3, 日本傳, "其後廣東巨寇, 曾一本皇朝太等, 無不
    引倭爲助. 隆慶時, 破碣石·甲子諸衛所, 已犯化州石城縣, 陷錦囊所·神
    電衛·吳川·陽江·茂名·海豐·新寧·惠來諸縣. 悉遭焚掠. 轉入雷·
    廉·瓊三郡境, 亦被其患".
14) 『穆宗實錄』卷32, 隆慶3年, 5月甲辰朔, 辛亥, "凡月餘, 各部共擒斬一千
    三百七十五人. 乃生擒眞倭丘吉所一人, 從倭一百餘人".
15) 『潮州府志』(乾隆27年刊·光緒19年重刊本) 卷38,「征撫」, 曾一本.
16) 『潮州府志』(乾隆27年刊·光緒19年重刊本) 卷38,「征撫」에 의거하여 작

李大用 이후 廣東 海寇의 추이

李鳳과 관련된 사실 가운데 가장 유명한 것은 필리핀까지 가서 행한 침구에 대한 것이다. 林鳳은 萬曆 2년(1574) 大船 120척을 이끌고 淸瀾港에 머물며 潮州 南澳로의 침구를 노렸지만, 官軍의 공격으로 큰 성공을 거두지 못했다.[17] 그 후 남쪽으로 방향을 돌려 필리핀 제도를 공격하여 이 지역을 정복한 뒤, 그 지역의 國王이 되겠다는 야심을 갖고 그 해[萬曆 2년(1574)] 마닐라에 도달했다.

도착 이후 먼저 400명의 선발대를 보내 시내에 방화하고 마닐라 시민을 살해하도록 했다. 이때 보냈던 선발대 400명 가운데 200인은 銃兵, 200인은 槍兵으로 구성되었는데, 林鳳의 정예부대라고 할 수 있었다. 당시 林鳳의 총군세는 4,000명의 병사에 배는 62척, 부녀자 1,500인에 이르렀고 副將으로는 日本人 시오코(Sioco, シオコ, 庄吾力)가 있었는데, 이 시오코가 400인의 선발대를 이끈 지휘관이었다고 한다.

마닐라 시민의 반격을 받아 이들은 일단 후퇴하였다가 재차 상륙하

성. 그런데 『漳州府志』(崇禎元年刊本) 卷9,「賦役志」下, 洋稅考에서는 "吳平・許朝光巢穴於山, 曾一本・林道乾・游魂於海" 및 "先年山寇吳平・許朝光, 海寇曾一本・林道乾等聚衆爲亂, 荼毒生靈, 至合兩省會剿始平"이라 하여 吳平을 山寇 출신으로, 曾一本과 林道乾은 海寇 출신이라 하고 있다.

17) 『瓊州府志』(萬曆年間刊本) 卷8,「海黎志」, "萬曆2年, 5月, 林鳳駕大艘一百二十隻, 泊淸瀾港, 以名帖買瓜菜. 千戶丁其運激怒, 率黨攻入. 直大雨堞壞, 賊遂登城. 百戶蔚章賊尸分之, 軍民商蛋被擄殺者二千二百人. 越三日, 追兵至, 始遁去".

여 공격했는데, 스페인군에게 다시 격퇴당하고 만다.[18] 격퇴된 林鳳은 마닐라 북부의 판가시난(Pangasinan)으로 후퇴하여 이곳에 요새를 건축하고 근거지로 삼았다. 이후 明에서 토벌군이 파견되어 마닐라에 도착해, 스페인군과 함께 공세를 가했다.[19] 이 연합공세에 林鳳은 패하였고, 이로 인해 필리핀에서 다시 中國 연안으로의 침구로 전환하여, 廣東과 福建 지역으로 침구행위를 벌였지만 큰 성공을 거두지는 못했다. 그래서 官軍이 제시한 招撫에 응하기로 했다가 자신의 罪가 용서받지 못할 것을 알고 결국 西番으로 도망쳤다.[20]

이후에도 浙江이나 福建·廣東에 倭寇 침구에 따른 피해가 발생했지만 曾一本의 무리가 토벌당한 뒤에는 중국연안의 倭寇에 대한 소란은 크게 문제시 되지 않을 정도가 되었다.[21] 또한 曾一本의 조카로 曾一本이 격파된 이후 그 뒤를 이은 許瑞는 明朝의 招撫에 응하여 바다에서 횡행하던 도적[洋盜]을 격파[22]하는 등 이후 사태는 많이 진전되

---

18) ゴンサーレス·デ·メンドーサ著, 長南實譯, 『大航海時代叢書Ⅵ シナ大王國誌』, 岩波書店, 1968, 254~402쪽.

19) 『粤大記』(明刊本) 卷32, 「政事類」, 海防, "萬曆3年, 海寇林鳳突入廣澳, 總督侍郎凌雲翼擊走之. … 鳳因奔外洋, 攻呂宋玳瑁港, 築城據守. 且脩戰艦, 謀恊番人, 復圖內逞. 福建巡撫劉堯誨, 遣人諭呂宋國王, 集番兵擊之. 巢船燒燬, 賊衆大挫".

20) 『潮州府志』(乾隆27年刊·光緖19年重刊本) 卷38, 「征撫」, 林鳳, "林鳳, 饒平人. 隆慶二年戊辰冬十月, 陷神泉鎭. (郡國利病書作隆慶五年) 明年, 掠澄海縣, 令左承芳禦之, 走廣州, 航海抵呂宋國. 至玳瑁港, 築城·修戰艦, 謀脅番人, 復圖內逞. 閩撫劉堯誨, 諭呂宋國王破巢焚舟, 賊衆大挫. 後又從外洋突入內海, 總兵張元勳, 副使趙可懷, 追至淡水洋, 賊船飄遁. 官兵尾擊之, 焚其船二十餘隻, 鳳乃逃外夷".

21) 林燫, 『林學士文集』(『皇明經世文編』 卷333) 卷1, 「汪中丞論倭寇」, "八郡乘大亂後, 今已晏然".
  葉向高, 『蒼霞草』, 「續草」 卷20, 「答丁撫台」, "南倭·北虜, 安靜已四五十年, 自古所米有".

었다.

그러나 嘉靖 이후 倭寇 침구에 대한 피해로 인해 倭寇에 대한 경계가 늦추어진 것은 아니었다.[23] 그리고 萬曆 16년(1588)의 壬辰倭亂 발발은 明代人에게 이를 倭寇의 연장선상의 사건으로 인식하게 하여 嘉靖倭寇와 대응하는 '萬曆倭寇'라는 말을 만들어내게 할 정도[24]로 倭寇와 그 피해에 대한 인식이 사라진 것은 아니었다.

隆慶·萬曆간의 倭寇 피해 정도는 그 중심 지역이었던 廣東의 潮州지역을 통해 짐작할 수 있다. 다음 표는 嘉靖 21년(1542)부터 萬曆 20년(1592)까지 이 지역의 戶口數 변화를 나타낸 것이다.[25]

〈표 4〉 嘉靖 21년(1542)~萬曆 20년(1592)까지 潮州 지역 호구수 변화

지역호구 \ 年號		嘉靖 21년	嘉靖 31년	嘉靖 41년	嘉靖 42년	嘉靖 45년	隆慶 6년	萬曆 4년	萬曆 10년	萬曆 20년	萬曆 28년
潮州府	戶	91,972	91,082							101,558	
	口	524,012	525,154							540,806	
潮陽縣	戶	16,852					22,262				
	口	97,535					91,539				
海陽縣	戶	29,400									30,190
	口	135,375									130,391
揭陽縣	戶	19,437							12,526		
	口	100,614							66,856		

---

22) 『潮州府志』(乾隆27年刊·光緒19年重刊本) 卷38,「征撫」, 許瑞, "許瑞, 澄海人, 曾一本甥也. 一本死, 瑞收其餘黨, 沿海剽掠, 西至惠廣. 隆慶元年丁卯, 劇寇攻廣州, 招瑞殺賊贖罪, 大破洋盜虎門. 總督嘉其能, 遣歸潮州".

23) 『漳州府志』(崇禎元年刊本) 卷9,「賦役志」, 洋稅考, "萬一倭奴竊據, 窺及鷄籠·淡水, 此輩或從而勾引之, 門庭之寇可不爲大憂乎".

24) 石原道博, 1964, 56·217쪽.

25) 『潮州府志』(順治年刊本) 卷2,「賦役」에 의거하여 작성.

大埔縣	戶		5,216			5,223		5,220	5,232
	口		41,870			41,852		41,841	41,835
平遠縣	戶				1,352	1,354	761		
	口				6,160	6,530	5,751		
普寧縣	戶				4,565				2,876
	口				24,173				8,652
澄海縣	戶		12,468			12,499		12,470	12,444
	口		70,156			69,703		69,694	69,688
惠來縣	戶	4,416	4,518						4,477
	口	21,230	20,518						19,712
饒平縣	戶			8,450					8,388
	口			65,932					65,916
程鄉縣	戶	3,104							2,331
	口	29,762							23,070

다소간의 차이는 보이지만 전체적으로 戶·口수가 모두 감소하는 양상을 보인다. 이것이 반드시 倭寇에 의한 피해의 결과라고는 속단할 수 없지만, 倭寇와 潮州지역의 연관성을 생각해보면 倭寇 침구 및 潮州지역 海寇들의 활동과 진압이라는 일련의 과정과 관련되어 있다고 할 수 있다.

이렇듯 隆慶·萬曆期의 倭寇가 비록 嘉靖期에 비해 수적으로 많은 차이를 보이지만, 이때의 倭寇 활동 역시 무시할 수 없다. 보통 16세기 倭寇라고 하면 嘉靖倭寇를 뜻하는 경우가 많지만 隆慶·萬曆시기에도 倭寇는 여전히 존재하며 이들에 의한 피해도 적지 않았다는 점을 감안했을 때 '嘉靖倭寇'라는 표현만으로 16세기의 왜구를 설명하는 것은 문제가 있다고 생각한다.

3. 倭寇 활동에 대한 반응

계속되는 倭寇의 침구와 이에 호응한 지역민의 반란은 明朝나 鄕紳에게는 결코 바람직한 상황이 아니었다. 우선 무엇보다 이렇게 倭寇가 활동할 수 있었던 이유는 官軍과 방비의 부실에 있었다. 官軍은 좀처럼 倭寇와의 전투에서 승리를 거두지 못했는데, 그 이유 가운데 하나는 당시 鄕兵의 대우가 좋지 못했던 이유도 있었다. 이들은 본래 軍役의 의무로 징집된 사람들이었으며 별도의 급여가 없었다.[26]

따라서 이들의 사기는 별로 높지 않았고 잘 싸우려 하지도 않았다.[27] 嘉靖시기 倭變이 심해지자 종래의 鄕兵에 土兵과 客兵, 그리고 客兵의 일종인 狼兵 등이 새롭게 구성되었는데[28] 이들은 모두 일정액의 급여를 받았다.[29]

물론 이 이전에도 이런 '募兵'들이 있었지만 특히 嘉靖 때에 빈번히 나타난다. 때때로 이런 특별대우를 받던 병사들과 그렇지 못한 병사들 사이에 불화도 나타났고[30] 군대가 오히려 일반 주민들에게 해가 되는

---

26) 『漳州府志』(萬曆元年刊本) 卷7, 「兵防志」, 兵制, 鄕兵, "鄕兵, 原無額設".

27) 『海澄縣志』(崇禎6年刊本) 卷7, 「兵防考」, "然可守而不可爲戰. 蓋守則里閈亦足相護, 戰則非素飽者不可往. 天啓壬戌, 賊嘗寇郡, 郡守施公邦曜, 令鄕兵截殺之, 幾盡, 則鄕兵未嘗不可戰也".

28) 『福寧州志』(萬曆21年刊本) 卷4, 「食貨志」, 衛所官軍, "州初惟有衛軍與民壯, 無所謂土・客兵也. 嘉靖間, 倭變, 選軍餘五百名於水等月糧外, 各給銀(餉)食銀三錢, 謂之軍兵".

29) 『漳州府志』(萬曆元年刊本) 卷7, 「兵防志」, 兵制 및 『漳州府志』(萬曆40年刊本) 卷11, 「武衛志」上, 無備制置.

30) 『肇慶府志』(崇禎13年刊本) 卷2, 「事紀」2, 隆慶4年, 2月, "肇慶府同知郭文通, 帥師追倭于廣海, 敗績. (註)倭據廣海衛四十六日, 殺戮三千人, 官民房舍焚燬殆盡. 此退, 文通率狼兵・浙兵追之, 兩軍不和, 故敗. 倭滿載東歸, 男女五百餘人".

경우[31]도 있었지만, 이런 군대의 체질 변화는 효과적이었다. 이로 인해 군사비 지출은 점점 증가하였으며[32] 鄕紳들도 自衛的인 측면에서 자비를 털어 병사를 모집하기도 했다.[33]

그리고 이와 함께, 중요한 거점 지역 및 침구 지역에 새롭게 城을 증축하거나 신축했다.[34] 예를 들어 밀무역 중심지로 주요 침구 대상 지역이었던 泉州의 경우는 嘉靖年間에 倭寇 침입에 대비하여 縣城 3곳과 鎭城 2곳 등이 신축되었다.[35] 海澄縣城은 嘉靖 36년(1557)에 土堡를 증축했는데, 그 뒤 隆慶 元年(1567)에도 증축하고 隆慶 4·5년에는 확장을 하는 등 계속해서 방비 강화를 하였다.

위와 같은 軍備의 증강 및 보강에 더불어 戚繼光·俞大猷와 같은 군 담당자들의 用兵術이 倭寇 방지에 전체적으로 작용하여 嘉靖倭寇 초기와는 달리 이후 倭寇에 대해 적절히 대처하게 되었다. 倭寇가 明에 끼친 피해도 컸지만, 明朝의 적극적인 대응으로 인해 倭寇 자신도 적지 않은 피해를 입었다. 그리고 이것은 이후 倭寇의 침구가 줄어든 한 요인이 되었다.[36]

---

31) 『福安縣志』(萬曆25年刊本) 卷8, 「文翰志」, 當路帥謠, "時召麻陽寮桑植之兵爲聲援, 反爲民害".

32) 『福州府志』(萬曆24年刊本) 卷10, 「官政志」, "論曰, 郡兵舊有定額, 自寇亂以來, 蓋日增不知其數矣".

33) 『長樂縣志』(崇禎14年刊本) 卷9, 「存往志」, 災祥, 嘉靖34年, 乙卯11月, "倭夷寇海口. 本縣募義兵往援, 應募者多感恩人, 初戰少捷".
　　『連江縣志』 卷29, 「孝友志」, 鄕行, 李堯卿, "嘉靖末, 倭躏連界, 堯卿捐家貲募壯士與戰, 俘其渠十餘人, 獻之軍門".

34) 『明史』 卷91, 「海防」.

35) 『泉州府志』(萬曆40年刊本) 卷4, 「規制志」上, 「城池」.

36) 『閩書』(崇禎年間刊本) 卷246, 「島夷志」, "自是倭寇絶, 自東南中倭以來十餘年間, 生靈之塗炭已極, 倭亦大傷, 至盡島不返".

<표 5> 嘉靖 44년부터 萬曆 29년까지 浙江지역 對倭寇 전적

연호	년/월.일	장소	生擒 (擒獲)	斬獲	被擄人 解放	격침 선박	奪獲	비고
嘉靖	44/4	劍山海洋	20여					익사자 다수
隆慶	4/3.20	南游下洋	3	8	35			
	4/3.28	綠鷹下洋	20여		40여	1		
	4/4	五爪湖	20여		3	2		익사자 다수
	6/閏2.24	南麂·竹嶼	3					焚·溺사자 다수
	4/4.5	東洛·三礁	7	11	8	1		배 1척 불태움
	6/6.6	太衢嶴	15	21	8			익사자 다수
萬曆	2/4.11	鹿頭外洋		4		2		익사자 다수
	2/4.11	南嶴外洋	5	16	19			焚·溺사자 다수
	2/4.15	東洛外洋	16					익사자 다수
	2/5.2	浪岡海洋		12		1		
	2/5.3	陳錢海洋	6	17	49			익사자 다수
	3/4.14	漁山海洋	4	12	20	1		익사자 다수
	3/4.22	陳錢海洋	1	16		2		익사자 다수
	3/5.1	高家嘴		不明	7			倭酋가 直隸 병선 탈취
	3/5.3	東枯山大洋		7		12		
	3/5.4	五爪湖	7	19	23	1		익사자 다수
	3/5.4	白結山海洋	1	4	12			
	3/5.4	魚籠山海洋		1				
	3/5.4	馬蹟山		3				
	3/5.12	浪岡海洋		4	2			
	3/5.1	徐公海洋		9	11			
	4/4.18	韭山外洋	7	13			舟·器1· 245	
	4/4.24	浪岡海洋	5	44	22	1	器327	
	4/5.5	漁山		4			器218	
	5/4.21	金齒外洋		8	3		器20	
	8/4.16	積穀海洋		2		1	器8	익사자 다수
	8/4.26	東霍外洋		25			舟1· 器290여	익사자 다수
	8/4.26	西磯海洋	1	13		1	舟1	익사자 다수
	8/4.26	洋岐海洋	2	17				익사자 다수
	8/4.28	六嶼海洋	13	32				眞倭 11명 생포

8/閏4.23	東洛外洋	12	12	3		
10/3.21	橫坎門外洋	47	5		舟2·器153	眞倭 26명 생포
17/3.2	花腦盤洋	1	20	2	器112	익사자 다수
17/3.4	浪岡海洋	5	28		器135	
29/3.29	洛伽外洋		1	1		倭 20여 명 익사
29/4.19	東洛外洋	19				

그렇지만, 倭寇와 이와 연관된 海寇가 진정되었던 또 다른 요인은 明初부터 계속된 海禁 완화였다. 朱紈에 대한 평가가 긍정적이든 부정적이든 간에 朱紈의 海禁 강화책이 倭寇의 증가를 불러온 것은 사실이다. 당시 사람들도 海禁은 倭寇가 창궐한 주요인이라고 인식하고 있었다.

隆慶 元年(1567), 福建巡撫 塗澤民의 上奏를 받아들여 우선 海澄으로 한정되었지만,[37] 明初 이래 약 200년에 걸쳐 祖法으로 지켜온 해금령이 일부 해제되어 中國 내지인의 해외도항 및 종래 밀무역으로만 행해지던 海外 諸國과의 무역도 공식적으로 인정받았다.[38]

그런데 이 海禁철폐는 제한적이었던 것[39]으로 동남아지역으로의 무역 즉 南方貿易만을 허가한 것이었고, 日本으로의 항해는 여전히 금지되었던,[40] 완벽한 海禁의 철폐는 아니었다. 이러한 해금철폐의 목적에 대해 日本에의 渡航금지와 硝石 등 禁輸品의 제한과 같은 附帶條件

---

37) 『海澄縣志』(崇禎6年刊本) 卷5,「賦役志」2, 餉稅考, "(嘉靖)44年, 奏設海澄縣治. 其明年, 隆慶改元, 都御史塗澤民請開海禁, 准販東·西二洋".

38) 田中健夫, 1982, 159쪽.

39) 佐久間重南, 『日明關係史の硏究』, 吉川弘文館, 1992, 37쪽.

40) 『海澄縣志』(崇禎6年刊本) 卷5,「賦役志」2, 餉稅考, "蓋東洋若呂宋·蘇祿諸國, 西洋若交阯·占城·暹羅諸國, 皆我羈縻外臣無侵叛, 而嚴禁販倭奴者, 比於通番接濟之例, 此商舶之大原也".

은 倭寇의 행동을 금지하기 위한 조처였지만, 한편으로는 海賊防止라
는 목적 하에 明朝의 朝貢貿易에 의한 貿易獨占形態를 그대로 유지하
려는 의도가 강했다는 주장도 있다.[41]

또한 商船은 海澄에서 상세를 납부해야 했는데, 이를 통한 일종의
관세수입은 財政문제에 봉착했던 明朝에게 재정 수입의 일부를 보충
해주는 역할도 했다. 明朝는 引稅, 水餉, 陸餉, 加增餉이라는 商稅를
설정하고 中國船은 25%, 海外船은 45%의 고율 관세를 적용했다.[42]
무역선에서 거두어 들였던 銀의 양은 점점 증가하였는데, 隆慶年間에
舶稅를 개설할 시에는 겨우 천금이었던 것이 萬曆 초에 만량으로 증
가하고 萬曆 13년(1585)에 이르러서는 2만여 량까지 증가하였다.[43]

그렇지만, 이런 해금의 완화는 對日貿易에서 얻어지는 이익이 남방
무역에서 얻어지는 것보다 많다는 것을 알았던 中國商人들이나 中國
과의 貿易을 원했던 日本人에게는 완전한 것이 아니었다. 또한 倭寇
의 발생원인 중 가장 큰 원인이 양국 간의 무역관계 단절에서 온 것이
라고 했을 때, 위와 같은 私貿易의 조건적 허용은 倭寇를 소멸시키는
조건이라고 보기에는 미흡한 면이 많았다.

이런 미흡한 면을 보충해준 조건이 豊臣秀吉에 의한 日本의 통일이
었다. 萬曆 10년(日 天正 10, 1582) 織田信長이 本能寺의 變으로 사망
한 이후 그 뒤를 계승한 豊臣秀吉은 戰國통일에 박차를 가한다. 그는
유력 大名세력들을 제압하는 동시에 경제적인 여러 정책도 실시하여
명실상부한 정치·경제적인 구심점으로 만들려고 했다. 日本 全國의
金銀광산을 직할하고 이를 자본으로 海外貿易에 투자하였는데, 특히

---

41) 佐久間重南, 1992, 37쪽.
42) 斯波義信,「港市論－寧波港と日中海事史－」『アジアのなかの日本史Ⅱ』,
　　東京大出版會, 1992, 26쪽.
43) 『海澄縣志』(崇禎6年刊本) 卷5,「賦役志」2, 餉稅考.

中國에서 관심이 높았던 銀을 가지고 生絲[44] 무역을 행하였다.[45]

1587년(日 天正 15) 豊臣秀吉은 九州를 정복하였는데, 이 九州정복을 통해 豊臣秀吉 정권의 대외정책이 구체화되기 시작했다. 또 이 과정에서 그는 동아시아 제국의 복속과 明 정복에 대한 계획을 진척시킨다. 그는 對明무역에 대한 관심이 높아 九州 정복과 함께 중국과의 무역항인 博多와 長崎를 중시하는 정책을 취하는 동시에 南蠻貿易에도 적극적으로 나섰다.[46]

한편 明과의 안전한 通商路의 확보를 위해 豊臣秀吉은 1588년(日 天正 16) 7월 8일 海賊停止令, 즉 ‘諸國於海上賊船之儀, 堅被成御停止’를 내리고, 또 1589년 松浦氏에게 八幡(バハン, 바한)禁令을 내렸다. 그리고 이런 秀吉의 기본정책은 그의 사후에도 계속되어 1599년(日 慶長 4)에는 豊臣정권의 5大老에 의해서 薩摩의 島津氏에게 바한(バハン)의 단속령을 내렸다.[47] 이런 해적 단속령은 기본적으로는 日本人의 出海에 대한 안정성 보장보다는 서양이나 중국선이 일본으로 내항할 경우의 안전을 보장하기 위한 조처였다.

隆慶 초의 제한적인 海禁 해제로 인해 외국으로의 출항이 가능해진 중국 상인들은 日本으로의 出海가 금지되었어도 일본으로의 항해와 거래를 계속했다. 일본 상인들 입장에서는 중국인과의 교역이 日本 내

44) 『籌海圖編』 卷2, 「倭好」에는 絲, 絲綿, 布, 綿紬, 錦繡, 紅線, 水銀, 針, 鐵鍊, 鐵鍋, 磁器, 古文錢, 古名畵, 古名字, 古書, 藥材, 氈毯, 馬皆氈, 粉, 小食蘿, 漆器, 醋 등의 물건을 들고 있는데 특히 生絲는 日本 수입품의 대표적인 것이었다.
45) 奈良本辰也, 「近世史槪說」 『岩波講座 日本歷史 近世 1』, 岩波書店, 1963.
46) 北島万次, 「秀吉の對外政策」 『日本歷史大系 3 近世』, 山川出版社, 1988, 74~75쪽.
47) 曾根勇二, 「ばはん禁令について」 『前近代の日本と東アジア』, 吉川弘文館, 1987 참조.

에서 가능했었고 또한 琉球라는 중계무역지에서의 거래가 가능했었기 때문에[48] 굳이 中國으로까지의 항해에 나설 필요가 없어지게 되었다.

한편 嘉靖 33년(1554) 포르투갈인들이 明朝로부터 廣州에서의 통상 허가를 받고, 嘉靖 36년(1557) 무렵부터는 포르투갈인들의 마카오 거주가 허락되었다. 더욱이 마카오에서의 거래는 明朝의 간여를 거의 받지 않았다. 포르투갈인들은 1543년 이래 일본무역을 지속하고 있었는데, 이렇게 明朝로부터 정식으로 교역을 허가받은 포르투갈 商人들의 중계무역도 日本 상인이 外國의 물건을 쉽게 구할 수 있게 된 한 요인이 되었다. 엄격히 말해 당시 포르투갈 상인은 일본과 중국 간 무역의 유일한 합법적인 상인집단이었다. 그들은 이러한 일본과 중국 간 무역에 크게 간여하여 교역량의 3분의 1정도를 차지하는 데까지 성장하였다.[49]

倭寇의 종식은 위와 같은 복합적인 양 지역의 국내적인 원인에 의한 것이었다고 할 수 있다. 양 지역의 爲政者들은 對外貿易에 대해 어느 정도 공통된 인식을 가지고 있었다. 豊臣秀吉은 1592년 異國으로 도항하는 선박에 朱印을 주는 朱印船 제도를 발령했다. 그 의도는 종래 地方의 특정세력이나 특정인들에게 분담되어 있던 海外貿易의 특권을 중앙으로 집중시키고, 그 권리와 이윤을 독점하려 한 것이었다. 그리고 이것은 明朝의 기본 방침과도 일맥상통하는 것이었다.

倭寇 활동의 종식은 결국 이런 中央의 지배 권력 강화에서도 찾을 수 있다. 13세기에 태동한 倭寇는 中世라는 특수한 상황에서 발생하여 진전되어 갔다. 그 발생과 확대되는 과정에서 국가나 지배 권력으로부터 소외된 사람들의 역할은 매우 컸다. 이들이 海域을 통해 교류를 지

---

48) 鄭樑生, 『明日關係史』, 雄山閣, 1984, 202쪽.

49) R. Ptak · 申龍澈, 「포르투갈 極東貿易의 盛衰-1513~1640년간 마카오와 日本을 중심으로-」『東洋史學硏究』 22, 143쪽.

속하면서 倭寇 활동은 거의 2세기에 걸쳐 존재할 수 있었던 것이다.

近世라는 시기는 일반적으로 國家權力 내지는 中央權力이 강화되고 점차 절대주의적인 속성으로 진척되며 그 과정에서 國家와 民族에 대한 인식이 강제되어진다고 할 수 있다. 倭寇는 中世 사회의 특성 중 하나인 예속되지 않은 자유로운 존재였고, 활동 무대였던 海域과 그 속에서 살아가던 海民들을 통해 발생하였다. 그러나 근세사회로의 전개, 즉 中央 지배 권력의 강화와 함께 이들도 점차 그 속으로 예속화되어 갔으며 國家와 民族이라는 테두리 안으로 한정되었던 것이다.

豊臣秀吉의 海賊停止令은 中世의 海賊衆을 水軍으로 편성하려는 포석이기도 했다.[50] 통일정권의 이런 강력한 억제책으로 인해 中世 海賊衆들은 統一政權下의 水軍으로 결집되어 갔다. 그 전 시기인 中世에서 이미 守護大名, 戰國大名에 의한 海賊衆의 被官化(水軍編成)가 이루어지고 있었는데,[51] 統一政權은 이것을 전국적으로 더욱 강력하게 추진했던 것이다. 이렇게 형성된 日本의 水軍이 훗날 朝鮮과의 전쟁에 투입되었음은 말할 나위도 없다. 水軍이라는 국가 조직 하에 배속된 일본의 해적들은 이전과 같은 자유로운 행동을 취할 수 없었다. 일본 국내에 통일정권이 성립함에 따라 이들은 평화스러운 무역 상인으로 변모할 수밖에 없었던 것이다.[52]

---

50) 三鬼淸一郞,「朝鮮役における水軍編成について」『名古屋大學文學部二十周年記念論集』, 1969.

51) 佐伯弘次,「海賊論」『アジアのなかの日本史Ⅱ』, 東京大出版會, 1992, 54쪽.

52) 佐伯弘次, 前揭書, 57쪽.

결 론

본고는 '倭寇를 어떻게 정의할 것인가?'라는 근본적인 문제와 '倭寇는 정의할 수 없는 것'이라는 불분명한 정의에 대한 의문에서 출발했다. 倭寇研究史는 이미 明代에 시작되었다고 할 정도로 그 연원이 오래되며, 그 시작을 동아시아 지역에 근대적 학문 방법이 도입된 明治 초기부터라고 해도 100년이 훨씬 넘는다. 그러나 倭寇는 '國家'라는 영역에서 연구되어 왔고 그로 인해 각국의 사정에 따라 조금씩 다른 모습으로 인식되었다. 특히 倭寇 활동의 주체에 대한 史料의 결핍은 이런 규명을 어렵게 한다. 피해자적인 입장에서 기록된 사료가 대부분이라는 현실을 감안해볼 때 이 점은 주의해야 한다.

용어의 문제는 가장 기초적인 것인데, 명확히 규정되지 않은 '倭寇'와 이와 관련된 단어들의 사용은 倭寇를 정의내리기 힘든 존재로 만들었던 한 요인이 되었다. 明代에 倭寇를 지칭했던 용어는 상당히 많았고 그 가운데 '海寇'라는 용어가 가장 빈번히 사용되었다는 것이 기존의 주장이었다. 그리고 이러한 영향으로 인해 현재 일본과 중국의 많은 연구자들은 海寇를 倭寇와 동일시하고 같은 범주의 것으로 취급하고 있다.

그렇지만 倭寇를 海寇와 같은 단위라고 하는 주장에는 무리가 많으며, '倭寇＝海寇'라는 등식으로 말미암아 더더욱 倭寇가 모호한 존재로 인식되는 만큼 양자를 분리해야 한다. 실제로도 明代人의 기술을 살펴보면 이 둘을 완전히 같은 것으로 파악하지 않았다. 倭寇라고 했을 경우는 日本人의 행위나 그들이 포함되어 있던 경우, 그리고 적어도 일본과 관계가 있는 집단을 지칭하며, 海寇는 그보다는 범위가 넓은 그야말로 바다에서 활동하는 中世적인 의미의 海賊을 뜻했다. 실례로 이들 倭寇와 海寇를 분리하여 서술한 기록도 상당수 있으며, 무엇보다 明末 해구나 淸初의 해적들을 倭寇라고 칭하지는 않는다.

이와 관련하여 倭寇의 구성원과 주체 문제는 倭寇의 본질을 밝히고 정의내릴 수 있는 중요한 단서가 된다. 우선 明初의 倭寇에 대해서는 그동안 日本人의 행위라는 것에 대한 이견이 없었다. 그러나 明初의 倭寇도 분명히 중국 내지인들과 어느 정도 관계를 갖고 있었다. 실제 구성원에 대하여 알려주는 사료가 거의 없지만 몇 가지 경우에서 明初의 倭寇들이 단순히 日本人들만에 의한 것이 아니었음을 알 수 있다. 그리고 그 이후 嘉靖時期 이전까지 간간히 나타나는 倭寇의 사례에서도 倭寇는 중국 내지인과 어느 정도 관계를 맺고 있었음을 알 수 있다.

한편 倭寇와 중국인과의 관계에 대해 鄕紳의 존재는 그동안 倭寇 활동과 밀접한 관련이 있다고 지적되어 왔다. 분명히 鄕紳들은 明朝의 海禁政策 하에서도 막대한 이익을 가져다주었던 海外貿易에 관여했고 종사해왔다. 이런 행위는 倭寇를 밀무역 상인으로 파악한 많은 사람들에게 倭寇와 鄕紳은 밀접한 연관관계를 맺고 있으며, 鄕紳들은 倭寇의 후원자라는 인식을 갖게 했다. 그리고 王直과 같은 경우에도 鄕紳들과 어느 정도 연관을 갖고 있었다는 실례가 보이기도 한다.

그렇지만 이런 긍정적인 양자의 관계는 倭寇가 벌였던 폭력적인 침구행위를 생각할 때 납득하기 힘들다. 倭寇를 사무역자로 규정할 경우, 향촌의 경제적인 면도 지배하고 있던 향신들과의 관계는 긍정적인 것이라고 할 수 있다. 그러나 倭寇가 실제로 행했던 많은 폭력적 약탈 행위는 이런 양자의 사이를 부정적인 것이라고 설명할 수밖에 없게 한다. 嘉靖時期에 접어들면서 倭寇의 침구 행위가 급증하는데, 이때 그들이 벌인 侵寇의 주요한 대상은 富家·大家들과 같은 이른바 鄕紳 계층이었다.

이렇게 약탈의 대상이 되었던 鄕紳들은 이에 대응하여 적극적으로 倭寇에 대해 대비하고 저항하였다. 이런 모습 역시 鄕紳들의 입장을 대변한다. 鄕村 지배질서의 안정을 바라는 鄕紳들 입장에서 倭寇가 행한 약탈과 그로 인한 무질서는 바람직한 현상은 아니었다.[1] 이런 측면에서 倭寇와 鄕紳과의 관계가 반드시 긍정적인 것은 아니라고 할 수 있다.

중국과 일본에서는 보통 倭寇는 16세기를 기준으로 16세기 이전과 16세기의 倭寇로 구분한다. 이들의 명칭에 대해서는 학자마다 약간의 차이가 있지만 일본에서는 대체로 前期倭寇와 後期倭寇로 구분하거나 14~5세기 倭寇와 16세기 倭寇라는 명칭을 사용하며, 중국은 특히 16世紀 倭寇를 嘉靖倭寇라고 지칭하는 경우가 많다.

이 두 시기 倭寇에 대해 대체로 16세기의 倭寇가 14~5세기와 구분되는 가장 큰 특징은 14~5세기 倭寇가 곡식과 사람의 '약탈'을 주된 활동으로 행하였던 데 비해서 16세기 倭寇의 활동 목적은 '밀무역'의 강행에 있었다는 점이라고 설명해왔다. 그렇지만, 16세기 倭寇가 벌인 폭력적 침구활동은 그 이전 시기의 倭寇가 행한 것에 비해 훨씬 대규

---

[1] 명 중기 이후 鄕村에서 鄕紳들의 역할은 몇 가지로 유형화 할 수 있는데, 그 가운데에는 流寇와 土賊의 소요에 대한 향촌방어의 역할도 수행했다 (吳金成, 「明·淸 時代의 國家權力과 紳士」 『講座 中國史』Ⅳ, 지식산업사, 1989, 222쪽). 향촌 질서 유지는 이들에게는 중요한 문제이자 역할이었다.

모로 이루어졌고 파괴적이었으며 피해도 광범위했다. 嘉靖 32년에서 34년 사이만 해도 250여 회의 침구활동이 있었다. 규모면에서 수십명이 행동하는 경우도 있었지만 수천명 혹은 수만명까지의 대규모 집단으로도 존재했다. 또 이들은 많은 전투에서 관군에 승리를 거두고 있고, 한 지역을 거점으로 하여 여러 지역을 횡행하면서 약탈행위를 일삼기도 했다. 그리고 이런 倭寇의 침구로 연안지방은 공동화상태까지 이르렀으며 피해도 막심했다.

이런 침구행위는 교역 내지는 밀무역 행위만으로 설명할 수 없다. 물론 16세기라는 시점에서 모든 해상 세력이 이와 같은 약탈행위만을 일삼았던 것은 아니었다. 우선 중국 밀무역상인, 즉 海寇들의 활약이라는 점, 일본과 중국의 입장차이 즉, 중국에서 약탈한 물건을 일본에서 교역해야했던 상황, 그리고 관리들의 과장 가능성 등도 염두에 두어야 한다. 그럼에도 불구하고 폭력적 침구 양상은 부정될 수 없다. 당시 일본에서 필요로 했던 물건 중 정상적으로는 입수할 수 없었던 물건들을 가장 손쉽게 구할 수 있는 방법은 약탈이었다.

한편 이렇게 폭력적으로 변한 이유가 중소상인들이 鄕紳들에게서 벗어나 독립하려는 과정에서 투쟁을 시작하고 대립하게 되었다는 주장도 있지만, 倭寇의 실제 행동을 보면 단순한 상인집단, 연안의 海民들의 집단으로만 파악하기는 힘든 면이 많다. 倭寇들이 明 官軍과의 전투에서 나타나는 모습들은 상당한 수준의 전투능력을 보여준다. 그들의 전술과 무장 수준 등으로 판단해보면 이들은 일정 수준 이상의 武裝集團・戰鬪集團적인 성격을 지니고 있었다고 생각된다. 西日本 지역과 倭寇가 밀접한 관계에 있었다는 점에서 倭寇에 이 지역의 武士들이 참여하고 있었을 개연성도 충분히 있다.

이와 같은 倭寇 활동에 대해 明朝는 초기에 적절한 대응을 하지 못했다. 그 이유로는 우선 너무나 잦은 海防 책임자의 교체를 들 수도 있겠지만, 소극적인 招務 위주의 정책도 문제가 있었다. 후에 이루어진 倭寇에 대한 적극적인 토벌책과 방어책은 倭寇 활동이 줄어드는 원인이 되었다.

이와 함께 倭寇가 증폭된 이유로 당시부터 지적되던 海禁의 철폐나 완화는 倭寇 발생의 요인 중 교역상황의 악화라는 부분을 해소해주었다. 물론 日本으로의 항해는 금지되었지만 中國 상인들은 여전히 일본으로 渡航하여 교역활동을 지속했고 日本으로서는 굳이 위험을 무릅쓴 항해와 침구를 통해 중국 및 기타 지방의 물건을 획득해야 했던 조건이 사라지게 되었다. 아울러 때마침 豊臣秀吉에 의한 일본의 통일과 豊臣 정권의 대외무역 독점은 일본에서의 원인도 제거하는 역할을 했다.[2]

倭寇 종식의 모습에서도 일본과 倭寇와의 관련이 매우 깊다는 것을 알 수 있다. 倭寇를 수적인 우위만으로 파악한 嘉靖倭寇나 16세기 倭寇라는 관점은 이러한 점에서 재고되어야 한다. 또한 前期倭寇 또는 14~5세기의 倭寇의 성격도 다시 검토해야 한다. 이미 이 시기에 倭寇의 침구는 어느 정도 대규모화하고 있었고, 중국 내지인과의 관련성도 인정된다. 대규모화된 倭寇를 생각해보면 종래의 설명, 즉 이 시기 倭寇는 日本의 도서지역 빈민 및 浪人세력들의 1차적 욕구 해소를 위한 해적 행위라는 해석으로는 설명될 수 없다.

---

2) 16세기를 거쳐 17세기에 이르는 동안 中國과 日本에서는 강력한 중앙집권적인 국가가 형성되었다. 생산력과 경제발전에 기초한 이들 국가권력에 의해 海禁은 再建되었다. 중국 뿐 아니라 日本에서도 鎖國이라고 불리는 海禁정책이 시행되었다. 이에 의해 倭寇에 의해 연결되었던 지역 간의 결합이 國家權力의 억압에 의해 분단되어 갔고, 國家라는 영역으로 한정되어 결집되었다. 그리고 倭寇가 수행했던 對外交流도 國家의 관리 하에 들어가게 되었다(村井章介,「倭寇の多民族性をめぐって」『中世後期における東アジアの國際關係』, 山川出版社, 1997, 53쪽).

　오히려 14~5세기와 16세기의 倭寇들간에는 상당한 유사성을 찾아낼 수 있다. 일단 주체라는 면에서 양 시기 倭寇는 中國과 日本 혹은 기타 지역민들이 참여한 多民族적인 집단의 양상을 보이고 있고, 주체라는 측면도 어느 쪽이 일방적으로 이끌었던 것이 아닌 양 지역의 요인이 결집되어 발생했다고 보는 편이 가장 타당하다. 그리고 약탈 대상에 대하여 차이를 두고 그에 따라 倭寇의 목적이 달랐다는 종래 설명은 위에서 언급했듯이 14~5세기 倭寇가 이미 대규모였으며 조직적이었다는 점에서 부정된다. 아울러 '사람'에 대한 약탈이 16세기에도 여전히 횡행하고 있던 점은 16세기 倭寇가 밀무역 중심이었다는 해석과는 역시 맞지 않는 점이다.

　이렇듯 14~5세기와 16세기 倭寇 성격과 각각의 개념에 대한 종래의 평가는 문제점이 많다. 이름만 같을 뿐 별개의 것이라는 설명에는 한계성이 많으며 오히려 유사성도 찾을 수 있다. 결국 倭寇는 완전히 다른 성격의 것으로 구분하기 보다는 明代 전체, 혹은 중국사 전체에 걸친 연속선상의 것으로 파악할 필요성이 있다. 그렇게 해야만 그 과정에서 倭寇像의 실체가 규명될 것이다.

　그리고 16세기 倭寇를 嘉靖倭寇라는 용어로 대치하는 문제도 다시 생각해보아야 한다. 嘉靖 이후인 隆慶·萬曆期는 비록 嘉靖時期에 비해 발생 빈도가 적지만, 여전히 倭寇가 활동하고 있으며, 상당한 피해를 주고 있다. 16세기 倭寇를 嘉靖時期의 倭寇가 대표한다고는 할 수 있어도 嘉靖倭寇라는 용어는 嘉靖時期로 倭寇 활동을 한정시키는 만큼 완전히 대치시키는 것은 역시 적절하지 않다.

　倭寇가 활동했던 시기와 지역이 광범위했던 만큼, 倭寇가 활동할 수 있었던 것도 여러 복잡하고 다양한 요인들이 작용했던 결과였다. 이러한 복잡한 문제의 해명은 그 근본으로부터 여러 차원에 걸친 작업이 필요하며, 단선적으로 규명할 수 있는 문제는 아니다. 본고에서 규명하고자 했던 倭寇의 구성문제와 활동성격에 대한 것은 그 토대가 될 수 있다고 하겠다.

참고문헌

1. 史　料

『高麗史』, 亞細亞文化社, 1972.

『高麗史節要』, 민족문화추진회, 고전국역총서 16, 1968.

『舊唐書』, 中華書局標點本, 中華書局, 1984.

和田　淸・石原道博　編譯, 『舊唐書・宋史・元史日本傳』, 岩波文庫, 1956.

徐學聚　輯, 『嘉靖東南平倭通錄』, 文海出版社 明淸史料彙編 所收.

袁國梓纂修, 『嘉興府志』, 康熙20年刊本.

許光瑤等修, 『嘉興府志』, 光緖3年刊本.

王新命等修, 張九徵等編纂, 『江南通志』, 康熙23年刊本.

趙弘恩等監修, 黃之雋等編纂, 『江南通志』, 欽定四庫全書本.

戴熺等修, 『瓊州府志』, 萬曆年間刊本.

『古今圖書集成』, 中華書局 巴蜀書社出版 影印本, 成都, 1985.

曹志遇等修, 『高州府志』, 萬曆年間刊本.

李裕昱, 『廣開土聖王陵碑文譯註』, 大東文化社, 1973.

郭棐等撰, 『廣東通志』, 萬曆30年刊本.

黃佐等纂, 『廣東通志』, 嘉靖40年刊本.

淸陳昌齋等撰, 『廣東通志』, 道光20年刊・同治3年重刊本.

林焜熿等纂修, 『金門志』, 光緖8年刊本.

『羅源縣志』, 萬曆間刊本.

淸康熙11年 劉佑督修, 『南安縣志』, 民國61年 臺北市 南安同鄕會 影印本.

宋希璟著, 村井章介校注, 『老松堂日本行錄』, 岩波文庫, 1987.

歐陽保等撰, 『雷州府志』, 萬曆42年刊本.

『唐大和上東征傳』, 眞人元開, 中華書局 2000年刊本.

A・Semedo 曾德昭 著, 何高濟 譯, 『大中國志』, 上海古籍出版社, 1998.

Linschoten 著, 『東方案內記』, 大航海時代叢書Ⅷ, 岩波書店, 1968.

T・Pires 著, 『東方諸國記』, 大航海時代叢書Ⅴ, 岩波書店, 1966.

『東西洋考』, 張燮, 臺灣商務印書館 1971年刊本.

W・Y・Bontekoe 著, 姚楠 譯, 『東印度航海記』, 北京中華書局, 1982.

鄭樑生 編校, 『明代倭寇史料』, 총5권, 臺灣文史哲出版社.

『明史』, 中華書局標點本, 中華書局, 1984.

『明史紀事本末』, 沈陽 遼沈書社, 1994年刊本.

『明實錄』, 臺灣中央研究院歷史語言研究所景印本.

『明禦倭行軍條例』, 李遂, 叢書集成續編 所收.

『明倭寇始末』, 谷應泰, 中華書局影印本, 1985.

續修四庫全書編纂委員會編, 『明會要』, 上海古籍出版社, 1999.

『閩難記』, 洪若皐, 廣文書局 史料叢編 所收.

王應山纂, 『閩大記』, 萬曆10年抄本.

何喬遠撰, 『閩書』, 崇禎刊配補鈔本.

明 王紹元 撰, 『白厓奏議』.

福建省軍事志編纂委員會, 『福建省志』.

陳祖汝等修・魏敬中等纂, 『福建通志』, 道光15年修・同治10年重刊本.

『福寧州志』, 萬曆末年刊.

史起欽等修・游朴等纂輯, 『福寧州志』, 萬曆21年刊本.

陸以載等修, 『福安縣志』, 萬曆25年刊本.

『福州府志』, 萬曆癸丑(41年)刊本.

林燫等纂修, 『福州府志』, 萬曆24年刊本.

徐景熹修・魯曾煜等撰, 『福州府志』, 乾隆19年刊本.

福淸縣志編纂委員會編, 『福淸縣志』.

『三國史記』, 고전연구실역, 신서원, 1990.

『三國志』, 中華書局標點本, 中華書局, 1984.

『象山縣志』, 毛德京等修, 嘉靖年間刊本.

陸應陽撰, 『象山縣志』, 萬曆36年刊本.

黃省曾著, 謝方校注, 『西洋朝貢典錄校注』, 中華書局 2000年刊本.

張元汴等撰, 『紹興府志』, 萬曆14年刊本.

『紹興府志』, 康熙年間刊本.

『宋史』, 中華書局標點本, 中華書局, 1984.

『宋書』, 中華書局標點本, 中華書局, 1984.

『新唐書』, 中華書局標點本, 中華書局, 1984.

『餘姚縣志』, 萬曆年間刊本.

『連江縣志』, 1989年點校.

張國經輯, 『廉州府志』, 崇禎10年刊本.

張君賓纂, 『寧德縣志』, 淸乾隆41年刊, 1983年 寧德縣志編纂辦公室重印本.

楊寔撰, 『寧波郡志』, 成化4年刊本.

張時徹撰, 『寧波府志』, 嘉靖年間刊本.

宋奎光撰, 『寧海縣志』, 崇禎5年刊本.

杜昌丁修 · 皇任等纂, 『永春州志』, 康熙22年刊本.

鄭一崧修 · 顧璹等纂, 『永春州志』, 乾隆52年刊本.

永泰縣志編纂委員會編, 『永泰縣志』.

『吳淞甲乙倭變志』, 張鼐, 叢書集成續編 所收.

『吾學編』, 鄭曉.

湯日昭等修, 『溫州府志』, 萬曆32年刊本.

『汪直傳』, 失名, 藝文印書館 百部叢書集成 所收.

采九德, 『倭變事略』, 中華書局影印本, 1985.

郭光復, 『倭情考略』, 叢書集成續編 所收.

郭棐等編, 『粤大記』, 明刊本.

『異稱日本傳』, 松下見林.

李言恭 · 郝杰, 『日本考』, 中華書局 2000年刊本.

姚宗文等修, 『慈谿縣志』, 天啓4年刊本.

『資治通鑑』, 建廣出版社書局刊行, 臺北, 1978.

夏允彝撰, 『長樂縣志』, 崇禎辛巳(14年)刊本.

羅青霄等修, 『漳州府志』, 萬曆元年刊本.

袁業泗等修 · 劉庭惠等纂, 『漳州府志』, 崇禎元年刊本.

薛應旂撰, 『浙江通志』, 嘉靖40年刊本.

嵆聖脉修, 『浙江通志』, 欽定四庫全書本.

張時徹撰, 『定海縣志』, 嘉靖年間刊本.

陸鏊等撰, 『肇慶府志』, 崇禎13刊本.

『朝鮮王朝實錄』, 국사편찬위원회간, 影印太白山史庫本.

『潮州府志』, 嘉靖36年刊本.

『潮州府志』, 乾隆27年刊, 光緒19年重刊本.

『籌海圖編』, 胡宗憲, 欽定四庫全書本.

『中國 · 朝鮮の史籍における 日本史料集成』, 國書刊行會.

『晋書』, 中華書局標點本, 中華書局, 1984.

宋應星, 『天工開物』, 中華書局, 1988.

陽思謙輯・黃鳳翔等編,『泉州府志』, 萬曆40年刊本.

懷陰布修・黃任等纂,『泉州府志』, 乾隆28年修・同治9年重刊本.

四府叢刊廣編,『天下郡國利病書』, 顧炎武, 臺灣商務印書館影印本.

黃仲昭等修,『八閩通誌』, 弘治4年刊・後代修補本.

程楷等纂輯,『平湖縣志』, 天啓年間刊本.

陸荼纂修,『平湖縣志』, 康熙28年刊本.

崔溥 著, 崔基泓 譯,『漂海錄』, 1979.

淸周凱修・凌翰等纂,『廈門志』, 道光19年刊本.

陳善等修,『杭州府志』, 萬曆7年刊本.

金剛纂修,『杭州府志』, 康熙25年刊本.

龔嘉雋等修・李榕等纂,『杭州府志』, 光緒年間刊本.

『海寇記』, 洪若皐, 廣文書局 史料叢編 所收.

『海寇議』, 萬表, 藝文印書館 百部叢書集成 所收.

『海寇後編』, 茅坤, 叢書集成續編 所收.

蔡完等修,『海寧縣志』, 嘉靖36年刊本.

申叔舟 著, 田中健夫 譯註,『海東諸國紀』, 岩波文庫, 1991.

王彬修・徐用儀纂,『海鹽縣志』, 光緒2年刊本.

『海外記事』, 大汕, 中華書局 1987年刊本.

梁兆陽撰,『海澄縣志』, 崇禎6年刊本.

談遷撰,『海昌外志』, 鈔本.

黃佐等纂,『香山縣志』, 嘉靖27年刊本.

『皇明經世文編』, 中華書局影印本, 1992.

『黃巖縣志』, 袁應祺, 萬曆年間刊本.

張元忭撰,『會稽縣志』, 萬曆3年刊本.

『後漢書』, 中華書局標點本, 中華書局, 1984.

康太和等修,『興化府志』, 萬曆3年刊本.

2. 연구서적

1) 國 文

강만길 等編,『한국사 6』중세사회의 성립－2－, 한길사, 1994.

國防軍史硏究所,『倭寇討伐史』, 국방군사연구소, 1993.

_____,『한민족전쟁통사 3』, 국방군사연구소, 1996.

國史編纂委員會 편,『한국사 8』, 동위원회, 1977.

신용철·오일환 편역,『鄭和』, 중문출판사, 1990.

吳金成,『中國近世社會經濟史硏究－明代紳士層의 形成과 社會經濟的 役割』, 一潮閣, 1986.

吳金成 외,『明末·淸初社會의 照明』, 한울아카데미, 1990.

李載貞,『16~17세기 福建의 寇變에 관한 연구 : 지역지배구조와 관련하여』, 고려대 박사학위논문, 1997.

李鉉淙,『朝鮮前期 對日交涉史硏究』, 韓國硏究叢書 10, 韓國硏究院, 1964.

張學根,『韓國 海洋活動史』, 海洋活動史硏究論叢Ⅲ, 海軍士官學校, 1994.

井上秀雄 외,『고대한일관계사의 이해－倭』, 이론과 실천, 1994.

曺永祿 外,『中國의 江南社會와 韓中交涉』, 集文堂, 1997.

趙恒來 등,『講座 韓日關係史』, 玄音社, 1994.

한일관계사연구논집 편찬위원회 편,『왜구·위사 문제와 한일관계』, 景仁文化社, 2005.

2) 中 文

柯育彦,『中國古代商業簡史』, 山東人民出版社, 1990.

高揚文·陶琦 主編,『明代倭寇史略』, 中華書局, 2004.

唐力行,『商人與中國近世社會』, 香港中華書局, 1995.

唐志拔,『中國艦船史』, 海軍出版社, 北京, 1989.

戴裔煊,『明代嘉靖間的倭寇海盜与中國資本主義的萌芽』, 中國社會科學出版社, 1982.

汶江,『古代中國與亞非地區的海上交通』, 四川省社會科學院出版社, 1989.

文史知識編輯部,『中國史學硏究動態』, 北京中華書局, 1993.

方豪,『中西交通史』全5册, 臺北, 國民基本知識叢書, 1953~4.

白壽彝,『中國交通史』, 北京商務印書館, 1993.

福建社會科學院,『福建論壇』, 文史哲版, 1987.

福建省統計局 編,『福建統計年鑑』, 1993.

孫光圻,『中國古代航海史』上·下, 海洋出版社, 北京, 1989.

宋越倫,『中日民族文化交流史』, 正中書局, 臺北, 1966.

沈光耀,『中國古代對外貿易史』, 廣東人民出版社, 1985.

樂承耀,『寧波古代史綱』, 寧波出版社, 1995.

梁方仲 編著,『中國歷代戶口・田地・田賦統計』, 上海人民出版社, 1980.

梁容若,『中日文化交流史論』, 北京商務印書館, 1985.

吳于廑,『十五十六世紀東西方歷史初學集』, 武漢大學出版社, 1985.

完顏紹元,『流氓的變遷』, 文化春秋叢書, 上海古籍出版社, 1993.

王賡武 著, 姚楠 編譯,『南海貿易與南洋華人』, 中華書局, 香港, 1988.

王錫昌 外,『明代國際關係』, 臺灣學生書局, 1968.

王儀,『明代平倭史實』, 臺灣中華書局, 1984.

王輯五,『中國日本交通史』, 北京商務印書館, 1998.

王婆楞,『歷代征倭文獻考』, 正中書局, 臺北, 1940.

王向榮,『中日關係史文獻論考』, 岳麓書社, 長沙, 1985.

李金明,『明代海外貿易史』, 中國社會科學出版社, 1990.

李東華,『泉州與我國中古的海上交通』, 臺灣學生書局, 1987.

李小林・李晟文 主編,『明史研究略覽』, 天津敎育出版社, 1988.

林金樹 等,『中國全史 中國明代經濟史』, 人民出版社, 1994.

林仁川,『明末淸初私人海上貿易』, 華東師範大學出版社, 1987.

章巽主 編,『中國航海科技史』, 海洋出版社, 北京, 1991.

張增信,『明季東南中國的海上活動』上, 中國學術著作獎助委員會, 臺北, 1988.

張鐵牛・高曉星,『中國古代海軍史』, 八一出版社, 北京, 1993.

傅衣凌,『明淸時代商人及商業資本』, 人民出版社, 1980.

傅衣凌 主編, 陽國楨・陳支平 著,『明史新編』, 人民出版社, 1993.

周一良,『中日文化關係史論』, 江西人民出版社, 1990.

陳文石,『明淸政治社會史論』上, 臺灣學生書局, 1991.

陳寶良,『中國流氓史』, 中國社會科學出版社, 1993.

泉州對外文化交流協會 編,『泉州游記』, 廈門, 鷺江出版社, 1986.

叶顯恩,『徽州与粤海論稿』, 安徽大學出版社, 2004.

3) 日 文

網野善彦,『東と西の語る日本の歷史』, そしえて文庫, 1982.

＿＿＿＿,『惡黨と海賊』, 法政大學出版社, 1995.

＿＿＿＿,『海の國の中世』, 平凡社, 1997.

網野善彦,『海と列島の中世』, 日本エディタースクール出版部, 1991.

網野善彦・石井進　編,『中世の風景を讀む』6・7, 新人物往來社, 1995.

科野孝藏,『オランダ東インド會社の歷史』, 同文館, 1988.

宮崎市定,『日出づる國と暮るる處』, 星野書店, 1943.

金谷匡人,『海賊たちの中世』, 吉川弘文館, 1998.

檀上寬,『明朝專制支配の史的構造』, 汲古書院, 1995.

大久保利謙　等編,『史料による日本の歩み　近世編』, 吉川弘文館, 1992(30쇄).

大隅和雄・村井章介,『中世後期における東アジアの國際關係』, 山川出版
　　　社, 1997.

太田弘毅,『倭寇－商業・軍事史的研究』, 春風社, 2002.

＿＿＿＿,『倭寇－日本あふれ活動』, 文藝社, 2004.

藤家禮之助,『日中交流二千年』, 東海大學出版會, 1988.

藤田元春,『日支交通の研究』, 富山房, 1938.

登丸福壽・茂木秀一郎,『倭寇研究』, 中央公論社, 1942.

白石隆,『海の帝國－アジアをどう考えるか－』, 中公新書 1551, 2000.

浜下武志,『近代中國の國際的契機－朝貢貿易システムと近代アジア－』, 東
　　　京大學出版會, 1990.

浜下武志・川勝平太　編,『アジア交易圈と日本工業化 1500-1900』, リブロ
　　　ポート, 1991.

上智大學アジア文化研究所 編,『入門東南アジア研究』, めこん, 東京, 1992.

西嶋定生・李成市　編,『古代東アジア世界と日本』, 岩波現代文庫 1100,
　　　2000.

西村眞次,『日本海外發展史』, 東京堂, 1932.

石原道博,『倭寇』, 吉川弘文館, 1964.

小倉貞男,『朱印船時代の日本人』, 中公新書 913, 1989.

松浦章,『中國の海賊』, 東方書店, 1995.

須藤利一編,『船』, 法政大學出版局, 1970.

岸本美緒,『東アジアの「近世」』, 山川出版社, 1998.

＿＿＿＿, 『明淸交替と江南社會－17世紀中國の秩序問題』, 東京大學出版
　　　會, 1999.

岸本美緒・宮嶋博史,『世界の歷史 12－明淸と李朝の時代－』, 中央公論社,
　　　1998.

王仲犖・小林一美　等編,『東アジア世界史探究』, 汲古書院, 1986.

熊本中世史研究會編, 『八代日記』, 靑潮社, 1980.

李領, 『倭寇と日麗關係史』, 東京大學出版會, 1999.

日本歷史地理學會, 『日本海上史論』, 三省堂, 1911.

日本歷史學會編, 『日本史硏究の新視點』, 吉川弘文館, 1986.

竹越與三郎, 『倭寇記』, 白揚社, 東京, 1938.

長沼賢海, 『日本海事史硏究』, 九州大學出版會, 1996(新裝版).

＿＿＿＿, 『日本の海賊』, 至文堂日本歷史新書, 1955.

田中健夫, 『對外關係と文化交流』, 思文閣出版, 1982.

＿＿＿＿, 『倭寇と勘合貿易』, 至文堂, 1961.

＿＿＿＿, 『倭寇－海の歷史－』, 教育史歷史新書, 1982.

＿＿＿＿, 『前近代の日本と東アジア』, 吉川弘文館, 1995.

＿＿＿＿, 『中世對外關係史』, 東京大學出版會, 1975.

＿＿＿＿, 『中世海外交涉史の研究』, 東京大學出版會, 1959.

井上光貞 等編, 『日本歷史大系』 2(中世), 山川出版社, 1982.

鄭樑生, 『明日關係史』, 雄山閣, 1984.

佐久間重南, 『日明關係史の研究』, 吉川弘文館, 1992.

佐藤進一, 『日本の歷史 9－南北朝の動亂－』, 中央公論社, 1969.

佐藤次高・岸本美緒編, 『市場の地域史』, 山川出版社, 1999.

佐木潤之介 等編, 『中世史講座』 學生社, 1985.

中國東北地區中日關係史硏究會編, 『中國人の見た中國・日本關係史－唐代から現代まで－』, 鈴木靜夫・高田祥平 編譯, 東方出版, 1992.

中村榮孝, 『日鮮關係史の研究』 上, 吉川弘文館, 1965.

＿＿＿＿, 『日本と朝鮮』, 至文堂, 1966.

川勝守編, 『東アジアにおける生産と流通の歷史社會學的研究』, 中國書店, 福岡, 1993.

靑山公亮, 『日鮮關係史の研究』, 明治大文學部文學研究所, 1955.

村井章介, 『東アジア往還』, 朝日新聞社, 1995.

＿＿＿＿, 『中世倭人傳』, 岩波新書 274, 1993.

＿＿＿＿, 『アジアのなかの中世日本』, 校倉書房, 1988.

沖浦和光, 『瀨戶內の民俗誌』, 岩波新書 569, 1998.

荒正英次, 『日本史の諸問題』, 文化書房博文社, 1983.

J・マホウスキ著, 田辺稔譯, 『海賊の社會史』, 白川書院, 1975.

3. 연구논문

1) 國　文

金炳夏,「乙卯倭變考」『耽羅文化』8집, 濟州大學校 耽羅文化研究所, 1989.

김보한,「中世 麗・日 관계와 倭寇의 발생 원인」『왜구・위사 문제와 한일관계』, 景仁文化社, 2005.

金龍基,「明朝의 對日政策에 대하여－使僧修交策을 中心해서－」『韓日文化』1, 1962.

羅鍾宇,「高麗末期의 麗・日關係－倭寇를 中心으로－」『全北史學』4, 1980.

南基鶴,「중세 고려・일본 관계의 쟁점－몽골의 일본 침략과 왜구」『日本歷史研究』17, 2003.

孫弘烈,「高麗末期의 倭寇」『史學志』9, 1975.

宋正炫,「莞島와 倭寇－李朝時代를 中心으로－」『湖南文化研究』4輯, 1966.

＿＿＿,「乙卯倭變에 대하여－康津周邊을 中心으로－」『湖南文化研究』12, 1982.

申基碩,「高麗末期의 對日關係」『社會科學』1, 한국사회과학연구회, 1957.

吳金成,「明末淸初 商品經濟의 發展과 資本主義萌芽論」『明末・淸初社會의 照明』, 한울아카데미, 1990.

＿＿＿,「明淸時代의 國家權力과 紳士」『講座 中國史 Ⅳ－帝國秩序의 完成－』, 지식산업사, 1989.

吳金成,「明淸時代의 無賴」『東洋史學研究』50, 1995.

元廷植,「明淸時代 福建의 人口移動과 社會變化」『서울대東洋史學科論集』17, 1993.

尹誠翊,「明代 倭寇論에 대한 재고찰」『明淸史研究』14, 2001.

＿＿＿,「元代 倭寇에 대한 考察」『東洋學研究』5, 1999.

＿＿＿,「16세기 倭寇에 대한 연구」, 경희대 석사학위논문, 1997.

＿＿＿,「21세기 동아시아 국민국가 속에서의 倭寇像」『明淸史研究』23, 2005.

윤유숙,「근대일본에 있어서의 '쇄국론'과 '왜구' 평가－근대국가 형성기를 중심으로－」『全南史學』23, 2004.

이영,「高麗末期 倭寇構成員에 관한 고찰」『韓日關係史研究』5, 韓日關係史學會, 1996.5.

＿＿＿,「왜구의 주체」『왜구・위사 문제와 한일관계』, 景仁文化社, 2005.

이재범, 「고려 후기 倭寇의 성격에 대하여」『史林』제19호, 2003.

李薇貞, 「嘉靖 後期 福建 沿海地域의 倭寇·海寇와 地域支配構造」『조선대 전통문화연구』4, 1996.

李鉉淙, 「韓日關係의 歷史的 省察」『全北史學』1집, 1977.

鄭暎錫, 「조선전기 湖南의 倭變에 대하여-乙卯倭變을 중심으로-」『朝鮮大 傳統文化研究』, 1994.1.

최병욱, 「서론 1. 倭寇의 어의」『倭寇討伐史』, 국방군사연구소, 1993.

崔韶子, 「元末 倭寇와 元·日關係」『梨大史苑』26, 1992.

하세봉, 「80년대 이후 일본학계의 "아시아 교역권"에 대한 논의-학문적 맥락 과 논리를 중심으로-」『中國現代史研究』2, 1996.

韓容根, 「高麗末倭寇에 對한 小考」『경희사학』6·7·8, 1980.

구스노키 다케시(楠木武), 「일본의 중세일한관계사 연구동향」『역사교과서 속의 한국과 일본』, 한국 역사교과서연구회·일본 역사교육연구회 편, 2000.

R. Ptak·申龍澈, 「포르투칼 極東貿易의 盛衰-1513~1640년간 마카오와 日 本을 중심으로-」『東洋史學研究』22.

2) 中 文

賈永祿, 「試論明嘉靖時期"倭寇"泛濫的原因」『天中學刊』1999.3.

唐力行, 「論明代徽州海商与中國資本主義的萌芽」『中國經濟史研究』, 1990.3.

戴裔煊, 「倭寇与中國」『學術研究』, 1987.1.

孟慶梓, 「明代的倭寇与海商」『承德民族師專學報』, 第25卷 第1期, 2005.

樊樹志, 「"倭寇"新論-以"嘉靖大倭寇"爲中心」『夏旦學報(社會科學版)』, 2000.

徐蔚南, 「上海的倭寇」『逸經』8·9, 1936.

徐振武, 「明代倭寇海盜, 海禁与中國資本主義萌芽問題」『貴州社會科學』, 1984.

薛國忠, 「王直与明王朝的海禁政策」『十五十六世紀東西方歷史初學集』, 武漢 大學出版社, 1985.

聶德寧, 「明淸之際福建的民間海外貿易港口」『中國社會經濟史研究』, 1992.4.

蘇金鴻, 「明淸時期閩南人口的海路外流」『中國社會經濟史研究』, 1987.4.

孫玉琴, 「關於明代『倭寇』与中國資本主義萌芽的一些問題-与唐力行同志商 權-」『中國經濟史研究』, 1991.3.

時曉紅, 「明代的中日勘合貿易与倭寇」『文史哲』, 2002.4.

楊翰球, 「論前期倭寇」『十五十六世紀東西方歷史初學集』, 武漢大學出版社, 1985.

楊翰球,「十五至十七世紀西太平洋中西航海貿易勢力的興衰」『十五十六世紀東西方歷史初學集』, 武漢大學出版社, 1985.

吳景宏,「五代兩宋時代中菲關係之探討」『大陸雜誌』32-2.

吳玉年,「明代倭寇史籍誌目」『明史論叢之六 明代邊防』, 學生書局, 1968.

_____,「明代倭寇史籍誌目」『禹貢半月刊』2-4, 1934.

王守稼,「試論明代嘉靖時期的倭患」『北京師院學報』, 1981.1.

王心喜,「明代杭州抗倭史考」『杭州教育學院學報』, 1999.5.

王裕群,「明代的倭寇」『史學月刊』, 1956.2.

王日根,「明代海防建設与倭寇, 海賊的熾盛」『中國海洋大學學報』(社會科學版), 2004.4.

王暉,「市禁則商轉而爲寇－論明嘉靖年間倭患猖獗的原因」『廣西右江民族師範高等專科學學校學報』12-4, 1999.

羽書仁,「關于嘉靖朝"倭寇"的几个問題」『史學集刊』, 1995.3.

羽離子,「長江北三角洲抗倭碑文的史料意義」『南通師範學院學報(哲學社會科學版)』, 2002.12.

云川,「明代東南沿海的倭亂」『史學月刊』, 1955.6.

袁建錄,「明嘉靖年間浙江之倭患」『浙江月刊』, 1977.5.

熊梅萍,「從嘉靖"倭寇"的成份看嘉靖"倭患"的性質」『安徽教育學院學報』, 1999.

劉國華,「明"嘉靖大倭寇"成因探析」『樂山師范學院學報』, 2004.7.

劉文兵,「明代倭寇產生及其猖獗的原因」『內蒙古電大學刊』, 1988.12.

劉紫萍,「從明代倭寇猖獗說到日本侵略中國利用漢奸的一貫政策」『河南博物館館刊』, 1937.12.

李光璧,「明代禦倭戰爭中的戚繼光和戚家軍」『歷史敎學』, 1955.10.

李金明,「試論嘉靖倭患的起因及性質」『廈門大學學報』, 1989.1.

李昌植,「論"前期倭寇"的成份・性質及其產生原因－与新井章介先生等人商榷」『延邊大學學報(社會科學版)』1, 1998.

李卓,「試論明代勘合貿易的產生及其影響」『南開史學』, 1981.1.

林仁川,「明代私人海上貿易商人与"倭寇"」『中國史研究』, 1980.4.

_____,「明清私人海上貿易的特點」『中國社會經濟史研究』, 1987.3.

_____,「明後期海禁的開放與商品經濟的發展」『復印報刊明淸史』, 1992.10.

張立凡,「試論明代廷爭的社會影響－兼論倭寇与海禁－」『松遼學刊』, 1984.2.

_____,「試論以勘合爲中心的明日關係」『中日關係史論文集』1, 遼寧人民出版社, 1982.

張邦建,「胡宗憲抗倭事迹探論」『學術界』, 1999.2.

張彬村,「十六世紀舟山群島的走私貿易」『中國海洋發展史論集』 1, 臺灣中
　　央研究員 三民主義研究所, 1984.

張聲振,「論明嘉靖中期倭寇的性質」『學術研究』, 1991.3.

張榮生,「明代蘇東淮南鹽區的抗倭戰爭」『鹽業史研究』, 2005.4.

張兆茹,「淺論明代倭患問題」『渤海學刊』, 1985.2.

田培棟,「明代後期海外貿易研究－兼論倭寇性質－」『北京師範學院學報』, 1985.

田培棟,「明代人口變動的考察」『首都師範大學學報(社會科學版)』, 1996.5.

鄭克晟,「明朝初年的福建沿海及海防」『復印報刊 明淸史』, 1991.3.

鄭書祥,「明代東南倭亂及對於社會經濟之影響」『社會科學』, 12-4, 1945.

程溯洛,「宋代城市經濟槪況」『歷史敎育』, 1956.5.

鄭樑生,「明朝海禁與日本關係」『漢學研究』 1-1, 1983.

_____,「王直与嘉靖倭寇之役」『淡江史學』, 1992.6.

_____,「中國地方誌中的倭寇史料」『海交史硏究』, 1988.2.

傅衣凌,「明代福建海商」『明淸時代商人及商業資本』 人民出版社, 1980.

_____,「明代後期江南城鎭下層士民的反對封建運動」『明代江南市民經濟
　　試探』, 上海人民出版社, 1957.

傅宗文,「宋代福建沿海的商業化浪潮」『中國社會經濟史研究』, 1989.3.

晁中辰,「論明代私人海外貿易」『東岳論叢』, 1991.3.

_____,「王直評議」『安徽史學』, 1989.1.

曾意丹,「也談『倭患』問題－与陳抗生同志商榷－」『江漢論壇』, 1982.3.

陳鳴鐘,「嘉靖時期東南沿海的倭寇」『史學月刊』, 1955.2.

_____,「明代的厂衛」『史學月刊』, 1954.4.

陳文石,「明嘉靖年間浙福沿海寇亂與私販貿易的關係」『中央研究院歷史語言
　　研究所集刊』 36-上, 1965.

陳剩勇,「明代人口"北增南減"現象研究」『史林』, 2000.3.

陳學文,「論嘉靖時的倭寇問題」『文史哲』, 1983.5.

陳學文,「明代倭寇事件性質的探討」『江海學刊』, 1958.7.

_____,「明代的海禁与倭寇」『中國社會經濟史研究』, 1983.1.

陳學文,「朱紈抗倭衛國的歷史功績」『福建論壇』, 1983.6.

陳抗生,「嘉靖『倭患』探實」『江漢論壇』, 1980.3.

陳香,「明代福建沿海抗倭史實匯考」『食貨』, 1978.2.

川越泰博 저, 李三謀 역,「倭寇, 被虜人与明代的海防軍」『中國邊疆史地研究』,

1998.3.

沈登苗,「一段不該遺忘的現當代學術史－中國大陸學者獨立提出了倭寇"新論"」
　　　『浙江社會科學』, 2006.2.

馮興盛,「也談以勘合爲中心的明日關係」『中日關係史論文集』, 黑龍江人民出
　　　版社, 1984.

郝毓楠,「明代倭變端委考」『中國史研究』, 國社會科學歷史研究所, 1981.

向東方,「我國少數民族在明代抗倭鬪爭中的貢獻」『民族團結』, 1964.5.

胡凡,「嘉靖禦倭戰爭勝利与明朝的將軍集団」『求是學刊』, 1993.6.

湖滄澤,「宋代福建海外貿易的興起及其對社會生活的影響」『中國社會經濟史
　　　研究』, 1995.1.

曉學,「略論嘉靖倭患－与『反海禁』論者商榷－」『貴州民族學院學報』, 1985.3.

3) 日 文

高橋公明,「十六世紀中期の荒唐船と朝鮮の對應」『前近代の日本と東アジ
　　　ア』, 吉川弘文館, 1987.

＿＿＿＿,「中世東アジア海域における海民と交流－濟州道を中心として－」
　　　『名古屋大學文學部研究論集』, <史學> 33, 1987.

谷口規矩雄,「明末の鄕兵・義軍について」『研究』43, 神戶大, 1969.

關周一,「明帝國と日本」『日本の時代史11 一揆の時代』, 吉川弘文館, 2003.

橋本雄,「室町・戰國期の將軍權力と外交權」『歷史學研究』708, 1998.3.

金谷匡人,「海賊とは何にか」『海賊たちの中世』, 吉川弘文館, 1998.

大山喬平,「中世の日本と東アジア」『講座日本歷史 3』中世1, 東京大出版會,
　　　1984.

藤田明良,「「蘭秀山の亂」と東アジアの海域世界－14世紀の舟山群島と高麗・
　　　日本－」『歷史學研究』, 1998.

藤田明良,「中世「東アジア」の島嶼觀と海域交流－島嶼論への歷史學的アプ
　　　ローチのために－」『新しい歷史學のために』 222, 京都民科歷史部
　　　會, 1996.6.

藤井宏,「新安商人の研究」『東洋學報』36-1~4, 1953~4.

米谷均,「後期倭寇から朝鮮侵略へ」『日本の時代史 13－天下統一と朝鮮侵
　　　略』, 吉川弘文館, 2003.

柏原昌三,「日元貿易の研究」『史學雜誌』25-3, 1914.

浜中昇,「高麗末期倭寇集團の民族構成」『歷史學研究』685, 1996.6.

寺田四郎,「中國海賊史考」『上智經濟論集』3-2, 1956.

斯波義信,「港市論－寧波港と日中海事史－」『アジアのなかの日本史Ⅱ』, 東京大出版會, 1992.

山本達郎,「鄭和の西征」『東洋學報』21-3·4, 1934.

三鬼淸一郎,「朝鮮役における水軍編成について」『名古屋大學文學部二十周年記念論集』, 1969.

相田洋,「東アジア奴隷貿易と倭寇」『東アジア世界史探究』, 汲古書院, 1986.

西嶋定生,「16·7世紀を中心とする中國農村工業の考察」『歷史學研究』, 137.

石原道博,「倭寇の溫情について」『日本歷史』166, 1962.

成田喜英,「倭寇と萬曆の役」(二)『歷史敎育』7-12, 1933.

小葉田淳,「明代 漳泉人の海外通商發展」『東亞論叢』4, 1941.

松浦章,「明代末期中國商船の日本貿易」『日本史研究』340, 1990.

_____,「明代後期の沿海航運」『社會經濟史學』54-3, 1988.

柴田卓郎,「倭寇と元明」『歷史敎育』8-9, 1960.

申奭鎬,「朝鮮中宗時代の金銀問題」『稻葉博士還曆記念 滿鮮史論集』, 1938.

安里進,「琉球王國の形成」『アジアのなかの日本史Ⅳ』, 東京大出版會, 1992.

岸本美緖,「'ポスト16世紀問題'と淸朝」『21世紀明淸史研究方向的新探究』, 韓國明淸史學會創立20周年紀念國際學術大會論文集, 2003.

安野省三,「中國の異端と無賴」『中世史講座 7－中世の民衆運動－』, 學生社, 1984.

岩見宏,「銀の流通」『日本と世界の歷史』13, 學習研究所, 1971.

櫻井英治,「山賊·海賊と關の起源」『日本中世の經濟構造』, 岩波書店, 1996.

宇田川武久,『東アジア兵器交流史の研究－15～17世紀における兵器の受容と伝播－』, 吉川弘文館, 1993.

熊遠報,「倭寇と明代の「海禁」－中國學界の視點から－」『中世後期におけるアジアの國際關係』, 山川出版社, 1997.

栗原朋信,「漢の國家構造とその理念」『史學雜誌』72-12, 1968.

義江彰夫,「朝廷·幕府の分立と日本の王權－高麗·李朝王權との比較を通して－」『アジアのなかの日本史Ⅱ』, 東京大出版會, 1992.

伊藤公夫,「嘉靖海寇反亂の再檢討－王直と嘉靖二十年代前半の海寇反亂をめぐって－」『明代史研究』8, 1980.

_____,「中國歷史學界における嘉靖倭寇史研究の動向と問題點」『史學』53-4, 1984.

李獻璋,「嘉靖年間における浙海の私商及び船主王直行蹟考」上・下,『史學』
　　　　34-2・3, 1961.

_____,「嘉靖海寇徐海行蹟考」『石田博士頌壽記念東洋史論叢』, 1965.

森克己,「日本・高麗來航の宋商人」『朝鮮學報』9, 1956.

_____,「日宋交通と耽羅」『朝鮮學報』21・22, 1961.

_____,「日宋麗交涉と倭寇の發生」『石田博士頌壽記念東洋史論叢』,　同記
　　　　念事業會, 1965.

_____,「日宋麗交通貿易年表」『日宋貿易の研究』卷末, 國書刊行會, 1975.

_____,「日宋貿易における中國商人の性格」『歷史地理』84-4, 1954.

_____,「日宋貿易に活躍した人々」『歷史と人物』, 吉川弘文館, 1964.

_____,「日元交涉」『歷史教育』9-7, 1961.

田中健夫,「勘合符・勘合印・勘合貿易」『日本歷史』392, 1981.

_____,「東アジア通交關係の形成」『岩波講座 世界歷史 9』, 岩波書店, 1974.

_____,「明人蔣洲の日本宣諭－王直の誘引と戰國日本の紹介－」『中世
　　　　對外關係史』, 東京大出版會, 1975.

_____,「不知火海の渡唐船－戰國期相良氏の海外交涉と倭寇－」『日本歷
　　　　史』512, 1991.

_____,「十四－五世紀の倭寇と武家外交の成立」『日本歷史大系 2－中
　　　　世』, 山川出版社, 1985.

_____,「倭寇圖雜考－明代中國人の日本人像」『東アジア通交圈と國際
　　　　認識』, 吉川弘文館, 1997.

_____,「倭寇と東アジア通交圈」『日本の社會史』1, 岩波書店, 1987.

_____,「「前期倭寇」「後期倭寇」という呼び方について」『對外關係と文
　　　　化交流』, 思文閣出版, 1982.

田中正俊・佐伯有一,「15世紀における福建の農民叛亂(1)」『歷史學研究』
　　　　167, 1953.

鄭樑生,「中國地方誌の倭寇史料」『日本歷史』465, 1987.

佐久間重男,「嘉靖倭寇史考－王直をめぐる諸課題－」『星博士退官記念中國
　　　　史論集』, 1978.

_____,「明代海外私貿易の歷史的背景－福建省を中心として－」『史學
　　　　雜誌』62-1, 1953.

_____,「明代の外國貿易－貢舶貿易の推移－」『和田博士還曆記念東洋
　　　　史論叢』, 講談社, 1951.

佐久間重男,「明朝の海禁政策」『東方學』6, 1953.

_____,「明・淸からみた東アジアの華夷秩序」『思想』, 1990.10.

_____,「中國嶺南地域の海寇と月港二十四將の反亂」『靑山史學』5, 1977.

_____,「王直と徐海－倭寇の巨魁－」『圖說人物海の日本史』3, 毎日新聞社, 1979.

_____,「15~16世紀の大倭寇」『海外視點　日本の歴史』7, ぎょうせい, 1986.

佐伯弘次,「海賊論」『アジアのなかの日本史Ⅲ』, 東京大出版會, 1992.

佐々木銀彌,「東アジア貿易圏の形成と國際認識」『岩波講座　日本歴史7－中世3－』, 岩波書店, 1976.

中野禮四郎,「足利代における明への倭寇」『史學雜誌』8-10, 1897.

中村榮孝,「明太祖の祖訓に見える對外關係條文」『日鮮關係史の研究』, 吉川弘文館, 1970.

曾根勇二,「ばはん禁令について」『前近代の日本と東アジア』, 吉川弘文館, 1987.

川添昭二,「鎌倉中期の對外關係と博多－承天寺の開倉と博多綱首謝國明－」『九州史學』88・89・90, 1987.

_____,「鎌倉初期の對外關係と博多」『鎖國日本と國際交流』上, 吉川弘文館, 1988.

村井章介,「建武・室町政權と東アジア」『講座　日本歴史 4』中世 2, 東京大, 1982.

_____,「倭寇の多民族性をめぐって」『中世後期におけるアジアの國際關係』, 山川出版社, 1997.

_____,「日元の文化交流」『日本歴史大系 2－中世－』, 山川出版社, 1985.

_____,「鐵砲はいつ, だれが, どこに伝えか」『歴史學研究』785, 2004.

_____,「視野の狹い國際關係の見方」『歴史教科書大論爭』, 安田常雄・吉村武彦 編, 新人物往來社, 2001.

片山誠二郎,「嘉靖海寇反亂の一考察－王直一黨の反亂を中心に－」『東洋史學論叢』4, 1955.

_____,「明代海上密貿易と沿海地方鄕紳層－朱紈の海禁政策强行とその挫折の過程を通しての一考察－」『歴史學研究』164, 1953.

_____,「月港二十四將の反亂」『清水博士追悼記念 明代史論叢』, 1962.

鶴見尙弘,「明代における鄕村社會」『岩波講座 世界歴史 12』, 岩波書店, 1974.

和田久德,「東南アジアの社會と國家の變貌」『岩波講座 世界歷史 13』, 岩波
　　　書店, 1974.

和田正廣,「福建稅監高寀の海外私貿易」『東アジアにおける 生産と流通の
　　　歷史社會學的研究』, 中國書店, 福岡, 1993.

荒野泰典,「日本型華夷秩序の形成」『日本社會史』1, 岩波書店, 1987.

荒野泰典・石井正敏・村井章介,「時期區分論」『アジアのなかの日本史Ⅰ』,
　　　東京大出版會, 1992.

後藤秀,「倭寇の說明する我が國民性の一角」『史學雜誌』26-1, 1915.

後藤秀穩,「海國民としての倭寇」『歷史と地理』4-1, 1919.

後藤肅堂,「最深く侵入したる倭寇」『歷史地理』25-1, 1915.

エルキン・H・ジャン,「16世紀日本における「外國人」の法的位置」『歷史學
　　　研究』740, 1999.

'後期倭寇'로서의 乙卯倭變

1. 序 論 — '高麗・朝鮮人 倭寇說' 비판에 앞서

하나의 역사적 대상이 현재 존재하는 복수의 국가나 민족에 의해 공유되고 있는 경우, 이것은 흔히 각각의 국가나 민족에 의해 자의적으로 해석되는 경우가 많다. 동아시아 국가들은 정도의 차이가 있기는 하지만, 특히 역사 교과서에서의 서술내용은 그 성립이래로 지금까지 국민국가 건설에 치중하고 있으며, 역사발전의 주체를 지금까지도 국민국가로 설정하고 있다.[1] 이런 상황에서의 역사교육 및 역사서술이 자국내지는 자민족 중심으로 이루어졌음은 말할 필요도 없을 것이다.

倭寇는 동아시아를 무대로 활동하였으며, 현재의 관점에서 한국・일본・중국 등 동아시아의 諸國家 및 諸民族과 관계되어 있다. 따라서 같은 倭寇라고 하더라도 각국의 입장에 따라 그 성격규정이나 해석에는 차이를 보일 수 있다. 한국과 일본에서 倭寇는 오랫동안 가해자와 피해자라는 인식하에 이해되어 왔다. 필자는 이전에 다른 기회를 통해 한・중・일 삼국에서 각국의 입장에 따라 어떻게 倭寇가 인식되

---

1) 白永瑞,「동아시아 역사교과서와 국민국가의 경로」『學林』제24집, 2003, 88쪽.

며 교육되는지에 대해 논한 적이 있다.2) 여기서 필자는 한국에 대해 "일관된 他者로서의 倭寇"라고 명명한 바 있다. 이것은 한국에서의 倭 寇觀이 他者, 즉 日本人 海賊 내지 침략자라는 오래된 관념에서 크게 변화없이 인식되고 있다는 의미에서 題名한 것이다.

  현재 한일간에 倭寇를 둘러싼 가장 큰 논쟁점 및 異見은 그 구성원 과 활동성격에 대한 문제이다. 흔히 '高麗·朝鮮人 倭寇說'로 불리는 구성원에 대한 문제는 이미 여러 실증적이고 구체적인 반론 혹은 비판 들을 통해 한국에서는 강하게 부정되고 있다. 또한 日本에서도 이에 대한 비판적인 시각이 존재하며,3) 日本 내부에서의 이러한 비판적 시 각은 '高麗·朝鮮人 倭寇說'을 부정하는 한국에서의 목소리에 힘을 더해주고 있다.

  그럼에도 불구하고 '高麗·朝鮮人 倭寇說'을 둘러싼 문제들은 아 직까지도 유효하다. 한국에서는 倭寇의 기본 성격을 日本人 海賊 내 지 일본인 침략자라는 데 주안점을 두고, 이곳에 참여한 한반도인에 대해서는 극히 예외적이며 특수한 경우에만 한정된 것으로 보고 있다. 그렇지만 日本에서는 한국이나 일본 내부에서의 비판적 시각이 있음 에도 불구하고 倭寇를 '朝鮮人·日本人의 연합'이라고 보는 인식이 여전히 유효한 채 주장되고 있는 것이다.4) 특히 일본의 역사교과서에

---

  2) 尹誠翊, 「21세기 동아시아 국민국가 속에서의 倭寇像」『明清史研究』第 23輯, 2005.4.
  3) 浜中昇, 「高麗末期倭寇集團の民族構成－近年の倭寇研究に寄せて－」『歷 史學研究』685, 1996 ; 村井章介, 「倭寇の多民族性をめぐって」『中世後 期におけるアジアの國際關係』, 山川出版社, 1997. 또한 李領의『倭寇と 日麗關係史』, 東京大出版會, 1999. 역시 일본내 비판의 일환으로 볼 수 있을 것이다.
  4) 關周一은 高麗人倭寇說에 대해 비판적 입장을 받아들이면서 다음과 같 은 倭寇像을 제시하고 있다.

서는 한국에서의 비판에도 불구하고 '高麗·朝鮮人 倭寇說'을 여전히
채택하고 있는데, 이런 일본에서의 태도로 인해 倭寇 구성원에 대한
문제는 한일간에 아직까지도 극히 첨예한 문제로 남아있다고 할 수
있다.

  그러나 다른 측면에서 이 문제는 양측에서의 기본적인 입장 차이에
서 기인하는 바가 크다. '高麗·朝鮮人 倭寇說'은 여러 비판적 시각에
서도 알 수 있듯이, 그 주장의 근거나 기조에 여러 문제점이 있는 것이
사실이다. 그렇지만 이런 일본에서의 논의에 대해 '일본의 국수주의적
식민사관'의 일환5)이나 '고려 후기의 왜구를 고대 왜구와 다르게 이해
하려는 태도는 일본의 침략성을 은폐하고자 하는 일본 학계의 왜곡된
역사해석에서 비롯되는 것'6) 등과 같은 視覺과 비판태도가 과연 어느
정도나 정확하게 이 문제에 대해 인식하고 있으며, 해결하는 데 도움
이 되는지에 대해서는 생각해볼 여지가 있다. 즉, 日本·朝鮮人 연합
론의 대표적 주장자 가운데 한 사람인 村井章介가 "한국에서의 비판

  "종래 지적되어온 바와 같이 三島를 거점으로 하면서 바다에서 활동
하는 사람들(海民)이 倭寇의 주력인 것은 거의 틀림없다. 그리고 그들과
한반도 南岸域 海民과의 사이에는 일상적인 교류가 있었으며, 그 결과
朝鮮人·日本人의 연합이라는 사태가 일어났었다고 생각된다. 공격목표
를 정확히 정하는 것이 가능했던 것도 이러한 양자 협력의 결과물이었던
것이다. 倭寇 조직은 고정적인 것이 아니라 지적능력도 겸비한 對馬·壹
岐·博多 등을 기반으로 하는 頭目을 중심으로 필요에 응해 이합집산을
반복하고 있었던 것이라고 생각된다(「明帝國と日本」『日本の時代史11
一揆の時代』, 吉川弘文館, 2003, 103~104쪽)".
  이처럼 그는 高麗人이 중심이라는 倭寇說에는 반대하면서도 양 지역
민의 연합활동으로 倭寇를 파악하고 있다.
 5) 한일관계사학회, 『한국과 일본, 왜곡과 콤플렉스의 역사 2 정치·경제·
    군사편』, 자작나무, 1998, 80쪽.
 6) 이재범, 「고려 후기 倭寇의 성격에 대하여」『史林』 제19호, 2003, 67쪽.

도 倭寇의 '國籍'에 구애받는 근대적 발상에 있어서 의외로 『新しい 歷史敎科書』와 통하는 것이 있다고 할 수 있으며, 공감할 수 없다"[7] 고 말한 것처럼, 이런 인식태도는 자칫 올바른 비판마저도 그 신뢰성 을 감소시킬 우려가 있다고 할 수 있다.

이와 관련해 '高麗·朝鮮人 倭寇說'의 일본 역사교과서에서의 서술 태도에 대해서도 다른 각도에서 생각해볼 필요가 있다. 2001년에 이어 2005년초 재검정으로 인해 다시 문제가 되었던 일본의 역사교과서에 서는 倭寇에 대해서 여전히 '高麗·朝鮮人 倭寇說'에 바탕을 두고 서 술하고 있다. 그 가운데 특히 帝國書院판 교과서는 高橋公明의 주장 을 바탕으로 제주도를 倭寇의 근거지로 묘사하고 있는데, 이에 대해 일부 언론 등에서는 이를 영토적 야욕이 숨어있는 위험한 발상에서 기 인한 것이라고까지 언급하기도 했다.[8] 앞에서 언급한 일종의 '일본의 국수주의적 식민사관'의 일환이라고 인식하고 있는 것이다.

한편, 일본의 역사교과서 문제가 발생한 이후 韓日양국에서는 역사 교육에 대한 문제점을 지적하며 이를 전향적으로 해결하려는 '韓日歷 史敎科書 심포지움'이 설립되어 韓日 양국의 많은 학자와 현직 교사 들이 참여해 지금까지도 꾸준한 활동을 펼치고 있다. 이 심포지움의 궁극적인 목표는 '새로운 교과서'와 같은 국수주의적 식민사관의 부정 과 한일의 공통적인 역사관 설립 및 나아가 공통교재를 만들고자 하는 것이다. 그런데, 일본인에 의한 것이기는 하지만 이곳에서조차 倭寇에 대해서는 '高麗·朝鮮人 倭寇說'에 기반한 내용으로 서술되고 있다.[9]

---

7) 村井章介,「視野の狹い國際關係の見方」, 安田常雄·吉村武彦 編, 『歷史 敎科書大論爭』, 新人物往來社, 2001, 67쪽.

8) 尹誠翊, 2005년 논문, 203~204쪽.

9) 歷史敎育硏究會編, 『日本と韓國の歷史共通敎材をつくる視点－先史時代 から現代までの日韓關係史－』, 梨の木舍, 2003.

일본의 대표적인 중세한일관계사학자 田中健夫는 일찍이 '倭寇는
정의내릴 수 없는 존재다'[10]라고 정의한 적이 있다. 이런 정의 아닌 정
의는 倭寇의 모습이 역사상 너무나도 다양하게 나타나기 때문이다. 필
자는 한국에서의 '高麗·朝鮮人 倭寇說'에 대한 비판이 일본에서도
정당하게 평가받고 받아들여지기 위해서는 무엇보다 倭寇에 대한 일
방적인 인식의 틀을 벗어나, 있는 그대로의 倭寇에 대해 명확히 밝히
고 받아들어야 할 필요가 있다고 생각한다. 이와 같은 문제의식 속에
서 본고는 전통적인 인식의 틀에서 논의되어 온 乙卯倭變에 대해 살
펴보고자 한다.

1555년(明宗 10)에 발생한 乙卯倭變은 壬辰倭亂이전의 최대 倭寇
사건으로 불린다. 이 乙卯倭變에 대해 그 이전의 三浦倭亂 및 蛇梁鎭
倭變과 같은 선상에서 파악하는 것이 현재 한국사학계의 일반적인 경
향이라고 할 수 있다.[11] 특히 현행 고등학교 국사교과서 등에는 乙卯
倭變을 壬辰倭亂과도 연계시키고 있으며,[12] 직접적으로 壬辰倭亂 발

"이 무렵, 중국연해지방의 상인들은 무장선단을 조직하여 일본의 銀 등
을 손에 넣기 위해 밀무역을 활발히 행하고, 때로는 연해지방에서 약탈행
위에 이르는 일도 있었다. 이러한 사람들은 당시 '倭寇'라고 불리어 단속
의 대상이 되었지만('南倭') 실제로 그들은 中國人을 중심으로 하는 집단
으로 日本이나 朝鮮의 세력을 비롯하여 당시 아시아로 진출을 시작하고
있던 포르투갈 세력 등도 포함하고 있었다(189쪽)".
    "14~15세기의 제주도를 비롯한 조선반도 남변의 海民 가운데는 '倭
寇'와 일상적 교류가 있었고 때로는 '倭服', '倭語'를 사용하여 沿海의 사
람들을 습격하는 사람들도 존재했다. 그들은 對馬 등의 사람들과 어떤 一
體感을 공유하고 있었다고 생각되며 당시 倭寇의 활동에 이들 사람들이
포함되어진 경우도 있었다고 생각된다(190쪽 주3))".
10) 田中健夫,「倭寇と東アジア通交圈」『日本の社會史』1, 岩波書店, 1987,
    140쪽.
11) 河宇鳳,「朝鮮前期의 對日關係」『講座韓日關係史』, 玄音社, 1994, 282쪽.
12) 국사편찬위원회·국정도서편찬위원회,『고등학교 국사』, 교육인적자원부,

생원인의 하나로 보기도 한다.[13] 그러나 이런 기존의 일반적인 설명과 평가, 그리고 高麗末의 倭寇에서부터 壬辰倭亂까지 이어지는 도식이 과연 어느 정도나 '실제 사실'에 부합하는 것일까?

필자는 이전에 이와 관련해 乙卯倭變에 대한 한국의 일반적인 기존 인식에 대해 의문을 갖고 몇 가지 문제점을 지적한 바 있다.[14] 본고는 필자가 제기한 의문에 스스로 해답을 구하기 위해 乙卯倭變을 본격적으로 다시 살펴보기 위한 것이기도 하다. 乙卯倭變의 경과에 대해서는 이미 기존의 연구에서 충분히 밝혀져 있기 때문에, 본고에서는 乙卯倭變의 성격에 대해 주안점을 두려고 한다. 이를 통해 乙卯倭變에 대한 정확한 평가가 이루어질 수 있을 것이며 아울러 '倭寇'에 대한 기존 인식틀의 전환에도 일정하게 기여할 수 있을 것이라고 기대한다.

2. 韓國에서의 乙卯倭變에 대한 기존 연구와 평가

乙卯倭變의 성격에 대한 본격적인 논의에 앞서 먼저 기존 한국에서의 연구성과속에서 乙卯倭變이 어떻게 서술되고 있는지에 대해 간단히 살펴보기로 하겠다. 이와 같은 연구성과들이 현재의 乙卯倭變에 대한 기본적인 해석에 근저가 되었을 것이다. 그런데, 국내에서의 乙卯倭變에 대한 전문 논저는 그렇게 많은 편은 아니다.[15] 또한 이런 기존

2004, 111쪽.

13) 국방군사연구소, 『한민족전쟁통사3』, 국방군사연구소, 1996, 71~76쪽.

14) 尹誠翊, 2005년 논문, 202쪽.

15) 乙卯倭變에 대해서는 다음과 같은 論考가 있다.
   宋正炫, 「荒島와 倭寇—李朝時代를 中心으로—」 『湖南文化研究』 4輯, 1966 ; 「乙卯倭變에 대하여—康津周邊을 中心으로—」 『湖南文化研究』 12輯, 1982.

의 연구성과들은 서술의 중점을 倭變의 전개과정과 그 대처방안에 두
고 있기 때문에 倭變 그 자체의 성격이나 倭變을 일으킨 주체에 대해
서는 상대적으로 소홀히 다루어져왔다.

즉, 대부분의 기존연구에서는 倭變의 원인에 대해서 서술할 때 倭變
의 직접적인 원인에 대한 고찰 없이 乙卯倭變 이전의 倭寇 및 倭變에
대해서 서술하면서 乙卯倭變의 원인을 그 연속선상에서 발생한 것으
로 설명하고 있다.[16] 즉 전통적인 倭寇에 대한 관념속에서 乙卯倭變
역시 高麗末부터 계속된 倭寇 사건의 일환으로 파악하고 있는 것이다.
그리고 원인에 대한 이와 같은 이해로 인해 특별히 乙卯倭變의 성격
에 대한 논의가 필요치 않게 된다고도 할 수 있다. 그리고 乙卯倭變에
대한 이런 인식은 서론에서 언급한 것처럼 국사교과서나 일반인을 대
상으로 한 교양서 등에 異論 없이 받아들여져 있다.

현재 고등학교 국사교과서에는 乙卯倭變과 관련해 다음과 같이 서
술되어 있다.

왜군의 침략

15세기에 비교적 안정되었던 일본과의 관계는 16세기에 이르러 대립이 격
화되었다. 일본인의 무역 요구가 더욱 늘어난 데 대하여 조선 정부의 통제가
강화되자 중종 때의 3포 왜란(1510)이나 명종 때의 을묘왜변(1555)과 같은 소
란이 자주 일어났다. 이에 조선은 비변사를 설치하여 군사 문제를 전담하게
하는 등 대책을 강구하였고, 일본에 사신을 보내어 정세를 살펴보기도 하였

金炳夏,「乙卯倭變考」『耽羅文化』8집, 濟州大學校 耽羅文化研究所, 1989.
鄭暎錫,「조선전기 湖南의 倭變에 대하여-乙卯倭變을 중심으로-」『朝
　　鮮大 傳統文化研究』, 94-1.
16) 鄭暎錫, 같은 논문, 2~8쪽 ; 宋正炫, 1982년 논문, 13쪽 ; 金炳夏, 같은
　　논문, 76쪽. 한편 宋正炫의 「莞島와 倭寇」,(『湖南文化研究』4輯, 1966)에
　　서는 朝鮮 高宗代의 사실도 언급하고 있는데, 이는 倭寇에 대한 관점을
　　보여주는 일면이라고 생각된다.

다. 그러나 16세기말에 이르러 국방력은 더욱 약화되고 일본 정세에 대한 인식에서도 붕당간의 차이를 보이는 등 국론이 일치되지 않아서 적극적인 대책이 강구되지 못하였다.

　일본은 전국 시대의 혼란을 수습한 뒤 철저한 준비 끝에 20만 대군으로 조선을 침략해왔다(1592). 이를 임진왜란이라고 한다.[17]

또한 『교사용지도서』의 참고항목 중 「乙卯倭變」에 대해서는 "3포를 개항한 이후 왜인들은 약조를 지키지 않고 자주 소란을 피웠다. 특히, 1555년(명종 10)에는 왜인들이 70여 척의 배를 몰고 전라남도 연안지방을 습격해 왔다. 이후 일본과의 교류는 일시 단절되었다"라고 설명하고 있다. 즉, 乙卯倭變을 그에 앞선 삼포왜란 등과 기본적으로 같은 성격의 것으로 설명하고 있다.[18]

그리고 일반인들이 쉽게 접할 수 있는 백과사전류에서도 원인이나 성격에 대해서 이와 비슷하게 서술되어 있다. 예를 들어 인터넷을 통해서도 쉽게 접할 수 있는 『두산세계대백과』의 倭寇항목은 다음과 같이 끝맺음된다.

　3포라는 무역창구를 열어줌으로써 왜구의 약탈행위를 막아보려던 당국의 노력은 어느 정도 주효하였으나, 이들에 대한 강력한 통제가 원인이 되어 일어난 三浦倭亂(1510)·蛇梁鎭倭變(1544)·乙卯倭變(1555) 등은 조선의 선린정책에도 불구하고 왜인은 '寇'라는 해적 근성을 버리지 못하였음을 보여주었던 것이다.[19]

---

17) 국사편찬위원회·국정도서편찬위원회, 『고등학교 국사』, 교육인적자원부, 2004, 111쪽.

18) 宋正炫의 1982년 논문에서는 "三浦倭亂은 현지의 조선관헌과 거류왜인 또는 對馬島와 연결되는 무역분쟁으로 왜란이 일어났음에 반하여 乙卯倭變은 순수한 倭寇의 침입이었기 때문이다(1쪽)"라고 하여 乙卯倭變을 三浦倭亂과는 다소 구분짓고 있지만 사건의 성격은 그 이전의 倭寇와 동일한 성격의 것으로 설명하고 있다(13쪽).

그리고 『한국민족문화대백과사전』에서도 乙卯倭變의 원인과 성격
에 대해 유사하게 설명하고 있다.[20] 결국 乙卯倭變은 倭寇 즉 일본인
의 침략이라는 것이 이 사건의 성격이며 원인이라고 설명하고 있는 것
이다.[21] 특히 "'寇'라는 해적 근성"이라는 문구는 한국에서의 시각이
명확하게 드러나는 표현이라고 할 수 있다.

그런데, 鄭暎錫의 「조선전기 湖南의 倭變에 대하여－乙卯倭變을
중심으로－」(『朝鮮大 傳統文化硏究』, 94-1)에서는 乙卯倭變의 원인에
대해 그 이전의 倭寇 침구와 함께 朝鮮의 대내적 상황을 들고 있는데,
이 과정에서 假倭 문제도 언급하고 있다.[22] 즉 16세기의 중국 대륙방
면의 倭寇 상황에 대해 서술하며 "假倭는 倭寇로 가장한 中國人 海
賊도 많았다. 특히 16세기 중국 해안에 있어서는 假倭의 수가 眞倭의
수보다 많았다"고 하고 있다. 그리고 金炳夏의 「乙卯倭變考」(『耽羅文
化』 8집, 濟州大學校 耽羅文化硏究所, 1989)에서도 「後期倭寇」라는

---

19) 두산동아 편, 『두산세계대백과사전－CD롬판』, 두산동아, 1996.
20) 한국정신문화연구원 편, 『한국민족문화대백과사전』 17, 한국정신문화연
   구원, 1991, 410~411쪽.
21) 국방군사연구소, 『한민족전쟁통사3』, 국방군사연구소, 1996, 71~76쪽에
   는 乙卯倭變에 대해 다음과 같이 서술하고 있다.
   "1555년(명종 10) 왜인들이 전남 해안 일대를 공격한 변란. 1544년의
   사량진왜변으로 정미약조가 체결되면서 조선에 왕래하는 倭人에 대한 벌
   칙과 통제가 강화되자 이들의 경제생활은 큰 타격을 받았다. 따라서 조선
   과 倭人 사이에 충돌이 빚어질 소지가 남아 있었다. 1555년 5월 11일 왜
   구의 선단 60여 척이 명나라 해안 지역을 약탈하고 귀환하던 도중에 전
   라도 해안을 침입하였다. … (중략) … 대마도주와 일본 막부도 조선의
   왜구 금압 정책에 협조하여 1557년에는 왜인에 대한 통제 규정을 조건부
   로 다소 완화시켜 주기도 하였다. 그러나 이러한 조치 이후에도 조선에
   대한 왜인의 침입은 계속되어 1592년 임진왜란 발발의 원인 중 하나가
   되었다".
22) 鄭暎錫, 앞의 논문, 10쪽.

절을 두고 '後期倭寇'에 대해 "後期倭寇의 특징은 약탈의 대상지를
중국과 동남아 지역으로 전환하였다는 것과 그 구성원이 日本人 倭寇
뿐만 아니라 中國人·포르투갈인 등 국제적 혼성왜구로 되어 있다는
데 있다. 그리고 이 시기에는 倭寇로 가장한 중국인 해적도 많았다"라
하고 있다.[23] 후술하겠지만 이것은 16세기의 동아시아 해역, 특히 중
국 방면의 倭寇에 대한 일반적 사실관계의 설명으로, 中國쪽의 상황을
어느 정도 반영한 것이라고 하겠다.

그러나 前者의 경우 乙卯倭變이나 한반도 방면 倭寇와 이러한 假倭
와의 관련성에 대한 설명이나 中國人 倭寇와의 관련성에 대한 언급
없이 乙卯倭變의 배경에 대해서는 단지 을묘왜변 이전 왜구의 상황
및 대내 문제에 집중하고 있으며, 乙卯倭變을 일으킨 倭寇집단의 성격
이나 그 활동성격 및 목적에 대한 서술내용도 없다. 그리고 後者의 경
우에는 '眞倭의 약탈은 근절되지 아니하였다'[24]고 한 뒤, 조선으로의
왜구 문제에 대해서 서술함으로써 조선으로의 倭寇는 眞倭로 인식하
고 있다. 특히 乙卯倭變의 구성원에 대해서는 "乙卯倭變을 일으킨 海
賊團이 순수하게 日本人만으로 구성되었는지 또는 중국인을 포함한
東南亞의 外國人도 끼어 있었는지 확실치 않으나"[25]라고 하면서도 對
馬島 島主와의 관련성을 두는 등[26] 기본적으로는 이전의 倭寇들과 동
일한 성격, 즉 日本人의 행위로 단정하고 있다.[27]

다만, 이영, 김동철, 이근우 공저의 『전근대한일관계사』(한국방송통

---

23) 金炳夏, 앞의 논문, 75쪽.
24) 金炳夏, 같은 논문, 76쪽.
25) 金炳夏, 같은 논문, 84쪽.
26) 金炳夏, 같은 논문, 80쪽.
27) 金炳夏는 이 논문의 결론에서 "乙卯倭變은 日本人의 單純한 海賊行爲가
    아니라 宣戰布告가 없는 전쟁이었다"(103쪽)라고 성격규정하고 있다.

신대학교출판부, 1999)에는 乙卯倭變에 대해 "일본 고토(五島) 지방에 근거를 둔 왕직을 비롯한 대해적단이 1555년 5월, 70여 척을 이끌고" 라고 하여 乙卯倭變을 일으킨 주체에 王直의 이름을 거론하고 있다.[28] 그렇지만 여기에서도 이 집단에 대한 구체적인 설명은 없으며, "삼포왜란 이후에도 왜변은 계속 일어났다 … 대표적인 것으로 사량진 왜변과 을묘왜변을 들 수 있다"고 하여 이 역시 乙卯倭變을 이전의 倭寇나 倭變의 연속선상에 두고 있다.

3. 乙卯倭變을 전후한 동아시아의 海域 상황

倭寇에 대한 범위와 대상을 어떻게 설정할지에 대해서는 학자들마다 약간의 차이가 있으며, 특히 韓國에서는 倭寇를 日本人의 침략이나 그에 준하는 행위로 간주하여 고대로까지 시기를 소급하거나 근현대 시기의 침략행위에까지 사용하는 경우도 종종 있다.[29] 그러나 日本에서는 倭寇의 활동시기를 13세기부터 16세기로 설정하는 것이 보통이며, 이에 대해 다시 前期倭寇와 後期倭寇로 나누어 구분하고 있다.[30]

---

28) 이영・김동철・이근우 공저, 『전근대한일관계사』, 한국방송통신대학교출판부, 1999, 282쪽.

29) 尹誠翊, 2005년 논문, 194~198쪽.

30) 한편 田中健夫는 前期倭寇와 後期倭寇의 구분 및 용어 사용에 대해 두 시기의 倭寇는 그 발생원인・활동지역・구성원 및 주체, 활동의 내용 및 성격이 완전히 다른 별개의 것이기 때문에 前期倭寇와 後期倭寇의 명칭을 각각 '14・5世紀 倭寇'와 '16世紀 倭寇'라고 명명할 것을 제의한 뒤, (田中健夫, 「「前期倭寇」「後期倭寇」というよび方について」 『日本歷史』 404, 1982 및 『對外關係と文化交流』, 思文閣出版, 1982) 이후 자신의 논저에는 '14・5世紀 倭寇'와 '16世紀 倭寇'라는 용어를 사용하고 있다. 이 새로운 용어는 그의 권위와 영향력 하에 많은 사람들에게 받아들여져 사용되고 있다. 특히 田中健夫 자신이 일본의 유력한 백과사전류의 倭寇

16세기는 後期倭寇의 활동시기에 해당하는데, 이 시기 倭寇의 주활동무대는 그 이전과는 달리 中國이었다. 흔히 '北虜南倭'라고 표현되는 倭寇의 피해는 이 시기 明朝에 심각한 위협이 되고 있었다.[31) 16세기에서도 특히 後期倭寇는 嘉靖年間(1522~1566)에 집중되기 때문에 중국에서는 嘉靖倭寇, 혹은 嘉靖大倭寇라고 불리기도 한다.

이 後期倭寇는 前期倭寇와 여러 면에서 다른 모습을 보이는데, 그 가운데 인적구성의 변화는 가장 두드러진 차이 가운데 하나이다. 『明史』의 다음 구절은 明代 倭寇의 인적구성에 대한 대표적인 사료로 자주 인용된다.

대저 眞倭는 3할이며, 倭에 따르는 자(從倭)가 7할이다.[32)

말 그대로 倭寇 가운데 실제 일본인이 차지하는 비율이 3할이며 나머지는 중국인이라는 것이다. 後期倭寇의 구성원은 중국인이 다수였다는 것을 전하는 사료는 이외에도 상당히 많다.[33) 이와 같은 사료를

항목을 서술했기 때문에 그가 제창한 용어 및 개념이 상당히 빠른 시일 안에 보급되었다고 할 수 있다(尹誠翊, 2005년 논문, 186~187쪽 참조). 그러나 여전히 前期倭寇와 後期倭寇라는 용어 역시 폭넓게 사용되고 있다.

31) 岸本美緒·宮嶋博史, 『世界の歴史 12－明清と李朝の時代－』, 中央公論社, 1998, 153쪽.

32) 『明史』 卷322, 「外國」3, 「日本傳」, 嘉靖33年, "大抵眞倭十之三, 從倭者十之七".

33) 수적 비율에 대한 몇가지 예를 들면 다음과 같은 기사들이 있다.
今之海寇, 權計數萬, 皆托言倭奴, 而其實出于日本者不下數千, 其余則皆中國之赤子無賴者入而附之耳, 大略福之漳郡, 居其大半, 而寧詔往往亦間有之(『籌海圖編』).
名雖倭夷, 而沿海奸民, 實居其半(胡宗憲, 「題爲獻愚忠以圖安攘事疏」『明經世文編』 卷266).
倭寇侵犯, 其中數多福建, 浙江幷江南, 江北, 直隷之人, 或奸豪射利之

근거로 嘉靖時期의 倭寇, 혹은 이를 확대하여 明代 倭寇의 구성원과 주체는 中國人 中心이며 中國人 主體의 활동이라고 많은 학자들에 의해 주장되었으며, 日本의 경우에는 중·고등학교의 역사 교과서에 쓰여질 정도로 일반화되어 있다.

또한 中國에서도 1980년대부터 資本主義 萌芽論의 부각과 함께 明代의 사회경제적 발전의 하나로 倭寇를 주목하면서, 倭寇를 중국인 중심 활동으로 파악하고 倭寇 활동을 사무역 발전·자본축적이라는 측면에서 관심을 두고 있다.[34] 이에 嘉靖時期의 倭寇를 中國人 私貿易 집단으로 파악하고 심지어 倭寇라는 명칭자체를 사용하지 않는 경우도 있다.[35]

단, 中國에서는 이와 같은 설명 뿐 아니라 종래와 같이 日本人에 의한 침략으로 규정하는 입장도 여전히 유효하게 작용하고 있으며, 현재의 중·고등학교 역사교과서에도 기본적으로 倭寇를 일본의 武士·商

徒, 或勇悍無恥之衆, 倭寇之內, 華人所居七八(鄭曉,「重大倭寇乞處錢粮疏」『明經世文編』卷217).

閩倭寇止十二·三耳, 大抵皆閩亂民也(趙炳然,「与徐存翁」『明經世文編』卷253).

其間眞倭十之一, 余皆閩浙通番之徒(「邊裔典」『古今圖書集成』).

盤据興化之倭寇, 數雖不少, 大抵倭賊十三四耳, … 攻入壽寧·政和·松溪的倭寇, … 內山賊十六七也(趙炳然,「與徐存翁」『明經世文編』卷253).

34) 尹誠翊,『明代 倭寇의 구성과 성격』, 慶熙大學校大學院 博士學位論文, 2002, 3~5쪽.

35) 李金明의 경우는 '倭寇는 海寇이다'라고 하면서 後期 '海寇'라는 표현을 사용하고 있다(李金明,「內容提要」『明代海外貿易史』, 中國社會科學出版社, 1990). 한편, 日本의 佐久間重男의 경우도 倭寇라는 명칭대신 '嘉靖海寇'라는 명칭을 사용하고 있다(佐久間重男,『日明關係史の研究』, 吉川弘文館, 1992, 258쪽). 그러나 당시 倭寇와 海寇를 동일한 개념으로 사용하였는지는 의문이며, 구분될 필요가 있다고 생각된다(尹誠翊,「明代倭寇論에 대한 재고찰」『明淸史硏究』14, 2001 참조).

人, 海盜라 하고 있다.[36] 그렇지만 中國人 商人(교과서에서는 '奸商'
이라고 표현하고 있다)이나 中國人들의 존재를 부정하는 것은 아니다.
이 시기의 倭寇가 기본적으로는 日本人의 침략행위라고 하면서도 倭
寇의 수적 비율은 오히려 중국인이 많았다는 일견 모순처럼 보이는 논
지를 펴는 경우[37]까지 있을 정도로 중국인의 수적 우위를 부정하기는
힘들다.

倭寇활동을 中國人 주체로 보는 또 다른 이유로 종종 거론되는 것
은 바로 이들 倭寇를 이끌었던 지도자, 즉 '倭寇의 두목' 가운데 中國
人들이 많았다는 점이다.[38] 後期倭寇의 발생원인이나 성격을 밀무역
혹은 사무역 강행이라고 설명하는 경우가 많은데, 중국인 倭寇 지도자
가운데 많은 사람들이 실제 밀무역에 종사하던 사람들이었다. 그리고
嘉靖시기 倭寇가 갑자기 증폭된 직접 원인도 사무역에 대한 엄격한
탄압 때문이기도 했다.

---

36) 尹誠翊, 2005년 논문, 117~182쪽.
37) 高揚文·陶琦 主編, 『明代倭寇史略』, 中華書局, 2004, 20~21쪽.
38) 주요 倭寇 지도자와 출신지(尹誠翊, 2002년 논문, 69쪽).

성명	출신지	성명	출신지
鄧文俊	미상	林道乾	惠來
馬二郎	日本(?)	林碧川	徽州
毛烈	浙江 鄞縣	林鳳	廣東 饒平
尙乾	日本	張璉	廣東 饒平
徐海	徽州 歙縣	鄭宗興	廣東 東莞
蕭顯	南直隷	曾一本	福建 紹安
辛五郎	日本 大偶(?)	陳東	日本 薩摩(?), 徽州(?)
沈南山	福建 漳州	陳世榮	澄海 大家井
嚴山老	福建 海澄	何亞八	廣東 東莞
葉麻	浙江 桐鄕 혹은 日本(?)	許棟	廣東 饒平, 徽州(?)
吳平	福建 紹安	許瑞	澄海
王直	徽州 歙縣	許朝光	廣東
林國顯	廣東 饒平	洪迪珍	福建 漳州
丘古所	日本(?)	阿土機	日本

〈표 1〉 嘉靖時期 倭寇의 침구회수[39]

嘉靖年度	2(1523)	3	12	13(1534)	14	19	21	24	26	27(1548)	28	29	30
侵寇回數	1	1	1	1	1	2	1	1	2	2	1	1	2

嘉靖年度	31(1552)	32	33	34(1555)	35	36	37	38	39	40(1561)	41	42	43	44
侵寇回數	13	64	91	101	68	25	32	56	15	22	20	18	5	3

嘉靖 27년(1548) 밀무역의 중심지였던 雙嶼가 관군의 탄압으로 괴
멸되고 주요 밀무역자들이 官軍에 의해 체포되거나 도망치게 된다. 이
후 밀무역자들은 무장을 강화하고 폭력적인 행위를 중대해 가는데, 그
대표적인 인물이 흔히 '倭寇王'으로 불리는 王直(혹은 汪直)이다. 鹽
商 출신인 王直은 雙嶼가 괴멸되기 이전부터 해외무역에 종사했는데,
특히 일본과 깊은 관계를 맺고 있었다.[40] 예를 들어 포르투갈인의 種
子島 표착으로 일본에 鐵砲를 전하게 된 것도 王直에 의해서라는 것
이 거의 정설로 되어 있다.[41]

---

39) 田中健夫,『倭寇－海の歴史－』, 教育史歴史新書, 1982, 205~207쪽의 표
를 참조로 작성.

40)『日本一鑑』,「窮河話海」卷6, 海市, "王直 ; 於乙巳歲(嘉靖24)往市日本,
始誘博多津倭助才門等三人來市雙嶼".

41) 鐵砲의 전래에 대한 사료인『鐵砲記』에는 1543년 種子島에 도래한 배에
탑승한 '五峯'이라는 이름의 大明儒生과 필담하였다는 기록이 있다. 五峯
은 바로 王直의 호인데, 이 사람이 王直 자신이었는지에 대해서는 이를
부정하는 견해도 있으나 여타 사료에 의해서도 이 선박이 王直과 어느 정
도 관련성을 가지고 있다는 것은 인정되고 있다.
　　한편, 日本에 철포가 전래된 것은 '1543년 포르투갈인이 種子島에 표착
하면서부터'라는 것이 상식처럼 되어 있지만, 여기에 대해서는 여러 문제
점이 지적되고 있다(村井章介,「鐵砲はいつ, だれが, どこに伝えか」『歴
史學研究』第785号, 2004, 11~12쪽). 특히 宇田川武久는 종래의 설을 부
정하며 鐵砲전래는 포르투갈인에 의한 것이 아니라 倭寇와 더 관련성이
높으며, 種子島에 처음 전해진 것이 아니라 비슷한 시기에 서로 다른 여
러 지역에서 다발적으로 전래되었다고 주장하고 있다(宇田川武久,『東ア
ジア兵器交流史の研究－15~17世紀における兵器の受容と伝播－』, 吉川

雙嶼를 떠난 王直이 근거를 둔 곳은 日本의 五島였다.[42) 五島를 근거로 王直은 중국으로의 사무역, 혹은 약탈행위를 했는데, 王直 자신은 平戶에 居宅을 두고 생활했다. 平戶의 王直은 부하 2,000여 명을 이끌고 사치스러운 저택에서 살면서 항상 緞衣를 입었으며 항구에는 300여 명을 태울 수 있는 큰 선박을 띄우고 36島의 逸民을 지휘하여 王者와 같은 생활을 보내 徽王이라고까지 불리웠다고 한다.[43)

그러나 <표 1>에서 알 수 있듯이 嘉靖 30년(1551)까지 倭寇에 의한 침구활동은 미미한 것이었다. 倭寇, 즉 嘉靖大倭寇가 폭발한 것은 1553년을 전후로 한 시점이다. 王直은 嘉靖 30년 라이벌 세력이라고 할 수 있는 陳思眄 집단을 공격하여 멸하고 그야말로 海上의 패권을 장악하게 된다. 그리고 舟山列島 定海부근의 瀝港(列港·烈港)을 새롭게 밀무역의 중심지로 삼았는데, 嘉靖 31년(1552)에 浙江연안 등지로 侵寇한 倭寇의 소굴을 瀝港이라고 판단한 明朝가 그 다음해인 嘉靖 32년(1553), 瀝港 및 王直집단에 대한 대대적인 공격을 가해 王直은 日本으로 돌아와 은거하게끔 되었다.[44)

이후 倭寇의 활동은 중국 연안에서 창궐하게 되는데, 王直 집단 외에도 많은 中國人 지도자들에 의해 이끌어진 倭寇 집단이 활동하고 있었다.[45) 특히 嘉靖 34년부터 본격적으로 활동을 시작한 徐海·陳東·葉

弘文館, 1993, 142쪽 및 「鐵砲にみる南蠻文化の到來」『歷史學硏究』第
785号, 2004, 9~10쪽).

42)『汪直傳』(撰者不明, 百部叢書集成本), "直更造巨船, 連舫柵木爲樓櫓入倭,
據薩摩洲之松浦津, 僭號曰 京, 自稱曰 徽王. 部署宗滿·惟學·東爲將領,
汝賢·澈爲腹心, 而三十六島之夷皆其指使. 時時遣夷漢兵十餘道, 流劫濱
海郡縣延□數千里".

43) 田中健夫, 1982년 책, 134쪽.

44)『籌海圖編』卷8,「寇踪分合始末圖譜」.

45)『籌海圖編』卷8,「寇踪分合始末圖譜」.

麻(혹은 麻葉) 등 薩摩를 중심으로 한 세력은 倭寇 활동을 한층 더 격
화시켰다. 이들 집단의 대표격인 徐海는 흔히 王直과 비견되는 대표적
인 倭寇의 지도자로 그 무리는 한때 數萬에 이르렀다고도 한다.46)

乙卯倭變이 발생한 1555년은 이러한 倭寇의 침구가 그야말로 절정
을 맞고 있던 때였다. 중국연안에서의 倭寇에 의한 침구의 출발점은
일본이었고 그 航道에 있는 朝鮮의 海域 역시 이러한 상황과 무관할
수 없었다. 16세기 중엽부터 朝鮮의 연안에는 荒唐船이 자주 출몰한
다. 荒唐船이란 倭船인지 唐船(中國船)인지 불분명했던 船舶에 대한
朝鮮에서의 명칭이었다.47)

〈표 2〉 朝鮮 明宗年間(1545~1559)에 출몰한 주요 荒唐船48)

年/月	출몰지역	船數	국적 및 주요내용
元/7	전라도 興陽	3	中國人. 倭人으로 오인 되어 108급 참획.
元/8	제주도 大靜縣	1	중국인. 무역으로 일본에 왕래. 326인.
元/8	전라도 馬島	1	중국선. 일본과의 무역선.
2/11	울진	1	불명.
7/5	제주도 旌義縣 川尾浦	1	倭船(荒唐大船). 상륙·침구. 170여 인.
8/6	경기도 龍妹鎭	1	불명. 군관을 찔러 죽임.
9/6	飛陽島·甫吉島 일대	4~5	荒唐船과 倭船. 倭人(30)과 中國人(2) 표류, 포획.
9/6	황해도 해상	1	왜선(?). 왜인 15급 참획. 倭物·倭書契 탈취.
11/7	泰安郡 禿津	1	왜선(?).
14/5	藍浦縣	1	왜선.

荒唐船의 국적 판별이 쉽지 않았던 이유는 우선 그 탑승원의 신분
이 명확하지 않았기 때문이다. 明人이면서 倭服을 한 사람의 경우도

46)『浙江通志』(嘉靖40年刊本) 卷60,「經武志」, "海乃偕辛五郎, 聚舟結黨, 衆
　　至數萬, 入南畿浙西諸路, 據柘林·乍浦. 餘衆數千, 寇王江涇".
47) 荒唐船에 대해서는 高橋公明,「十六世紀中期の荒唐船と朝鮮の對應」『前
　　近代の日本と東アジア』, 吉川弘文館, 1987 참고.
48) 尹誠翊, 2002년 논문, 112쪽(『明宗實錄』 가운데 荒唐船이라고 적시한 경
　　우만을 취합하여 정리).

있고, 실제 倭人도 포함되어 있었으며, 국적을 알 수 없는 사람들이 혼합되어 있는 경우도 있었기 때문이다. 이런 荒唐船 역시 倭寇의 일면을 보여주는 것이지만, 근본적으로 荒唐船은 海賊인지 商船인지를 그 자체만으로 판단할 수 없는 성질의 것이었다. 다만, 이들이 당시 중국의 정세와 무관하지 않았을 것이라는 점은 쉽게 알 수 있다.

乙卯倭變이 일어나기 1년전인 明宗 9년(1554) 6월의 荒唐船은 당시 상황의 일면을 보여준다. 이 배에는 日本人과 中國人이 섞여 있었는데, 이때 공초한 내용은 다음과 같다.

> 倭人 絲二老 등이 공초하기를 "저희는 日本 銅興에 사는 사람으로 中國人 蔡四官 등과 같이 明나라에서 賣買하기 위해 博多州의 사람과 銅興 사람 및 平居島 사람들과 함께 章(漳)州府에 도착하여 賣買하고 돌아오는 길에 배가 파선하였습니다. 銅興 사람인 平田大藏 등 20인과 博多州의 時世老와 蔡四官 등은 삼판선(三板船)을 붙잡고 이에 의지하여 떠내려 오다가 해안으로 올라왔습니다"라고 하였다. 倭人 千六 등은 "저희는 日本 平居島 사람으로 銀兩을 가지고 湖州 땅에서 賣買하고 돌아올 때 난파되었는데, 唐人 蔡四官 등은 돌아올 때 博多州 船을 타고 있던 사람으로 난파된 倭人인 줄 잘못 알고 같이 싣고 왔습니다"라고 하였으며, 倭人 仁王 등은 "中國人 孫美 등이 우리나라(日本)에 오고 싶어 하여 함께 왔습니다"라고 하였다.[49]

이와 같이 당시 海上에는 中國人과 日本人이 자유롭게 결합하며 활동하고 있었던 것이다.

4. 乙卯倭變의 주도세력과 倭變의 성격

乙卯倭變의 성격을 논하는 데 가장 기초적이며 중요한 것은 과연 이 사건을 일으킨 것이 누구인가라는 주체에 관한 문제일 것이다. 종래 乙

---

49) 『明宗實錄』 卷16, 9年, 6月 丁丑.

卯倭變에 대해서는 이 문제에 대해 그다지 자세한 설명 없이 이전의
倭寇나 倭亂·倭變 등과 연계시키며 그 연속선상에 있는 것으로 설명
해 왔다. 특히 三浦倭亂 등과 연관성을 두는 듯한 설명은 이 사건의 주
체나 성격에 대해서도 삼포왜란과 유사하게 인식될 가능성이 있다고
생각한다.

　倭寇를 다루는 데 있어서 어려운 점은 대부분의 기록이 피해자 측에
의해 이루어져 있다는 점인데, 乙卯倭變도 예외는 아니다. 그런데, 乙
卯倭變은 여타 倭寇 사건에 비해 倭變을 일으킨 사람들이 누구였는지
를 밝힐 수 있는 상당히 구체적이고 명확한 사료들이 존재한다.

　乙卯倭變이 일어나기 2년 전인 明宗 8년(1553) 對馬島에서 다음과
같은 서계를 朝鮮朝廷에 올렸다.

> 　근년에 西戎이 蜂起하여 중국 상인과 合心協力하여 明나라를 쳐서 州郡의
> 보물을 탈취하고 貴人의 자손을 잡아갔습니다. 해마다 이런 사정을 진술하였으
> 나 귀국에서는 신들의 말을 터무니없는 거짓말로 여기니 부끄럽기 그지없습니
> 다. 근년에 귀국 해변이 平安한 것은 신들의 힘입니다. 금년에는 西戎이 수천
> 척의 배를 몰고 明나라로 갔다는 말을 듣고 卞勅에 매복하였으니 귀국의 해변
> 이 보호받을 수 있는 것입니다. 지금 일본의 소망을 다 들어주신다면 신들은 기
> 쁜 마음으로 섬을 지켜 西海를 진압하여 충절을 바칠 수 있을 것입니다.[50]

　여기서 西戎이란 九州의 서쪽지방을 의미하는 것으로, 이 지역의 사
람들이 明人과 협력하여 明으로의 倭寇활동을 하고 있음을 對馬島측
이 朝鮮에 보고하고 있다. 아울러 이들이 朝鮮에 대해 침구할 가능성
도 내비치고 있는데, 이에 대해 朝鮮조정에서도 "족하의 글 속에서 말
한 서융이 명나라 상인과 결탁하여 명나라의 南邊에서 난을 일으켰다
는 것은 이미 들었다"[51]고 답하고 있다. 이와 같은 상황을 조선에서도

---

50) 『明宗實錄』 卷18, 8年 3月 丙辰.

어느 정도는 파악하고 있었던 것 같다. 그리고 이 무렵부터 증가하고 있는 荒唐船이 그 판단근거로 이용되었음은 쉽게 추측해볼 수 있다.

이와 같은 對馬島의 정보 제공은 乙卯倭變이 발생하기 직전에도 이루어졌다. 즉, 乙卯倭變이 발생하기 두 달 전 對馬島는 다음과 같이 朝鮮에 보고하고 있다.

> 近年 西戎이 마구 일어나 먼 大明國에까지 배를 타고 건너가기를 수없이 합니다. … (중략) … 또 전하기를, '日本國 서융들이 지난 10월부터 올봄까지 대명을 침략하기 위해 다투어 건너 간 것이 수만 척이다'라고 했습니다. 자세히 西戎들이 陰謀한 것을 들어보건대 '귀국 바다로 해서 大明에 간다면 바다길이 매우 가까우므로 먼저 귀국 바다로 건너가야만 大明을 침략할 수 있다'고 한다니, 만일 우리 바다를 지나게 된다면 모조리 죽이어 충성을 바치게 될 것입니다. 훤하게 하늘이 내려다보고 있으니 이 일은 헛된 말이 아닙니다. 단단히 沿海邊을 신칙하여 兵備를 갖추게 해야 할 것입니다.52)

對馬島에서의 이와 같은 보고는 당시 明에서 倭寇 활동이 격화되고 있던 사실과 부합한다. '수만척'이라는 표현은 다소 과장된 측면이 있지만, 앞장에서 언급한대로 1555년은 王直 집단에 이어 徐海 등 薩摩를 중심으로 한 세력도 활발하게 활동하던 시기이다. 對馬島에서 실제로 乙卯倭變과 같은 사건이 터질 것을 알고 이런 경고를 조선측에 보냈는지는 확실하지 않다. 특히 이 당시 對馬島는 동아시아 해상에서 활동하던 倭寇에 영향력을 끼칠 수 있는 상황이 아니었다. 다만 이런 경고는 두 달 뒤에 乙卯倭變으로 현실화되었다.

乙卯倭變을 일으킨 사람들이 西戎, 즉 九州 서쪽 지방을 중심으로 한 사람들이었음은 倭變이 발생한 그 다음해인 明宗 11년(1556) 對馬

---

51) 『明宗實錄』 卷18, 8年 3月 丙辰.
52) 『明宗實錄』 卷18, 10年 3月 乙卯.

島에서 파견한 調久의 진술을 통해서 알 수 있다. 문답내용이 다소 길지만 당시 상황을 알려주는 중요한 내용이 들어있으므로 모두 옮긴다.

- 어느 지역 왜인이 노략질을 하려고 하는가?

"四州와 五幸山 등처에 사는 사람들입니다".

- 그 말을 어디에서 들었는가?

"올 정월에 博多州에 가니 赤間關·薩摩州 등지의 사람들이 와서 말하였습니다. 중국 사람으로서 五峯이라 일컫는 자가 賊倭를 거느리고 중국에 入寇하려 한다고 하였습니다".

- 너는 오봉을 보았는가?

"平戶島에서 보았습니다. 3백여 명을 거느리고 큰 배 한 척을 타고 있었는데 늘 비단 옷을 입고 다녔습니다. 그 무리가 대략 2천명쯤 되었습니다".

- 그가 포로가 되어 그곳에 있게 된 것인가, 아니면 스스로 賊이 되기 위해 들어간 것인가?

"처음에는 물화의 교역 때문에 일본에 왔다가 賊倭와 결탁하여 왕래하면서 노략질을 하고 있습니다".

- 지난해에 노략질한 것은 어느 지역 사람의 짓인가?

"阿波·伊豫·讚岐·土沙 4주 사람들과 五幸山 왜인들이 무리를 지어 와서 노략질하였습니다".

- 지난해 賊倭 중에도 對馬島 사람이 있는 것 같았다는데 어째서 이렇게 했는가?

"이는 本島의 왜인들이 辛丑년간에 薺浦 등지에서 매매하다가 죄를 짓자 오행산으로 도망하여 가서 이들과 함께 노략질을 한 것입니다".

- 너희 도주가 늘 힘써 왜구를 막는 것으로 공을 세웠다고 하나 실제로는 아무 공이 없음을 너는 알고 있는가?

"도주가 그들에게 '조선에서 활을 잘 쏘는 사람 1천 5백여 명을 보내어 대마도와 함께 힘을 합하여 막을 것이다'라고 드러내놓고 말하였으니 저 賊倭들이 반드시 들었을 것입니다. 지난해 10월에는 중국에서 大人 두 명을 薩摩州에 보내와 정박하였는데 공물 진상이나 무역선 외의 모든 賊船은 일체 금한다는 내용의 勅書를 가지고 와서 일본에 전하려 하였으나 적왜에게 핍박당할까 걱정하여 지금 博多州에 머물고 있습니다. 직책을 받은 왜인 가운데 박다주에 살고 있는 자가 매우 많은데, 그들은 적변이 있다는 것을 알고도 한 번도 와서 알리지 않았지만 나만이 두 번이나 와서 고하였으니, 賞職을 받고 싶습니다. 오래 머무르고 싶지 않으니 내일쯤에 돌아갔으면 좋겠습니다. 그러면 적변이 있을 경우 다시 와서 알리겠습니다".53)

調久는 乙卯倭變을 일으킨 세력을 五幸山과 阿波·伊豫·讚岐·土沙 등지의 사람들이라 하고 있다. 五幸山은 五島이며, 五峯은 곧 王直의 호이다. 위의 진술을 신뢰한다면 당시의 상황을 생각해볼 때 침구는 四國의 사람들을 五島의 王直 집단이 끌어들인 형태로 이루어졌을 가능성이 크다. 당시 中國으로의 倭寇와 같이 乙卯倭變도 이와 비슷한 형태, 즉 中國人들이 日本人을 끌어들인(勾引) 형태54)로 이루어졌던 것이다.55)

이와 같은 사실은 乙卯倭變 당시의 기록을 통해서도 알 수 있다. 먼저 倭變발생 직후 그 대책을 논의할 때, 당시 倭寇들의 선박에 대해 다음과 같이 언급하고 있다.

전에는 倭船은 얇은 판자로 만들었기 때문에 부수기가 매우 쉬웠는데 지금

---

53) 『明宗實錄』 卷18, 11年 4月 己丑.

54) 嘉靖期 倭寇의 침구사실을 다룬 기록을 보면 中國人이 倭人을 끌어들여 침구했다는 식의 기록이 많다. 예를 들면, 『籌海圖編』에는 嘉靖 19년 賊首李光頭許棟引倭聚㟧港爲巢, 27년 正月 海寇許二 引倭入寇, 33년 海寇何亞八等引倭人入寇, 37년 賊首洪澤珍 引倭入寇 등 海寇가 倭寇를 끌어들였다는 '引倭' 혹은 '勾倭' 형식의 표현이 다수 등장하고 『明實錄』 등 왜구관련 사료에도 이런 표현이 많다.

55) 倭變 발생 직후 朝鮮朝廷에서의 대책 논의 중에 鄭士龍은 "이 왜놈들은 중국에서 도적질하여 이득을 취한 다음 우리 변방에 침범해온 것인데 …"(5月 辛亥)라 하고 있다.

은 중국인들과 교통하여 배를 아주 견고하게 만들었으므로 총통으로도 부술 수가 없습니다.[56]

王直은 日本으로 온 뒤에 선박을 직접 건조하여 사용하였다.[57] 倭變의 발생전, 여러 荒唐船이나 倭變에 사용된 배는 이와 같은 中國人의 기술을 통해 만들어진 배였던 것이다.[58]

한편, 5월 13일 達梁이 함락되며 倭寇측에 항복한 靈巖郡守 李德堅은 그 후 환송되었는데, 이때 倭寇들은 이덕견 편으로 서계를 보내면서 軍糧 30섬을 요구했다.[59] 이 서계는 말뜻을 자세히 알 수 없었지만 공갈과 위협의 말들이 많았는데, 倭人들은 이덕견에게 "너희 나라가 우리들과 교분이 매우 두터웠는데 요사이 3~4년 동안에 우리나라의 죄도 없는 사람들을 많이 죽였으니 이제는 원수가 되었다"고 말하였다 한다.[60] 이 역시 乙卯倭變 이전 荒唐船과의 연관성을 알 수 있는 대목으로 이에 대해 朝鮮 朝廷도 "근년 이래로 바다를 지나가는 왜선들을 모두 공격하여 살해했으므로 그들의 원망이 깊어진 것이다"[61]고 인식하고 있다.

또한 이덕견이 가지고 온 서계의 다음과 같은 점에서도 乙卯倭變을 일으킨 집단의 성격을 알 수 있다.

---

56) 『明宗實錄』 卷18, 10年 5月 己酉.

57) 주 42) 참조.

58) 『日本考』(明 李言恭・郝杰 著, 汪向榮・嚴大中 校注, 中華書局, 2000年 版) 卷1, 「倭船」, "日本造船與中國異. … 故倭船過洋, 非月餘不可. 福建 沿海奸民買舟於外海, 貼造重底, 渡之而來, 其船底尖能波浪, 不畏橫風・闘風, 行使便易, 數日卽至也".

59) 『明宗實錄』 卷18, 10年 5月 壬子.

60) 『明宗實錄』 卷18, 10年 5月 壬子.

61) 『明宗實錄』 卷18, 10年 5月 壬子.

> 또 그들의 서계에 '서울의 官家에까지 가겠다'는 등의 말이 있는데, 이 말
> 은 모두 중국에서 사용하는 말이니, 이번에 침범해 온 자들 중에 또한 반드시
> 중국 사람이 있거나 그렇지 않으면 이번 倭人은 필시 중국에도 익숙하게 다
> 니는 자들일 것입니다. 또한 倭人들은 '嘉靖'이란 年號를 쓰지 않는데 이번에
> 는 '嘉靖 34년'이라고 했으니 더욱 의심스럽습니다.[62]

서계에서 사용된 표현 방식을 통해 朝鮮 조정에서는 이것을 중국인
이나 중국과 관련을 맺은 사람이 썼다고 생각하고 있다. 그런데, '嘉
靖'이라는 연호를 사용하고 있는 것으로 보아 서계를 쓴 사람이 중국
인이라고 보는 편이 자연스러울 것이다. 이와 같은 사실들은 乙卯倭變
을 일으켰던 주체가 五島의 王直집단을 중심으로 했던 사람들이었음
을 확인시켜준다.

그런데, 왜 주로 중국으로 향하던 王直 집단이 이 시기에 朝鮮으로
향했던 것일까? 倭變의 직접 계기가 무엇이었는지는 현재 남아있는 사
료만 가지고서는 확실히 알 수 없다. 다만, 조선측에 병량미를 요구한
것이 침구의 목표였다고 생각하기 보다는, 주55)의 鄭士龍의 말처럼
이들은 중국에서의 활동 이후 그 연장선에서 朝鮮으로 침구해 들어온
것으로 보는 편이 더 타당할 것이라고 생각된다.

조선으로의 침구를 감행했던 것은 당시 중국에서의 정세와 무관하
지 않을 것이다. 앞장에서 언급했듯이 1555년은 중국에서 倭寇의 활동
이 가장 격화되었던 시기이다. 그렇지만 한편으로 이에 대한 明軍의
반격도 거세지기 시작한다. 그리고 무엇보다 王直집단에게는 새로운
라이벌 세력이 등장하는데, 그것은 바로 徐海를 비롯한 薩摩 중심의
집단이었다. 徐海가 중국으로의 침구에 나서게 된 것은 薩摩人들의 부
추김에 의해서였는데,[63] 당시 薩摩 島津氏의 당주는 후에 1566년 薩

---

62) 『明宗實錄』 卷18, 10年 5月 壬子.
63) 『閩書』(崇禎刊配補鈔本) 卷246, 「島夷志」, "先是, 徐惟學者貨夷人金, 以

摩・大隅・日向의 九州남부를 통일하여, 島津氏의 九州지배 기반을
마련한 제15대 島津貴久였다.

島津貴久는 1543年 鐘子島에 포르투갈인이 당도하여 鐵砲를 전래
한 이후 이를 가장 처음 실전에 도입한 것으로 잘 알려져 있으며, 해외
무역을 염두하고 1549년 사비에르를 받아들인 것으로도 유명하다. 이
렇듯 그는 海外貿易에 깊은 관심을 갖고 있었다. 徐海 집단은 이런 島
津氏와 깊은 관계를 맺고 있었는데, 徐海와 함께 중국으로 침구활동을
나선 辛五郞(新五郞)[64]이나 徐海집단의 한 축인 陳東[65]은 島津氏의
혈족이거나 집안과 어느 정도의 관련을 가지고 있는 사람이었다.

이에 대해 五島에 근거를 둔 王直은 島津氏와는 라이벌 관계라고
할 수 있는 九州 豊後 大友氏나 松浦氏와 교섭을 갖고 있었는데, 이는
島津氏가 徐海를 앞세워 대륙으로 침구한 하나의 요인으로 작용했을
것이라고 생각된다.

그런데, 1554년과 1555년, 中國에서의 倭寇활동은 오히려 이 라이
벌, 혹은 적대세력이라고까지도 할 수 있는 徐海 집단이 주도권을 쥐

其姪子海爲質. 惟學死, 夷求海金. 令取償於寇掠. 海乃偕辛五郞, 聚舟結
黨, 入南畿・湎西諸路".

64) 『明史』 卷205, 「阮鶚傳」, "辛五郞者, 大偶島主弟也".

65) 『籌海圖編』 卷8, 「寇踪分合始末圖譜」, "此薩摩州君之弟, 章書記酋也. 其
部下多薩摩人". 이 사료의 해석에 대해서는 陳東을 '薩摩州君之弟'로 보
는 경우가 있는 한편, '薩摩州君之弟의 書記'로서 실은 中國人이라고 해
석하기도 한다. 『籌海圖編』 卷9, 「大捷考」, '紀剿徐海本末'에는 "陳東者,
薩摩王弟, 故帳下書記"라고 하여 陳東을 '薩摩王弟'라 하고 있지만, 兪汝
楫編, 『禮部志稿』(欽定四庫全書 史部 十二) 卷68, 「獻俘征倭」에는 "陳東
等, 本以華民, 背逆天道, 勾引倭奴辛五郞等, 侵擾內地流毒三省"이라 하
고, "賊首陳東等三名, 倭首辛五郞等四名"이라는 식으로 陳東과 辛五郞을
구분하고 있다. 이를 통해서 보면 陳東은 중국출신일 가능성이 높은데, 여
하튼 두 경우 모두 陳東이 島津氏와 깊은 관련이 있다는 것을 알 수 있다.

는 양상이 된다. 또한 王直은 五島에 근거를 둔 뒤, 그 스스로는 중국
으로 향하지 않고 부하들만을 파견하여 침구활동을 하게 했는데, 성과
가 그 이전보다 못하여 倭人들의 불만을 사고 있었다. 이러한 점들이
혹시 王直집단이 朝鮮으로 침구한 이유가 되지 않았을까?

乙卯倭變이 일어난 1555년 5월은 副總兵 兪大猷 등에 의해 徐海집
단이 王江涇에서 크게 패배한 시점이기도 하다.[66] 그리고 그 해 9월,
總督 胡宗憲은 王直에게 항복을 권하는 正使 蔣州를 파견하고 이들을
맞은 王直은 후에 귀환을 결정하는데, 朝鮮에서의 여의치 않은 결과나
중국에서의 상황이 王直의 마음을 흔들었을지도 모른다.

한편, 明으로 귀국한 뒤 체포된 王直이 明 조정에 올린 상소에는 乙
卯倭變을 일으킨 무리에 대해 사뭇 다르게 생각할 수 있는 내용이 들
어있다.

> 舊年四月, 敵船大小千艘余가… 深入하여 부대를 나누어 약탈을 했습니다.
> 다행히… 바람에 막혀 장기간 머무르게 되어 식량도 다하였습니다. 결국 本國
> 五島지방으로 물러나, 家屋을 제맘대로 불태운 후에 서로 呑噬하여 자멸해버
> 렸습니다. 단지 그 사이 먼저 渡海할 수 있었던 자들은 이미 중국에 도착했습
> 니다. 餘黨들은 순풍을 타고 海上에서 흘러 다니며 南으로는 琉球를 침구하고,
> 北으로는 高麗를 약탈한 후, 本國 薩摩州로 돌아간 무리 또한 있었습니다.[67]

여기서 '舊年 4월'은 五島에 대한 약탈사건에 대한 내용이 肥後 相
良氏의 기록인 『八代日記』 1555년 4월 25일조의 내용과 일치하는

---

66) 『明史』卷18, 「世宗本紀」2, 嘉靖34年, 5月甲午.
67) 采九德 撰, 『倭變事略』(叢書集成初編 中華書局, 1985) 卷4, 附錄(98~99
   쪽), "舊年四月, 賊船大小千餘 盟誓復行深入 分投搶擄. 幸我朝福德格天
   海神默祐 反風阻滯 久泊食盡 遂劫本國五島地方 縱燒廬舍 自相呑噬 但
   其間先得渡海者 已至中國地方. 餘黨乘風順流海上 南侵琉球北掠高麗 後
   歸聚本國菩蘘州者尙衆".

것[68])으로 보아 1555년 4월이라고 할 수 있다. 그리고 마지막에 '本國
薩摩州'로 돌아갔다고 한 내용에서 알 수 있듯이 위의 일을 저지른
'敵船'은 徐海 집단을 염두에 둔 것임이 분명하다. 그런데, 王直은 이
들이 高麗, 즉 朝鮮을 약탈했다고 하고 있는 것이다. 倭寇에 의한 琉
球습격사건은 1556년의 일을 지칭하는 것이라고 생각되는데, 이 무렵
朝鮮에의 대규모 침구는 乙卯倭變 밖에는 없다. 王直은 즉 乙卯倭變
을 徐海집단의 행위라고 강변하고 있는 것이다.

그러나, 이는 王直이 자신의 죄를 최소한으로 축소하기 위한 의도에
서 이루어진 진술로 그대로 신뢰하기는 어렵다. 오히려 朝鮮으로의 약
탈행위를 언급한 것은 그들 스스로가 저질렀던 행위에 대한 책임전가
차원에서 이루어진 것이라고도 생각할 수 있다. 이런 점에서도 乙卯倭
變은 역시 王直 집단에 의한 것으로 보는 편이 타당할 것이다.

5. 結論

현재 일반인들이 가장 많이, 가장 쉽게 정보를 얻는 곳은 인터넷이
다. 한 포털 사이트에서 乙卯倭變에 대해 검색해보니 인터넷 백과사전
에는 다음과 같이 설명하고 있었다.

을묘왜변(乙卯倭變)

[요약] 조선 명종 때 왜구가 전라남도 영암·강진·진도 일대에 침입한 사건.
[본문] 조선정부는 三浦倭亂(1510)·蛇梁鎭倭變(1544) 등 왜구들의 행패가
있을 때마다 이에 대한 제재조치로 그들의 歲遣船을 엄격히 제한하
여 조선으로부터 물자의 보급을 받아야 했던 왜인들은 이의 완화조치

---

68) 米谷 均,「後期倭寇から朝鮮侵略へ」『日本の時代史 13-天下統一と朝鮮
侵略』, 吉川弘文館, 2003, 141쪽.

> 를 요구하여 왔으나 조선정부는 이에 응하지 않았다. 이와 같은 조선
> 정부의 통제에 대해 불만을 품은 왜구는 1555년(명종 10) 배 70여 척
> 으로 전라남도 연안지방을 습격….[69]

또한 한 사이트에서는 "1510년 삼포왜란 이후 조선 정부가 왜인들의 왕래와 상품 거래를 엄격히 제한하자 이에 불만을 품은 왜구들이 일으킨 난이다"라고 명기된 경우도 있었다. 이와 같은 乙卯倭變에 대한 설명과 인식은 현재 韓國에서의 일반적인 통념이라고 할 수 있다. 그리고 종래의 연구 또한 이런 범주를 크게 넘지 못하고 있다.

위와 같은 표현으로만 보면 乙卯倭變은 예를 들어 三浦倭亂과 근본적인 성격의 차이가 없다. 그러나 乙卯倭變은 당시 五島에 근거를 둔 王直집단에 의한 "後期倭寇" 활동의 일환이었다. 따라서 이는 對馬島人이 중심이 된 倭館 거류민들의 분란과는 분명히 다른 성격의 사건이다. 더군다나 국가 권력이 전면적으로 동원되어 이루어진 壬辰倭亂과의 차이는 말할 것도 없다.

그럼에도 불구하고 오랫동안 乙卯倭變은 종래 한국에서의 倭寇觀내지는 日本觀에 의해 본래 성격과는 사뭇 다르게 규정되고 취급되어왔다. 이는 한국사의 입장에서 侵寇의 주체나 성격은 큰 문제가 안 되었기 때문일지도 모른다. 단지 侵寇, 즉 侵掠이라는 사실과 그것이 구체적으로 어떤 집단이건 관계없이 '倭'와의 연계성만 있으면 그것으로 충분했기 때문일지도 모른다.

그러나 역사에서의 올바른 인식과 평가는 정확한 사실규명과 설명이 동반되어야 한다. 倭寇문제에 대한 한국과 일본에서의 논쟁도 이것이 우선되어야 한다. 그래야만 日本에서의 주장에 대한 한국에서의 비판과 반론이 그 정당성을 더욱 발하게 될 수 있을 것이다.

---

69) http://100.naver.com/100.php?id=124313.

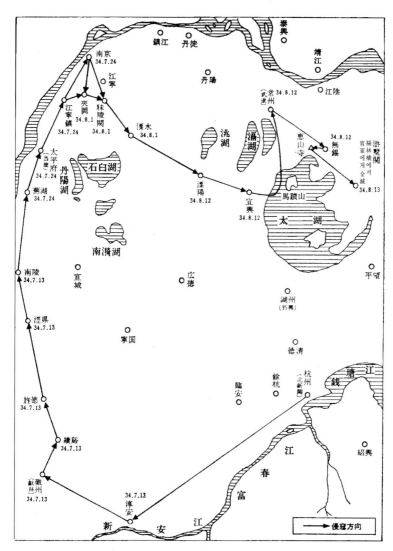

〈그림 1〉 嘉靖 34년 7~8월 倭寇侵寇圖

(鄭樑生, 『明日關係史の研究』, 雄山閣, 1984, 338쪽)

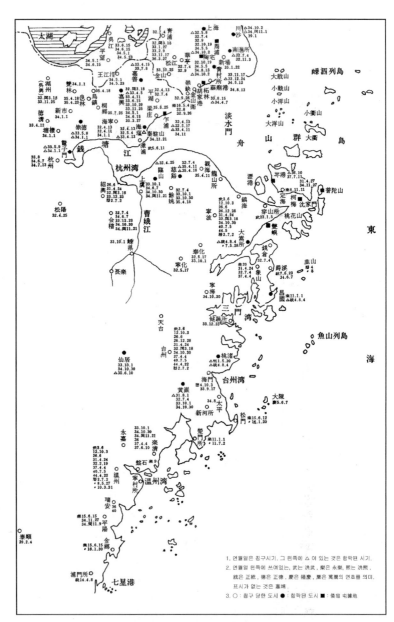

〈그림 2〉 兩浙지방의 倭寇 侵寇

(鄭樑生,『明日關係史の研究』, 雄山閣, 1984, 34~35쪽)

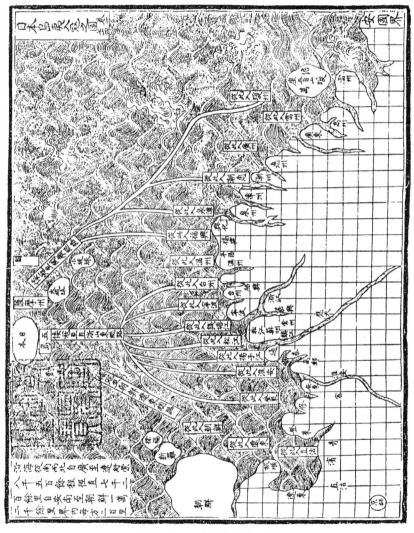

〈그림 3〉日本島夷入寇之圖

(『籌海圖編』 권1)

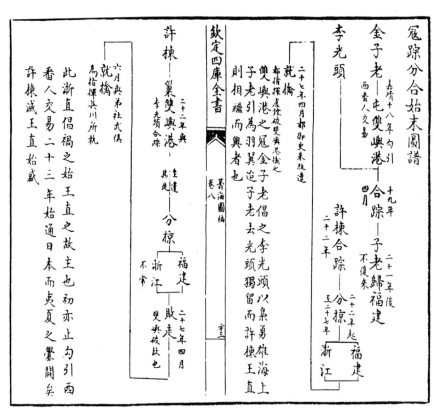

〈그림 4〉金子老, 許棟 집단의 시말
(『籌海圖編』권8,「寇踪分合始末圖譜」)

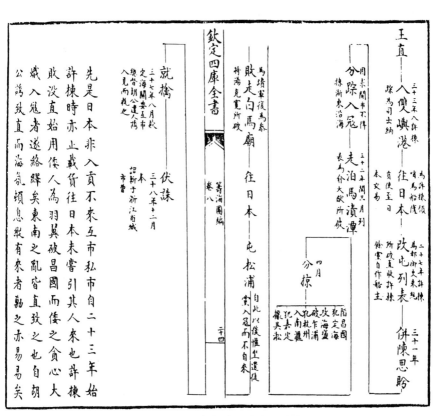

〈그림 5〉 王直(汪直) 집단의 시말
(『籌海圖編』 권8, 「寇踪分合始末圖譜」)

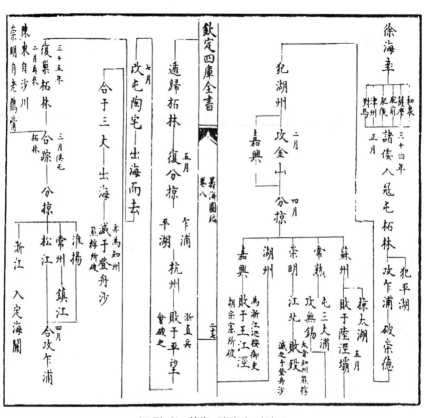

〈그림 6〉 徐海 집단의 시말 1
(『籌海圖編』 권8, 「寇踪分合始末圖譜」)

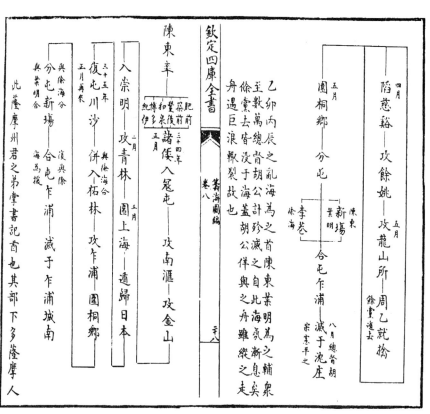

〈그림 7〉 徐海 집단(2) 및 陳東 집단의 시말
(『籌海圖編』 권8, 「寇踪分合始末圖譜」)

윤 성 익 尹 誠 翊

경희대학교 문과대학 사학과
동 대학원 사학과 수료(문학박사)
현 동경대학교 동양사연구실 외국인 연구원

□ 著書

『마카오 1999-442년의 빛과 그림자, 그리고 한국』(공저)
『동양문명의 역사』(공저)
『홍콩은 어디로 가는가』(공저)

□ 論文

「'後期倭寇'로서의 乙卯倭變」
「明代 倭寇 조직의 특성과 假倭論에 대한 검토」
「21세기 동아시아 국민국가 속에서의 倭寇像」 외 다수

명대 왜구의 연구   값 13,000원

2007년 10월 20일   초판 인쇄
2007년 10월 30일   초판 발행

저   자 : 윤 성 익
발 행 인 : 한 정 희
발 행 처 : 경인문화사
편   집 : 한 정 주
서울특별시 마포구 마포동 324-3
전화 : 718-4831~2, 팩스 : 703-9711
e-mail : kyunginp@chol.com
homepage : http://www.kyunginp.co.kr
한국학서적.kr
등록번호 : 제10-18호(1973. 11. 8)

ISBN : 978-89-499-0530-3   93910
ⓒ 2007, Kyung-in Publishing Co, Printed in Korea